A
Leo Strauss
Reader

施特劳斯读本

西方民主与文明危机

刘小枫　选编

华夏出版社

目 录

第四编　现代教育的危机

编者说明

一

西方学界有人说,施特劳斯是自柏拉图以来西方最伟大的教师——这话听起来似乎夸张,若埋头思忖一番,就会觉得其实未必。

如今做苏格拉底的学生比在柏拉图的时代难得多,因为,两千多年来,人类经历了太多事变,产生出了太多思想大家,苏格拉底的德性早已不再是西方智识人的精神楷模。在这样的历史处境中,施特劳斯仍然努力做苏格拉底及其学生柏拉图和色诺芬的学生,从他们记叙的苏格拉底的行事和言辞中学习智慧。成为施特劳斯的学生,最终意味着成为苏格拉底及其学生柏拉图和色诺芬的学生,这与成为比如说马基雅维利、孟德斯鸠、洛克、康德、黑格尔、韦伯、海德格尔等任何一位的学生都截然不同,甚至也与成为所有这些人的学生截然不同。

二

差不多整整一百年前,斯宾格勒猛然惊呼"西方的没落",让20

世纪几乎所有重要的欧洲思想家无不感到芒刺在背。在施特劳斯看来，"西方的没落"并非指政治—经济实力衰退或昌盛景象不再，而是西方文明的灵魂沦落：有德性的智识丧失了声誉，人们不是用智识去区分明智与愚蠢、正确与错误、美好与丑恶、高贵与低贱，反倒纷呈才智，以混淆甚至抹杀德性差异为尚。从前的西方智识人追求思想的卓越、高贵和美好，如今的西方智识人则追求奇异观念、破碎经验或思想的民主化。直到今天，仍然有西方智识人以为，文明大国的崛起仅仅以政治—经济实力的增强为标志，殊不知这仅仅证明了西方现代文明精神的没落。

<h2 style="text-align:center">三</h2>

伟大的思想者无不是灵魂引领者，如今的大学教授，没谁不是西方某个或某些现代思想家的被引领者。认谁为伟大的思想家，意味着愿意让谁来引领自己的灵魂。按苏格拉底的爱欲经验，在我们的灵魂被引领之前，我们需要认识引领者的灵魂高贵还是低劣。苏格拉底的思想经验的根本在于，认识自己的灵魂比什么都重要。但要实现这种认识，需要对理解的理解、对思考的思考、对品质的品味，这意味着需要辨识人的灵魂的德性差异。

施特劳斯是这样的教师：他引领我们从苏格拉底开启的心智德性获得智慧，学会辨识思想史上各色灵魂的德性，从而懂得如何以高贵的精神养育我们自己的理智德性，进而"彻底脱离知识分子及其敌人的名利场上的吵吵嚷嚷、行色匆匆、缺乏思考、肤浅低级"，寻回对美好事物的感觉和经验。

四

施特劳斯生前发表的论著,无不是他付出罕见的道德—智识努力的见证。研读他的论著,需要读者自己同样付出极为艰辛的道德—智识努力,至少需要首先熟悉西方历代经典。即便对于西方学界的不少读者来说,阅读施特劳斯的论著也有相当难度。

施特劳斯在任教生涯中经常应邀作公共讲座,论题和表述方式都切合公共学术性质,具有较为广泛的学术普适性。笔者尝试以这类讲演文为基础编选了《施特劳斯读本》,作为人文—社会科学各专业本科生的通识读物,经一学期试用,收效良好。在诸多同学和教师的鼓励下,笔者对原有篇目稍作调整,收入少量非讲演文,遂成现在的模样。

五

读本按一学期十六课时(每次两学时)设计,选文十六篇,均出自笔者主编的"施特劳斯集"(《什么是自由教育》和《自由教育与责任》两文,选自即将出版的《古今自由主义》重译本,华东师范大学出版社,2018)。

考虑到读本服务于本科教学,笔者删掉了原有的编辑性技术说明。

刘小枫

2017 年 5 月

古典文明研究工作坊

第一编　现代性危机

我们时代的危机

李永晶　译

［中译编者按］本文及后文《政治哲学的危机》为施特劳斯在 1962 年做的两次学术讲演，原刊于 Harold J. Spaeth 编，*The Predicament of Modern Politics*，Uni. Of Detroit Press 1964，页 41 – 54，91 – 103。

诸位对我的美言善意让我感动之情油然而生，不过，我还想简单地补充一句。我没有朋友们说的那么温和，我的论敌们肯定对此毫不否认。言归正传，我今晚和明天要做两次讲演，其实只是一个，主题是我们时代的危机与政治哲学的危机。本来可以用完全不同的方式划定这两次讲演的范围，而我的划法也许不是最好。因此，如果讲座显得不够连贯，还请诸位海涵；况且我原本也没有打算面面俱到。准确地说，我要讲的主题是"我们时代的危机，作为政治哲学危机的后果之一"。

我们时代的危机，也就是我将阐述的要点，其要害在于对我们可称之为"现代方案"（the Modern Project）的怀疑。现代方案已经在相当程度上取得了成功。它创造了一种史无前例的新型社会。然而，时至今日，现代方案的不足已经众所周知，并引起了普遍关注，这迫使我们积极考虑如下想法：即，必须用另一种精神使这种新型社会亦即我们的社会重新焕发生机，这种精神不同于那种起初曾赋予这种社会以生命的精神。现代方案起源于现代政治哲学，源于

16、17 世纪出现的那种政治哲学。现代政治哲学的最终结果就是政治哲学概念自身的解体。对今天大多数政治学家来说,政治哲学不过是意识形态或神话而已。

我们必须考虑复兴政治哲学。我们必须回到政治哲学最初遭到破坏的地方,回到现代政治哲学的诸起点,回到现代哲学还不得不与古典政治哲学一争高下之时。古典政治哲学源自苏格拉底,并主要经亚里士多德详加阐发。古今之争就发生在那个时候;而人们现在一般只把那场争论视为法英等国发生的一场单纯的文学争论;在英国,此次争论的最著名文献是斯威夫特(Swift)的《书籍之战》一书。事实上,那不仅仅是一场文学争论;它根本上是现代哲学或科学与古代哲学或科学之间的一场争论。只是由于牛顿的工作,那场争论才告完成:争论似乎以偏向现代人的方式完全解决了问题。而我们的使命就是重新唤醒那场争论,因为现代答案已经施行了三个多世纪,业已显示出其与古代答案相比之下的诸多优点,也显示了最恶劣之处。为了具有说服力,我必须尽可能贴近今天西方普遍接受的东西。我不能从今天只有极少数人同意的前提出发。换句话说,我不得不在某种相当程度上 ad hominem[以出自个人偏好的方式]进行论证。但愿这不会招致误解。

为避免另一种误解,我想先给出今晚讲座的概要。西方的危机过去一直被称为西方的没落,某种意义上说的是人的最后没落。这种看法站不住脚,不过我们也不可否认,西方的某种或某些形式的没落已然发生。西方在力量上的没落最为显著,其生存本身如今正面临威胁。然而,这种意义上的没落并没有构成西方的危机。西方的危机在于,西方事实上已经不能确信自己的目标。西方的目标曾经是普遍社会(the universal society):一种由诸平等民族构成的社会,各民族又由自由平等的男人和女人组成,所有这些民族都可以借助科学提高自己的生产力，从而得到充分的发展。人们认为，科学在本质上有助于增强人的力量，并改善人的境况（relief of man's estate）。科学会带来普遍的富裕。在那种状态下，没有谁会再觊觎其他人或其他民族。普遍的富裕会带来普遍的且完全正义的社会，就像一个完全幸福的社会。

如今，许多西方人已经开始怀疑这套方案，因为共产主义的自我启示具有强大的力量，并从根本上对抗西方关于如何建立和治理这种普遍而正义的社会的想法。西方和共产主义之间敌对的后果是，一个普遍的社会绝无可能在可见的未来存在。政治社会过去一直是并在可见的未来也仍将是特殊的社会、有边界的社会，是一个关注自身改善的封闭社会。不过，我们既然已经具有了上述经验，就不仅必须重新确定政治的方向，还必须重新确定我们思想上的某些原则。

我这里要提三点。第一，这种特殊主义，或换一种说法，这种爱国主义本身果真不比普遍主义或全球主义更好？第二，是否有理由期待正义与幸福会是富裕的必然结果之一？富裕真的是美德和幸福的尽管不充分但必要的条件之一？自愿贫穷的观念是否包含某些真理？对于美德和幸福而言，不自愿的贫穷是否是一个不可逾越的障碍？第三，相信科学在本质上服务于人类力量，这种信念难道不是一个错觉甚至丢人的错觉？好，让我正式开始。

我们已深陷于某种危机之中，这点几乎不证自明。一天天的报纸报道着一个个危机，这些日常的小危机无疑可以看作一场大危机——我们时代的危机——的诸多部分或要素。我认为，这个危机的核心在于这样的事实，某种起初尚是一种政治哲学的东西变成了一种意识形态。第一次世界大战以后，斯宾格勒曾将那种危机诊断为西方的下降或没落。斯宾格勒认为西方文化只是少数高级文化中的一种。但对他自身而言,西方文化又绝不仅仅是若干高级文化中的一种。对他来说,西方文化是一种全面综合的文化,是唯一征服了全球的文化。最重要的是,西方文化是唯一向所有文化开放的文化,它既不把其他文化视为某些野蛮形式而予以排斥,也不把它们视为未开化的文化而以俯就的方式宽容它们。西方文化是唯一获得文化本身的充分意识的文化。文化原本意味着人的心智的教化,而文化的现代派生概念却意味着,有多种多样的、相互平等的高级文化。然而,正因为西方文化是达到了充分自我意识的文化,它成了最后的文化;密涅瓦的猫头鹰在黄昏起飞。西方的没落意味着高级文化的可能性本身已损耗殆尽。人的最高可能性业已枯竭。然而,只要人的高贵使命尚存,只要人所面临的那些基本难题尚未在它们能被解决的程度上获得解决,人的最高可能性就不可能耗尽。因此,我们可以说——诉诸我们时代的科学这个权威——斯宾格勒的分析和预言并不正确。我们最高的权威即自然科学认为,它能带来无限的进步。那些基本难题要是已经获得了解决,自然科学的上述宣称似乎就没什么意义了。倘若科学能带来无限的进步,就不可能有一个有意义的历史终结或完成。只能有人类前进步伐的残酷中止:或因自然力量本身的作用,或因人类大脑和双手的主导。

　　无论如何,在某种意义上,斯宾格勒已证明自己是对的。西方的某些没落已经发生在我们眼前。1913 年,西方——实际包括美国、英国和德国——本可以为全球立法而不用费一枪一弹。因为,西方至少曾在半个世纪里轻而易举地控制了整个地球。而今天,别说统治世界了,西方本身的生存也已遭到来自东方的威胁,起初可从来不是这个样子。从《共产党宣言》(*Communist Manifesto*)以来,似乎可以说,共产主义的胜利将是西方的彻底胜利,是英国工业、法国革命、德国哲学三者之综合的胜利,这种综合超越了诸民族界限,或者还包括东方。无论西方的力量多么衰落，无论西方面临的危险多么巨大，这种衰落，这种危险——不，应该说西方的失败与摧毁——都不足以证明西方处于危机之中。西方可以带着确定无疑的目标而光荣地下降。

西方的危机在于西方渐渐不再确信自己的目标。西方过去一直确信自己的目标，确信可以实现所有人的团结。因此，西方十分清楚地看见自己的未来就是人类的未来。如今，我们不再有那种确信和清晰。我们有些人甚至对未来感到绝望。这种绝望说明了当今西方的许多堕落形式。这并不意味着，一个社会除非致力于某个普遍的目标，献身于所有人的团结，否则就绝不能健康地存在。一个社会也可以是个健康的部落。然而，一个一度习惯于用某个普遍目标来理解自身的社会一旦不再相信那个目标，肯定会变得彻底不知所措。我们发现，那种普遍的目的直至前不久还得到过明确的阐述；两次世界大战期间发表的那些著名的政府宣言就是例证。这些宣言只不过重复了现代政治哲学的最成功的形式最初提出的目标：那种政治哲学中的一种期望以古典政治哲学奠立的基础为基础，但反对古典政治哲学建立的［大厦］结构——一个在真理和正义上俱比古典政治哲学期望的社会更出类拔萃的社会。

根据那项现代方案，哲学或科学的本质不再被认为是沉思，而是行动。用培根那句美妙的名言来说，哲学或科学应该有助于改善人的境况（relief of man's estate）。应该为了增强人的力量而培育哲学或科学。科学或哲学应该使人能够借助理智征服自然，成为自然的主人和所有者。哲学与科学原本一家，应该尽可能地促进进步，不断地创造出更大的繁荣。这样，每个人都将享受到社会或生命的所有利益，从而真正实现每个人的自然权利的全部意义，即实现每个人安逸的自我保存(按洛克的说法)的自然权利以及那种权利所带来的一切,同时实现每个人充分发展自身一切能力的自然权利,这种发展会与任何其他人同样的发展达成和谐一致。因此,这种不断朝向更大繁荣的进步也会变成或可能引起朝向更大自由和正义的进步。这种进步必然会朝向这样一种社会:这个社会平等地包容所有人,成为诸自由平等民族的大联合,其中每个民族都由自由平等的男人和女人组成。因为人们已经相信,在单个国家或少数国家中不可能有长期持久的繁荣、自由和正义。为了使世界不再威胁西方民主制,人们必须让全球民主化,让每个国家内部民主化,也让各民族组成的社会民主化。人们认为,单个国家内部的良好秩序以所有国家内部或之间的良好秩序为前提。人们认为,朝向普遍社会或普遍国家的运动不仅由其目标的普遍有效性或合乎理性保证,而且因为朝向这个目标的运动本身似乎就是绝大多数人的运动,代表着绝大多数人的利益。只有极少数人,只有那些奴役着千百万同胞的人,只有那些竭力维护自己腐朽利益的人,才抵制这场运动。

以上对一般而言的人类境况以及对特殊而言的我们这个世纪的认识仍然具有某种合理性,不是尽管而是正因为有了法西斯,直到苏联最终爆发出斯大林主义和后斯大林主义的最卑劣能量之后,事情才不复如此;因为托洛茨基主义只是一面没有军队甚至没有将军的旗帜,终于被它自身的原则谴责并驳倒。一段时期以来,许多可教的西方人——遑论那些不可教的人——似乎都认为,苏联共产主义只是与西方运动并行的一种运动:它就好比双胞胎中那个有点不耐烦、粗野和顽劣的家伙,它必然会变得成熟、有耐心和温和起来。然而,事情并非如此。除了在生死攸关的危险时刻之外,苏联共产主义对那些兄弟般的深情厚谊往往报以轻蔑,或至多表现出几丝假情假义;而在生死攸关的危险时刻,苏联共产主义渴望得到西方的帮助却又决心绝口不谈一个"谢"字。西方运动已经不可能把苏联共产主义仅仅理解为一个新的外敌——自己数世纪以来曾与之斗争的那种外敌。西方方案曾以自己的方式准备反对所有古老的罪恶形式,但我们不得不承认,西方方案不能提供任何言辞与行动措施以反对新的罪恶形式。曾有一段时间,人们似乎还有充分的理由说,西方运动和苏联共产主义具有共同的目标,即追求一种由自由平等的男人和女人组成的普遍繁荣社会;二者只是在手段上有分歧。对苏联共产主义来说,全人类的共同利益是最神圣的目的,为此可以不择手段。一切有助于达到最神圣目的的东西都分享了目的的神圣性,从而也变得神圣起来。一切有碍于实现那种目的的东西都是邪恶的。某个人曾把谋杀卢蒙巴(Lumumba)总理描写成一场应该受到谴责的谋杀,并以此暗示,还有不可谴责的谋杀,比如谋杀纳吉(Nagy)。

这么看来,西方运动与苏联共产主义之间不仅有程度上的差别,更有类型上的差别。这种差别显然涉及道德,涉及手段的选择。换句话说,人们日渐明白,无论流血的社会变革,还是不流血的社会变革,都绝不可能消除人性中的恶。只要有人,就会有恶意,有嫉妒,有仇恨;因此,不可能存在一个不必使用强制性限制的社会。同理,我们也不可能再否认,今天苏联共产主义只要在实际上而非名义上继续存在,就仍将在以后继续存在:一个僭主出于对宫廷革命的恐惧而减轻或加剧自己的钢铁统治。不过,僭主也害怕西方强大的军事力量——这是西方唯一可以多少获得一些信心的遏制手段。

苏联的共产主义经验给西方运动提供了一个双重教训:这是个政治上的教训,它一方面关乎在可见的未来期待什么和做什么,另一方面关乎政治的原则。在可见的未来,不可能会有一个普遍的政权,不管是单一的还是联合的。事实上,现在根本不存在某个诸民族的普遍联盟,而只存在某些所谓爱好和平的民族之间的联合;除了这一事实之外,现存的那个联盟只不过掩盖了根本的裂痕。一个人要是过于认真地看待那个联盟,以为它是人类走向完善与普遍社会的一个里程碑,他就必定要承担巨大的风险,这将危及他竭力追求的进步本身,要知道他只能凭借一个与生俱来的、也许陈旧的希望,此外一无所凭。可以设想,面临热核武器摧毁人类的危险,某个诸民族的联盟,无论多么残缺不全,总能阻止一些战争,确切地说,可以阻止某些侵略战争。但这意味着,其有效的前提是目前所有国界都是公正的,符合各民族的自我规定。这个假设是虔敬的欺骗,其欺骗性比其虔敬更明显。事实上,对现有边界提出的仅有的那些变更,都是苏共并不反感的。人们也不能忘记,诸同盟国法律上的平等与事实上的不平等之间存在着令人瞠目结舌的差距。这一事实上的不平等在"不发达国家"这个说法中得到了确证。据说,这个说法是斯大林发明的。这个说法暗示了这样一种决心:让它们充分发展起来。也就是说,让那些国家要么进入共产主义的阵营,要么投入西方的怀抱。这无视一个事实,即西方自称代表着文化多元主义。一个人尽管仍然可以争辩说西方的目的与共产主义一样具有普遍性,但在可见的未来,他也必须安于一种实践上的特殊主义。这种情况与人们经常提及的基督教和伊斯兰教相互对立的时代非常相似:虽然双方都坚持自己的主张,但也不得不接受敌手的存在并满足于某种不安的共存。这些都说明,在可预见的将来,政治社会仍然会像过去一样:政治社会仍然是一种个别的或特殊的社会,其最紧迫的首要使命是自我保存,其最高的使命是自我发展。就自我发展的意义而言,我们可以看到,西方出于同一种经验既怀疑世界社会的有效性,也怀疑这种信念——相信富裕是幸福和正义的充分甚至必要条件之一。富裕治愈不了那些根深蒂固的恶。

我有必要对现代方案的另外一种因素说上几句，这可能需要更为细致的讨论。简言之，我们可以说现代方案与古代看法不同：现代方案认为社会发展完全取决于各种具体的政治或经济制度，而非品格的塑造。这种看法的隐含意味是，要将法律与道德彻底分离，而非辨别二者之间的差异。除了实定法，的确还有一个需要启蒙的领域；换言之，还有一个纯粹的理论教育领域，它不同于道德教育或品格的塑造。我们可以用现代方案的健将之一霍布斯为例来说明这一点。毫无疑问，霍布斯不是一个着迷于尼禄（Nero）之流的简单的绝对王权论者。霍布斯原打算教诲那些启蒙了的绝对主权者，即后来所谓的"开明的专制君主"（enlightened despots）。不过，他的整个事业恰恰只保证了绝对专制主义的可能性和必要性。要让专制君主变得开明起来，仍然只是个希望而已。

现在，这一境况在现代自由民主制的发展中以另一种形式得到重申。自由民主制自称是负责任的统治，在这种政治秩序中，政府要向被治者负责。被治者当然也对政府负有责任：被治者应该遵守法律。但关键在于：为了负责，政府绝不能向被统治者隐瞒任何事情。"公开之契约，公开缔结之"——威尔逊（Wilson）总统这句名言最明确地表达了这一点。当然，自由民主也意味着有限的统治，意味着公私分离。私人领域不仅必须得到法律的保护，还必须被理解为不受法律的干预。法律必须保护私人领域，而在私人领域中，每个人可以按自己的意愿而行动或思想，可以根据自己的喜好而变得任意或偏激。"我的家就是我的城堡。"但事情没这么简单。我的家并不就是我的城堡；一张搜查令就会让它门户大开。真正的秘密之所不是家里，而是投票站。我们可以说投票站是众家之家，是主权之座，是秘密之座。主权者由个体组成，而这些个体却不承担任何责任,也无法被要求承担任何责任:不负责任的个体。这并不是自由民主制的初衷。其初衷是,这种享有主权的个体是尽职尽责的个体,是本着自己良心自我约束和自我引导的个体。

非常明显,尽责的个体和霍布斯笔下的开明君王一样,使我们陷入困境。你无法从法律上界定尽责的个体由哪些品质构成。你可以通过财产条款或文化测试等限定投票权,但你不可能把投票权仅限于那些尽责的人们。只有通过非法律的手段,只有通过道德教育才能培养出尽职尽责的品质。因为在这方面没有适当的规定,诸位很清楚这个领域发生的变化。这个已然发生且正在发生的变化,可以称之为自由民主向放纵平等主义的退化。自由民主的核心是尽职尽责的个体,而放纵平等主义的核心却是欲望的个体。我们只需看看尽责的反抗者的事例;无论你怎样看待那些人,毫无疑问,他们就是那些甘愿为他们认为正确的东西而付出生命的人。而那些放纵欲望的人绝不会有丝毫牺牲自己生命的想法,因而也不会为了自己的欲望而牺牲欲望本身。这就是已经发生的道德堕落。

让我再举个例子来说明这一巨大变化。在讲座的开头,我曾提到文化概念。在原来的意义上,文化一词意味着关于人类思想的唯一文化。由于19世纪发生的一场变化,这个词变成了复数。如本尼迪克特(Ruth Benedict)之类的人类学家已经开始在某种较低层次上重复了斯宾格勒等人曾在较大范围上展开了的工作,而且产生了极大的效果。那么,文化在今天意味着什么? 在人类学和部分社会学中,"文化"这个词通常被用作复数形式,如此一来,你就可以有一种郊区文化,有一种少年帮派文化(少年非犯罪文化甚或少年犯罪文化)。诸位可以说,根据当前这种文化观念,没有哪个人没有文化,因为他属于某种文化。与此同时,值得庆幸的是,古代的文化观念仍然存在。我这样讲时,诸位笑出了声,因为当我们说到一位有文化的人时,我们并不是指所有人都有教养或有文化。展望这种议论的结局,人们可以说,根据当前社会科学中的流行看法,一个人要不是住在疯人院里,就是有文化的人。甚至在某些前沿研究领域——我们今天经常听说这些研究——我们还发现了一个有趣的问题:疯人院里的疯子们真的没有他们自己的一种文化吗?

让我回到我的论述。今天,人们对现代方案的怀疑已相当普遍,这不仅仅是一种虽强烈但又模糊的感觉。这种怀疑已经达到了科学上的精确状态。人们可能想知道,是否还会有某个科学家站出来断言,普遍而繁荣的社会将理性地解决人类问题。因为当今的社会科学已经承认甚至宣称,它无力证明任何价值判断正确与否。现代政治哲学引发的那套教诲,亦即 17 世纪那些赞同普遍繁荣社会的思想英雄们的教导,已经无可否认地成了一种意识形态。这就是说,那套教诲在真理和正义方面不比其他无数意识形态高明。研究所有意识形态的社会科学本身摆脱了所有意识形态的偏见。借助这种奥林匹亚式的自由,社会科学克服了我们时代的危机。这个危机可能会摧毁社会科学的诸前提;但它不能影响社会科学结论的有效性。社会科学在最近两个世代里变得愈发疑虑重重、克制拘谨,它以前可不总是这样。社会科学性格的转变与现代方案的变化脱不了干系。现代方案最初是由哲人们设计的;他们根据自然、根据某些自然权利设计了这套方案。这套方案的初衷在于以最完美的方式满足人类最强烈的和最自然的需要。征服自然是为了人的利益;而人被认为具有某种自然本性,某种不变的本性。现代工程的奠基者们理所当然地认为哲学与科学完全相同。此后,人们发现,征服自然似乎也要求征服人性,而且首先要质疑人性的不可变性。毕竟,一种不变的人性可能会绝对限制进步的步伐。这样一来,人的自然需要就无法继续引导其对自然的征服。人们不得不从理性而非自然,从理性的"应当"而非中立的"是"中寻求指导。这样,研究"应当"或规范的哲学、逻辑学、伦理学、美学就逐渐与研究"是"的自然科学分道扬镳了。对"是"的研究或自然科学在增强人的力量方面不断取得更大的成功;与此同时,理性却随之失去了声誉,从而致使人们在使用那种力量时无法区分智慧与愚蠢、正确与错误。与哲学相分离的科学无法教人以智慧。有些人仍然相信,社会科学和心理学一旦达到物理学和化学的水准,这种困境就会消失。这个信念毫无道理可言。因为社会科学和心理学无论多么完善,作为科学,它们只能进一步增强人的力量。它们会使人更轻而易举地操控他人。社会科学和心理学同物理学和化学一样,很难教人们如何使用自己之于人类和其他事物的权力。那些沉溺于上述信念的人尽管一直鼓吹事实与价值的区分,但仍然没明白这个区分的关键所在。确实,这个区分正是现代科学的关键,是最近两个世代里最终发展起来的现代社会科学的关键:区分事实与价值,并认为绝不可能理性地区分好的与坏的价值。任何目的都值得辩护。从理性的角度来说,一切价值平等。学院里的社会科学教师们关心的主要使命在于,如何面对事实—价值区分所提出的难题。我相信,人们很容易证明当今社会科学的这一基本前提站不住脚;人们可以找出各种各样的理由。不过,我现在关心的是一个更大的问题。

当我们反思事实—价值区分时,我们发现其中一个问题格外刺眼。公民并不做这种事实—价值区分。公民确信他能合乎情理地区分善与恶、正义与不义,就犹如他们确信可以区分真与假,或者如他们判别所谓的事实陈述。公民对政治事务的理解同事实与价值的区分毫无关系。只有当公民对政治事务的理解被具体的科学理解所取代时,事实与价值的区分方显得必不可少。这样,科学的理解意味着与前科学的理解断裂开来。然而同时,科学的理解仍然依赖前科学的理解。我可以用一个最简单的例子来说明这一点。如果社会学系派某个人出去约人做访谈,这个人肯定得学会各种各样的东西;他接受了详细的程序说明。但有一件事没有人会提醒他:要对人、要对人类提出你的问题,而不要对那些猫啊、树啊、花草树木什么的提问。而且也没有人告诉他如何区分人和狗。这种知识是预先假定的。这种知识从未改变过,从未更新过,也从未受过他在社会科学课堂上所学任何东西的影响。这只是一个最有力的例子,它表明,号称自足的科学知识非常依赖某种"先验"的知识,亦即某种在整个科学发展过程中从未被质疑过的前科学知识。现在我们已经明确,不管能否证明科学理解之于前科学理解的优越性,科学的理解无疑都是第二位的或派生的。而人们对政治事务的常识性理解是一种前后一致的综合理解,优先于一切科学理解;社会科学如果不能处理这种前科学的理解,换句话说,如果我们不按公民或政治人对政治事务的感受去理解政治事务,那么,社会科学就无法搞明白自己的所作所为。社会科学只有处理了这种对其基础或母体的一贯的、综合的理解之后,才能证明自己的正当性,才能明白科学理解的特征,即搞明白科学理解如何独特地修正了对政治事务的最初理解。我相信,社会科学或政治科学要想是或成为一种理性的事业,就有必要按上面所说的做。因为社会科学或政治科学修正了对政治事务的最初理解,它就必须理解这种修正本身。我们要想真正弄懂科学理解方式造成的修正是什么,就必须首先理解对政治事务的前科学理解、常识性理解、公民的理解。

但我们如何获得那种理解呢?我们如何能以自己的微薄之力阐明公民对政治事务的基本理解或前科学理解呢?我们很幸运,已经有人为我们完成了这项艰巨的任务,为了使政治科学也使其他社会科学真正成为科学或理性的事业,我们能够且必须做这项最基本的工作。诸位或许都晓得,亚里士多德已经在其《政治学》中做过这项工作。这部著作为我们分析了关于政治现象的最初理解,其中的分析堪称经典,令人难忘。

我这个论断将面临许多各种各样看似十分有力的反驳。我将在明天的政治讲座中介绍这项事业,介绍亚里士多德的政治科学。现在,我将利用本次讲座的剩余时间证明一个非常 ad homi-nem[个人性的看法];为的是把如今我们这个行当里的主流,即所谓的行为主义者们——要是他们听得进去这个论证的话,要是他们接受好的建议的话——引向对他们所做的事情的一种多多少少更好的理解。诸位只要环顾一下四周,只要不是在底特律大学,不是在天主教机构而是在非天主教机构,我想大家都会说,除了极其个别的例外,政治哲学已经消失得无影无踪。今天,政治哲学或政治哲学向意识形态的退化最明显地表现在下述事实上:政治哲学的研究和教学都已完全被政治哲学史所取代。诸位中的许多人都读过或用过萨拜因(Sabine)的名作,大家只需读一下他的前言,就会明白,我下面将要说的一点儿都不错。那么,政治哲学史取代了政治哲学,这意味着什么?严格来讲,用政治哲学史取代政治哲学,非常荒唐。它意味着,用一种错误的概述去取代一种学说,这正是萨拜因之流所做的。所以,政治哲学不能被政治哲学史所取代。

取代政治哲学的是一种表明政治哲学之不可能的学科,它当然就是逻辑学。目前,在"政治哲学史"名义下保留下来的东西[政治哲学]将只能在某种理性的研究和教学框架之中找到自己的位置,只存在于那些讲授如何区分事实判断与价值判断的逻辑学教科书的注脚之中。这些注脚将向那些驽钝之士提供政治哲学借以成功或失败地从事实判断向价值判断的错误转变中的诸事例。他们将举出诸如柏拉图、亚里士多德、洛克、休谟或卢梭的例子，并指出这些大人物在何时何地犯了如今十岁小孩都知道如何避免的大错。然而，我们不能仅听凭逻辑实证主义或行为主义科学的一面之词就错误地认为，在这次重新分工中，逻辑学完全（不管逻辑学如何扩张）占据了政治哲学一度占据的位置。如今，非哲学的政治科学已经接手了政治哲学曾经研究的相当一部分论题，成了社会科学的一部分。这种新的政治科学主要关心如何发现政治行为的法则，并最终找到政治行为的普遍法则。社会科学研究所有政治的特征，为了不使特定时刻、特定区域的政治特性混淆——研究所有政治的特征是社会科学的拿手好戏，这种新的政治科学也必须研究其他风土和其他时代的政治。因此，新的政治科学开始依赖另一种研究，这种研究隶属于所谓的普遍历史这项综合事业。现在，对于能否按自然科学的模式来塑造历史学，人们议论纷纭；同样，关于可否合理地期待新政治科学成为自然科学意义上的科学，人们也争执不休。

不论如何，新的政治科学必须致力的历史研究不仅要关心那些关于政制的作品，也要关注那些塑造这些政制的种种意识形态。在这些历史研究的语境中，某种意识形态的意义主要是指这种意识形态的追随者对它的理解。在某些情况下，意识形态会被认为是一些伟大人物的创造。在这些情况下，就有必要考察，首创者构想的意识形态是否以及如何被后来的追随者修改。因为，准确地说，只有对意识形态的原理解能够产生政治效果时，才有必要去弄清楚原理解的种种特性。如果可以研究他们所说的超凡魅力的常规化（the routinization of charisma），那么，也应该能研究思想的庸俗化。某一种意识形态由政治哲人们的教诲构成。这些教诲也许只扮演了一个较小的政治角色，但要知道这一点，人们首先得确切地知道这些学说。这种确切的知识主要在于像政治哲人们理解他们自己那样去理解他们的教诲。毫无疑问,这些政治哲人在下面这一点上都错了,他们无不相信自己的教诲在政治事务方面健全合理。通过某种可靠的传统,我们了解到,他们那种信念构成了某种理性化的一部分;然而,这种理性化过程并没有得到彻底的理解,以至于显得在最伟大的心灵那里,这种理性化过程不值得研究。比如说,我们都知道,可能有各种各样的理性化之类的事情。因此,有必要研究那些政治哲学:不仅要研究首创者们的理解方式——以便与各种各样的追随者们的理解方式进行对照,而且要研究其对手们的理解,甚至要研究那些超然的、中立的旁观者或历史学家的理解。因为超然本身并不能充分保证避免下述危险,即一个人可能折中某些追随者的观点与某些对手的观点,并将其等同于首创者的观点。也许正是通过动摇所有传统,今天对各种政治哲学的一般性理解才成为可能,这种理解对行为主义政治科学来说必不可少。我们时代的危机也有一个好处,它让我们能用一种非传统的、新鲜的方式去理解那迄今为止完全按一种传统的、派生的方式理解的东西。

因此,社会科学本身若不认真理解严格意义上的政治哲学,就无法做到名副其实;当然更主要是因为社会科学直接诞生于古典政治哲学。如我所指出的,不要以为一定能真正地理解严格意义上的政治哲学。如今,有些人常断言那种理解压根儿就不可能,因为所有历史性的理解都与史学家自身的主张、国别和时代相关。据说,史学家不可能像首创者那样理解他们的教诲,他的理解必然不同于首创者本人的理解。通常,史学家的理解低于首创者的理解。在最好的情况下,史学家的理解也只不过是对原初教诲的某种创造性转换。然而,如果不可能把握原初教诲本身,又怎么能说是对原初教诲的创造性转换呢?

且不论上面的看法,下面一点似乎至关重要。就社会科学家在这类研究中取得成功而言(他自己的那种科学本身也要求他成功),他不仅拓宽了当今社会科学的视野,甚至还超越了那种社会科学的局限。因为他学会用另一种方式看待事情,而这种方式对社会科学家而言可以说是禁止的。他将从自己的逻辑中得知,他那门科学依赖某些前提、确信或假设。他现在知道应该悬置这些假设,因为他若拘泥于这些假设,就无法进入自己的主题。这样一来,他就被迫把社会科学的那些假设当成了自己的论题。不同于逻辑学,政治哲学史绝不仅仅是社会科学的众多主题之一,它本来就是对社会科学诸前提的研究。而那些前提被证明是对现代政治哲学诸原则的修正,而现代政治哲学又被证明是对古典政治哲学诸原则的修正。一个行为主义政治科学家只要严肃地对待他那门科学及其要求,他就不得不研究一下他那门科学的历史,只要进行这种研究,他就不可能不质疑他那门科学的那些教条般的前提。于是,他的视野就变得宽广起来。至少,他必须考虑古代政治哲学有比今日的政治科学更合理、更正确的可能性。

这种向古典政治哲学的回归既是必要的,又是尝试性的或试验性的。不是尽管而是正因为它是尝试性的,我们就必须严肃地进行;也就是说,我们不能藐视今日的困境。认识到这一困境对我们来说绝无坏处,因为正是这一困境激励我们回到古典。按理说,我们不能期待一种对古典政治哲学的新理解会给我们提供某些适用于当今的药方。现代政治哲学的相对成功已经创造了一个新型的社会、一种古典作家完全不知道的社会;在这种社会中,古典作品所陈述并阐释的那些古典原则无法立刻派上用场。只有我们这些活在当世的人才能找到今日问题的解决办法。充分理解古典作品所阐释的那些原则,这也许将是一个必不可少的出发点:由此出发,才可能用当代社会的独特性来充分分析它,这应该由我们来完成;由此出发,才能把那些原则睿智地应用到我们的使命上,这也应该由我们来完成。

政治哲学的危机

李永晶　译

在前一次讲座中，我曾试图将我们时代的危机溯源于政治哲学的危机；我也指出了一个如何摆脱那些困扰我们智识难题的方法，那就是返回到古典政治哲学，尤其返回到亚里士多德的《政治学》。这次讲座，我将讨论回归亚里士多德及其所面临的诸多困难。请允许我对政治哲学的危机再多说一句。我想，一般来说，政治哲学甚或一般的哲学今天都已经失去了它昔日的尊严和地位；这么说并非言过其实。如今，一个人可能随口说，我的哲学就是早上吃两个煮鸡蛋。哲学，尤其是政治哲学，到底怎么了？我想，答案很明显。

今天的西方世界——在任何西方国家，尤其在我现在所在的这个国家[美国]——有两股公认为权威的力量，人们可以称之为实证主义和历史主义。根据实证主义的观点，只有现代自然科学所定义的科学知识才是真正的知识。这里至关重要的义涵就在于，一切有关价值的断言都不能认为是有效的，只不过是纯粹主观性的断言。另一方面，根据历史主义的观点，事实与价值的区分最终是站不住脚的，因为理论性理解的诸最高原则（即通常所说的"范畴"）与实践的诸最高原则（即一般所说的"价值"）不可分离，还因为那种由种种范畴和价值构成的"体系"是历史性的或可变的：没有唯一正确的范畴和价值体系。这两个学派在今天西方最为强大。这两者都与政治哲学水火不容，因为后者试图发现并确定人之为人的真正目的。

　　除了一个方面以外,实证主义在所有方面都不及历史主义。实证主义如果理解了自身,必然就会变成历史主义。因为经过证明,所谓科学即现代科学的诸基本前提并非明显必然;正如实证主义者自己承认的那样,那些前提在逻辑上非常随意。不过,这里所说的随意性是指,随意地接受那些前提并不只是这个或那个个体的私事,它已经成了决定一大段历史的公共因素;这是一项历史的决定,现代科学借此成了塑造现代世界的力量。另一方面,历史主义比实证主义更具反思性,因为它提出了一个实证主义无法提出的问题:为什么有科学?历史主义考虑到了科学得以产生的人类处境,而实证主义却无法真正做到这一点。当今的实证主义相信,它只需区分一下科学发现的有效性与科学或科学发现的起源,就可以解决这一问题。如果仍然可以把科学看作人类理智的完善,看作人类理智的自然完善,那么,上述区分也说得通;但没有哪个逻辑实证主义者能这么看。因此,他不敢承认那个必须提的问题:为什么有科学?当然,他也没有能耐回答这个问题。在这种情况下,实证主义具有的相对价值就在于,它以一种极其不充分的——虽然说不上是无能的——方式断定了唯一真理的概念,或按它可能喜欢的叫法,即客观性概念。在今天的西方,政治哲学只在托马斯主义那里还香火未断。然而,这种情况也制造了一个难题,甚至对托马斯主义者也是如此,因为它让人怀疑,支撑这种政治哲学的可能是基督教天主教派的信仰,而不是人类的理性。因此,就连托马斯主义者也有必要证明,亚里士多德的政治哲学概念——亚里士多德毕竟不是天主教徒——并没有被现代思想驳倒。

　　我已经指出过那些号称驳倒了亚里士多德式政治哲学的具体理由。其中最常见的理由是,现代自然科学或现代宇宙论(比如通过证明"进化")已经驳倒了亚里士多德的宇宙论,因而也驳倒了亚里士多德式政治哲学的原则或基础。亚里士多德想当然地认为物种亘古不变,而我们"知道"物种并不永恒。不过,即便承认进化已是一个证据确凿的事实,承认人产生于其他物种,但人仍然在本质上不同于非人(non-man)。进化论无论如何也驳不倒存在着本质差异的事实——即存在着各种"形式"(forms)的事实。亚里士多德以及柏拉图的出发点在于:整全由诸异质的存在者构成;有一种诸存在者的理智上的异质性(a noetic heterogeneity),这是我们一直依赖的常识性概念,这种概念根本就没有被驳倒。我想请诸位回忆一下17世纪那场对形式因(formal causes)的批评;喜剧诗人莫里哀(Moliere)以最令人印象深刻的方式恰当地表达了这种批评:他提出这个著名的经院哲学式的问题"鸦片为什么让人睡觉?"答案是:Quia est in eo virtus dormitiva, cujus est natura sensus assoupire[因为它有一种催眠力量,这种力量的自然本性在于让诸感官入睡]。这个笑话非常有名,人们常常用这种或那种方式翻来覆去地重复它。这个笑话等于说,诉诸形式因绝不是一种解释。然而这个笑话并不像初听起来那么有趣:如果鸦片没有催眠的能力,也就是说鸦片的成分本身没有这种能力的话,我们压根儿就不会对它感兴趣;当你把组成鸦片的各种元素放在一起,那么,这个整体就有了各种元素所没有的一种特性,正是这种特性使鸦片成为鸦片。对鸦片来说是如此,对人或其他的存在物来说亦如此。可以说,正是本质或本质差异的概念,将亚里士多德和柏拉图的教诲与典型的现代哲学——尤其现代自然科学——的教诲区分开来。如果确实有某些本质差异,那么,公共的善和私人的善之间就会有本质差异。无论亚里士多德的宇宙论在今天遭到了多大的挫折,这都无损于本质差异的概念,因而也无损于本质的概念。

第二个很流行的观点认为,亚里士多德是个反民主分子,所以他已经被驳倒。我承认这个事实;因为我不相信从我们同时代某些人的行事前提——民主是好的,亚里士多德也是好的——会有效地得出亚里士多德是个民主分子的结论。亚里士多德不是民主主义者。凭什么这么说?无论在希腊时代,还是在今天,民主都意味着所有人统治。但这个说法过于抽象,因为从来没有或者说几乎没有全体一致的时候。事实上,在一个民主政制中是多数人统治。如果有稳定的多数派,那么,这个稳定的多数派就会在民主政制中主政。这个稳定的多数派从何而来?亚里士多德非常简洁明了地说:在每个城邦(polis),在每个政治社会中,都会有两群人,即穷人和富人,而且无论原因如何,穷人肯定占多数。因此,民主制就是穷人的统治。"穷人"并不意味着是"乞丐"。穷人是指那些必须为了糊口而奔波的人,他们无法过上绅士般的生活。因为贫穷,他们没有闲暇接受教育,不管在成年还是在孩童时期,都无法接受足够的理论教育和实践教育。他们没有时间那么做;因此他们是未受教育的人。任何一个明智的人都不会说,政治共同体应该由未受教育的人来统治。我希望诸位已经明白,这个简单的论证毫无恶意。那么,我们反对它的根据又是什么呢?

有些事情,亚里士多德想当然地认为是正确的,而我们今天已经不能那么认为了。亚里士多德想当然地认为,一切经济体都必然匮乏,因而大多数人没有闲暇。我们已经发现了一个富足的经济体,在一个富足的经济体中,再也没有理由说多数人一定没受教育。因此,用这个论证来反驳亚里士多德非常对路。但是,我们必须看到究竟什么东西发生了变化。不是正义的诸原则,它们原封未动。变化的是环境。就正义的原则本身而言(按照亚里士多德的理解),我们将不得不说,亚里士多德关于民主制的论证必须修改,因为我们已经有了一个富足的经济体。然而,这一环境的差异应该归于现代经济,而现代经济又基于现代技术,现代技术又基于现代科学。于是,我们又碰到了亚里士多德和现代思想的根本差别。17世纪,在培根、笛卡尔和霍布斯等人的作品中,出现了一种对科学的新解释,这种解释与亚里士多德的解释相反。根据那种新解释,科学只为增强人的力量而存在,而非为了作为理解的理解或为了沉思而存在。至于说潜在于现代发展背后的科学的概念,我们已经怀疑它是否像前几代人设想的那样健全可靠。就在最近,第一颗原子弹的爆炸让人们怀疑,科学和技术的无限进步是否完全是件好事。这一个例子就足以让我们注意,亚里士多德否认科学在本质上服务于人类力量的增长,他也许说得在理。

亚里士多德的非民主观或反民主观显然还有另一个基础,那就是他的如下假说——不过他自己倒认为这是个事实:在涉及政治的各方面,人们天生(by nature)就不平等。人们在美丑方面不平等,这不要紧,因为我们通常并不看谁长得帅就选谁当官儿。但是,有一种天然的不平等涉及理解力,这就与政治事务相关了。人们很难否认这种天然的不平等。只有一个人曾经严肃地试图否认这种天然的不平等,那就是著名的俄罗斯生物学家李森科(Lysenko),他获得了斯大林的帮助,但我相信,赫鲁晓夫已经抛弃了这种尝试,虽然我并不确知这一点。现代民主制当然也承认这种天然的不平等,我们所说的机会平等就表明了这一点:如果提供了机会,不同禀赋的人就会做不同的事。换个角度说,现代民主制是代表民主制,也就是说,这种民主制要挑选它认为那些超出平均水平的佼佼者。现代民主作为代表民主制,与直接民主大相径庭。

另一个反对亚里士多德的理由是,他的整个政治哲学目光狭隘或乡土气太浓,说到这里,我们又向某些核心问题靠近了一步。人们说,亚里士多德毕竟是个希腊人,其作品的主题是希腊的城－邦(city-state);城－邦只是一种特殊的人类组织形式,其在历史重要性上与其他组织没什么两样,只是众多组织形式中的一种。这种观点在今天非常流行,但并不正确。亚里士多德并不关心希腊的城－邦。只要读一读《政治学》第二卷,你就会明白,亚里士多德关注的是迦太基(Carthage)那样的城;那是一个腓尼基人(Phoenician)的城。该城大致相当于斯巴达,远远胜于雅典。因此,城－邦并不必然是希腊的。当然,这不过是个小问题。更大的难题在于:我们一提到城－邦,通常就指有一种叫作"国家"(state)的东西,并且它有 n 种形式,而城－邦只是其中的一种形式而已。这种想法无法翻译成希腊语,亦即亚里士多德的希腊语。这种"国家"观念与亚里士多德的思想格格不入。我们今天一说到"国家",通常把它与社会对立起来理解。诸位只要随便翻开一本教科书就会看到,所有人都断定希腊的城－邦——现在让我用希腊词 polis——并不是一个可以与社会相分离的国家。我们可以说,polis 先于国家与社会的区分。亚里士多德的确区分了 polis 和其他团体或合作形式,但他并没有把那些团体统统塞在"社会"这个词下,让它与 polis 对立起来。诸位若能在正确的地方找到 polis 概念的现代对应词,就能很容易地理解亚里士多德的思想。用我们现代的术语来说,polis 的对应词就是"祖国"(country)。当你说祖国正处于危险中的时候,你并没有区分国家与社会。祖国就是亚里士多德所理解的城邦的现代对应物。或者看看另一个说法,这句话在道德上颇成问题,但也有某种合理之处:"吾之祖国,无论对错"(my country right or wrong)。你不可能说"吾之国家,无论对错"或"吾之社会,无论对错";这些说法听起来就别扭。因此,"祖国"就是"城邦"真正的现代对应词。这种差别绝非无关紧要。这种差别意味着,城邦是一个城市联合体

（urban association）。但祖国并不必然就是城市，这当然是因为现代各国的封建历史。我们与亚里士多德之间横亘着一条鸿沟；我们要想理解亚里士多德，就要跨越这条鸿沟。因此，为了理解亚里士多德说到 polis 时所指的意思，或为了获得与之相似的经验，我们必须在我们的经验中寻找某些对等之物。

现在，让我们看看亚里士多德自己关于 polis 的分析。polis 的特性是什么？polis 与所有其他联合体的本质差异是什么？亚里士多德答曰：polis 的最终目的是幸福。所有其他联合体都服务于某个特定的目的。政治社会是唯一一种追求实现人类至善的联合体，那种至善被称为幸福。幸福意味着践行道德德性高于一切，意味着践行高贵之事。亚里士多德的假定在今天看来颇有争议，尤其在那些科学圈子里，但在那些通情达理的人们中间，亚里士多德的假定（即关于什么是幸福）根本不会引起争议。为了更透彻地说明这一点，我们有必要讨论一下其《修辞学》中的相关章节，亚里士多德在其中清晰而美妙地谈论了什么是幸福的问题。读一下那些篇章，诸位就会发现，我们平常的幸福观与亚里士多德分析的日常概念没有什么两样。当我们说某个人很幸福时，我们指的是什么？那个人有朋友，有好朋友，有许多朋友，他还有孩子，有好孩子，他还健康，还适度地富有，等等。关于幸福，希腊人没什么独特的看法。当我们说某个人很幸福时，我们首先指那个人很满足。不过，我们也经常看到某些智商发育不全的人，或者白痴，他们总是笑容满面，他们也很满足，但没有人会说他们很幸福。那么，当我们说幸福意味着满足时，我们指的是一种令人羡慕的满足、一种合情合理的满足。这就是所有人理解的幸福，因此，谈论这样得到理解的幸福观，就足以成为政治哲学或道德哲学的良好开端。

然而，进入现代即自 17 世纪以后，这个开端遭到了质疑；至于

说质疑的理由,用今天的话来说,就是下面这一套:

幸福完全是主观的。张三理解的幸福不同于李四理解的幸福;甚至张三本人晚餐前理解的幸福也不同于他晚餐后理解的幸福。如果幸福完全是主观的,那么,幸福就跟决定共同的善不相干。那么,我们如何才能找到我们的政治方向?现代政治哲学的奠基者们如是回答:虽然幸福根本上是主观的,但幸福的条件却不是主观的。无论你怎样理解幸福,为了获得幸福,你首先得活着;其次,你必须能到处蹓跶;第三,你必须能够按你自己理解的幸福去追求幸福,即便是你一时兴起的幸福。因此,无论你怎样理解幸福,幸福的条件都是生命、自由和对幸福的追求。这些构成了幸福的客观条件。这些条件具有幸福本身所欠缺的客观性和普遍性。因此,政治社会的功能不是关注公民是否幸福,也不管他们是否能成为亚里士多德所说的那种举止高尚的君子,而是去创造幸福的条件,去保护他们,或用行话来说,要保护人的各种自然权利;因为在现代意义上,人的各种自然权利就是指对上述幸福的条件的权利。无论在何种情况下,政治社会也不能将任何幸福观念强加在公民头上,因为任何幸福观念都是主观的,因而也是随意的。人们都将按各自的理解去追求幸福。他们都在为幸福而奋斗。这种奋斗部分是合作性的,部分是竞争性的。这种奋斗产生了某种网络。我想,这就是那个与国家相对的词、即社会的最初义涵。

如果这种分析原则上正确,那么,我们就会得出下面的结论:国家优于社会,因为国家的宗旨或目的——它确保幸福的条件,而不管如何理解幸福——是客观的,即对所有人都一样。另一方面,社会优于国家,因为我们只有作为不同于国家的社会的成员,才关心国家的目的,才关心幸福本身,而不是关心幸福的条件或实现幸福的手段。从这个角度来说,公共的政治事务服务于本质上私人性的事情,服务于幸福,而不管人们如何理解幸福。一方面国家优于社会,另一方面社会又优于国家,这个事实造成了一个巨大的理论困难。现代社会思想偏爱的解决之道在于,假定另一个基础,这个基础既有别于国家和社会,又是国家和社会的共同母体;我想,这就是经常用作复数的文化或文明的现代概念的功能吧。

我已经讲了幸福的种种条件,并指出,那些条件指的就是种种自然权利或人的权利。鉴于我们上午的讨论,我想就这个问题说两句。17 至 18 世纪发展起来的这套权利观当然让我们想起传统的自然法教诲,也就是托马斯主义的学说。在那些天主教圈子之外,尽管非常明显却很少有人承认,17、18 世纪的自然法学说与中世纪及古典的自然法学说之间有某种根本的差异。可以用一个简单的方式说明这种差异,18 世纪开始用来指称自然法的名称是人的各种权利,而传统的名称是自然法。首先,"法"被"种种权利"取代。人们一提到法,通常主要指种种义务,只是在派生意义上才指种种权利。亚里士多德说,法律所不命令的就是法律禁止的,他这个说法告诉了我们法律的最初含义。(我记得一位现代解释者曾说,这句话纯属胡言;因为法律从未命令我们呼吸,但谁都不会说法律禁止我们呼吸。这位先生就没有想想,法律规定服兵役或禁止自杀时,就在命令人们呼吸。)其次,"自然"被"人"取代。在古代的观念中,自然法隶属于一个更大的秩序,隶属于"自然"一词所象征的等级秩序。而在现代的观念中,自然已经被人取代。人自身成了一切,成了那些属于他自己的权利的本源。"人的各种权利"这个词就是现代哲学那个著名开端的道德等价物:笛卡尔的 ego cogitans[我思],那个思想着的我。在笛卡尔的道德著作《灵魂的激情》(*The Passions of the Soul*)一书中,"义务"这个字眼从未出现过;但在某些关键章节中倒是出现过"权利"一词。我想,这很能说明问题。

让我回到人们对 polis 的一般反思。我们今天时常受到某种学问的误导;那种学问若不越位,就会颇有价值。我指的是,某些历史学家和语文学家告诉了我们许多有关希腊人的知识;但仅凭那些知识,尚不足以理解亚里士多德和柏拉图那样的人物。我们必须做一个区分,将 polis 这个词的前哲学概念与哲学概念区别开来。在此,我只想谈谈特别由亚里士多德所阐发的有关 polis 的哲学概念。哲学意义上的 polis 概念指自然的社会,该社会与人的天性相契合,不大不小,正适于人实现其完善。人的自然力量是有限的,尤其在认识和关怀自己同胞的能力上。笼统地说,一个 polis 就是一个让个人有能力去认识和关怀的不太大的社会。polis 是一种联合体,其中每个人虽不能完全认识其他人——村庄才能那样——但彼此都是熟人,这样,他就可以发现自己应该把选票投给谁,应该把自己的生命和财产托付给谁。当前那些关于大都市圈的讨论,在一定程度上重新发现了亚里士多德所设想的那种作为自然团体的 polis。

不过,这是否足以说明亚里士多德的政治哲学关注的就是 polis? 诸位只要读一下《政治学》各卷的开头(除了第一卷),就会发现这个说法并不充分。polis 只是个临时性的指代。《政治学》的确切主题,用希腊语来说应该是 politeia,这是 polis 的派生词。这个词通常被英译为 constitution[宪法/结构/政制]。这个译名多少让人产生误解,因为我们说到一个 constitution 时,并不是指某个像动物的 constitution 一样的东西;我们指某种如大地法或大地的基本法之类的东西。很巧合,我们的 constitution 这一概念的历史起源也是基本法。但亚里士多德所讲的 politeia 与法律毫无关系;它区别于一切法律。人们可以这样翻译 politeia 意思:如"政治秩序"或"产生包括宪法在内的各种法律的政治秩序",或者干脆译为"政制"(regime)。比如说民主制、寡头制、僭主制等。再说一遍,这些现象产生了法律,而不是法律构成了这些现象。我们今天讨论过凯尔森(Kelsen)关于法律、基本规范和整个合法秩序之起源等的纯理论。根据亚里士多德的说法,产生合法秩序的是政治秩序,即政制。政制决定并塑造了社会的性格。历史上有过各种各样的政制,现在同样如此,因此,不可避免地出现了这个问题:哪种政制更可取?或者说得更简洁些,哪种政制最好?我们可以说,这才是亚里士多德的最重要问题。毫无疑问,亚里士多德极其关心的是,发现各种政制间的等级秩序。一个人若不知道每个政制的好坏,就不可能知道任何政制的真实情况。打个比方,你若不知道民主制的优点和缺陷,你就根本不知道什么是民主制。这个简单的事实在理论上指向对毫无缺陷的完美政制的思考;这其实才是亚里士多德的最高主题。

让我们回到更具实践性的层面,回到政制的多样性。亚里士多德的主题是政制而非国家,后者在19世纪才成为政治哲学的主题。按照维多利亚时代思想家们的理解,国家是某种在政治上中立的东西,而按照亚里士多德的理解,政制是某种在政治上引起分裂的东西。在一个既定的社会中,政制不一定导致分裂,因为所有人可能都对既成的政制非常满意。不过,政制在原则上引起分裂,因为其他地方总会有其他政制,每种政制都宣称自己是最好的,必然就会产生冲突。亚里士多德的政治哲学之所以是政治的,不仅仅因为它的主题,更因为亚里士多德受政治激情所激励,关心最好的政制。

这里出现了一个难题,一个重大的实践和道德问题,亚里士多德用某种看似相当学究的方式指出了这个问题。他说,公民依存于政制;也就是说,一个民主制下的公民未必是一个寡头制下的公民,等等。然而,如果公民依存于政制,那么,好公民一定也依存于政制。这里,我们看到了好公民和好人之间巨大的差别。好人不必依存于某个政制,而好公民却必然依存于某个政制。尽管今天我们周围随便就能找到许多这样的例子,但这还是让当代读者产生了许多困惑。比如说,一个好的共产主义者不可能成为民主制下的好公民,反之亦然。政制与非政制的事物(比如"社会")的关系对应于亚里士多德在形式与质料之间所作的一般的形而上学式区分。这里所说的形而上学和我们通常理解的一样。政制赋予城邦以形式。那么,什么是质料?万事万物,其中最重要的质料是民众,或简单地说,就是那些被认为不受政制影响和塑造的城邦居民。不是作为公民的公民,因为政制已经决定了谁是公民和谁不是公民。形式在尊严上高于质料,因为只有形式才直接与目的结合在一起。因此,政制而非处于亚政治层面上(sub-political level)的民众,才与公民社会的目的联系在一起。

重复一遍,根据经验或常识,每个社会都因其崇尚某种东西而获得各自的特征。即便是个彻头彻尾的物质社会,它毕竟也崇尚唯物主义。每个人也因其崇尚某种东西而成为他自身。举个例子来说,即使某个人只顾填饱肚皮而没有崇尚任何东西,这也只能说是一个有缺陷的崇尚模式。看一下民主制我们就知道,它崇尚平等,并因此获得自身的特征。我曾听说,那个古老中国的旅行家们——在千年前或更早——每次到外国或者他们所说的蛮夷之地,他们首先都会问当地人:"你们怎样称呼或问候你们的国王或君主?"这些旅行家比今天许多人类学家聪明多了,因为他们用一个极特别的方式询问了人们崇尚什么的问题。每个社会,或如人们如今所说的每个文明之所以能够有其统一性,正是因为他们所珍爱的东西、他们的价值和他们所尊敬的东西都有某种特定的秩序。如果没有一个并且唯一一个高高在上的东西,就不会有一个统一体。这个高高在上的东西赋予社会以其特性。亚里士多德补充说,一个社会崇尚的东西与这个社会的首要部分之间必定会有某种和谐,社会的首要部分为社会定基调,亦即政制。这就是"目的"与政制、"形式"、社会首要部分之间的联结方式,社会首要部分可能是多数人,但不必然就是。过去在某些社会里,只有一小部分人是社会的首要部分或权威部分。在 eidos 或形式或城邦性格与该城邦追求的目的之间有某种本质性的关联。这是一个经验命题。这里,我们遇到的难题就连非常出色的学者有时恐怕也无法恰当地予以解决,在剩下的时间中,我将主要讨论这个问题。

　　亚里士多德认为政制是唯一核心和关键的政治现象,他显然从政制的概念中得出如下结论:某种政制的变化使某个既定的城邦转变成另一种城邦,这似乎令人费解。你怎么能说,雅典一变成寡头制,就不是原先那个城邦了呢?亚里士多德的见解似乎否定了一个城邦在政制变化过程中明显的连续性。说法国这个国家由绝对君主制变成了民主制,难道不比说民主制的法国是一个与君主制的法国截然不同的国家明显更好吗?或者更一般地讲,难道不更应该说,构成法国的同一个实体相继采取了不同的形式,而形式与实体相比仅仅是形式?这样说难道不符合常理吗——正如人们撰写一部法国或英国宪法史时常常会说:一个东西、同一个实体即英国宪法本身经历了这些或那些变化?毋庸置疑,亚里士多德并没有无视"质料"的连续性——这种与形式的不连续性相对的连续性。他没有说某个城邦的同一性唯独取决于政制的同一性。因为如果是那样,举个例子来说,最多只能剩下一个民主制的城邦。如果单凭形式就能确立同一性,那么,就只能有唯一一个民主制的城邦。亚里士多德说,城邦的同一性主要而非唯独取决于政制的同一性。尽管如此,他的说法仍与我们的观念相左。不过,他的说法并不与我们的经验相左。

　　为了理解这一点,我们必须比平常更谨慎地跟着他的论证走。

亚里士多德从一个经验谈起。某个城邦刚变成民主制的时候,某些民主派人士有时提到某项法令,诸如某个契约规定的义务或债务等等,就会说那项法令不是城邦的行动,而是某些已被废黜的寡头执政者或僭主的行动。民主派或支持民主制的党徒们暗示,没有民主制,就绝没有可以行动的城邦。亚里士多德在这里举了一个民主派的说法,以区别于寡头派的说法,这绝非偶然;亚里士多德的论证一向很具体。那些寡头派就不会说,有民主制就没有城邦。他们会说,城市已经变得支离破碎。而这又让我们想知道,一个正变得支离破碎的城邦究竟还能否称其为城邦。于是,我们可以说,对任何政制的党徒而言,只有当他们支持的那种政制被赋予某个城邦之时,那个城邦才存在。那些温和清醒的人拒绝这种极端的看法,他们说,政制的变化只是一种表面事件,根本不影响城邦的存在本身。他们还会说,无论公民多么依存于政制,好公民就是那些在任何政制下都努力服务于该城邦的人。我们非常熟悉这个说法,特别是在那些发生过政制更迭的国家。让我们称呼这些人为爱国者;他们说父母之邦为大,对政制的考虑则极其次要,只是权宜之计而已。而党徒们则会称这些爱国者为叛徒,因为政制一变,爱国者就改变了自己的效忠对象。亚里士多德既不是这种简单意义上的爱国者,也不是这种简单意义上的党派人士。他既不会赞同爱国者们,也不会同意党派人士。亚里士多德说,一种政制上的变化一方面比爱国者所承认的要彻底得多,另一方面又不及党派人士们所宣称的那么彻底。城邦并没有因政制的某次变化而消亡;党派人士在这一点上走得太远。但在某个方面,在最重要的方面,城邦确实变成了另一个城邦。由于某次政制变化,政治共同体就开始致力追求一个与此前大不相同的目的;在这个意义上,政制变化是一个城邦所能经历的最大且最根本的改变。亚里士多德在提出这种看似奇怪的主张时,心中想的是一个城邦能够追求的最高目的,即人的卓越。他或许会问我们,一个城邦从高贵变得低贱或者从低贱变得高贵,还有比这种变化更重大的事情吗？我们可以说,亚里士多德的观点不是爱国者的观点,也不是普通党派人士的观点,而是一种追求卓越的党派人士的观点。他没有说,一个城邦会因为某种政制变化而在所有方面都变成另一个城邦。比如说,就前代政制已经承担的种种义务而言,城邦仍然是同一个城邦。亚里士多德没有回答条约上的义务问题,并不是因为他不能回答这个问题(有些人相信是这样),而是因为那不是一个严格意义上的政治问题,如他所言,那毋宁说是一个法律问题。因为亚里士多德是一位通情达理之士,我们很容易找出他回答这一法律问题时将会遵循的原则。如果被黜的僭主承担的那些义务有益于城邦,那么,城邦就应该尊重那些义务。但是,如果僭主只是为了中饱私囊或雇用保镖而承担了某些义务,那么,城邦当然就不应该再履行那些义务。

为了理解亚里士多德关于政制至上的主张,我们必须考虑那种被称为忠诚的现象,我们都知道并且常常听说的这种现象。忠诚要求每个公民不仅要效忠于单纯的祖国,即无关于政制的祖国,而且要效忠于由政制或宪法所赋形的祖国。一个法西斯分子或共产主义者可能会说,他颠覆美利坚合众国宪法是出于对美利坚合众国的忠诚。因为在他看来,这个宪法对美国人民来说糟糕透顶。不过,他自称是个忠诚的公民,这种自称不会被接受。有人会说,可以按照修宪程序来改变美国宪法,这样一来,美国的政制就可以不再是自由民主制,而变成法西斯主义或共产主义,那时,每个美利坚合众国公民都会被指望成为一个忠诚的法西斯分子或共产主义者。不过,任何一个忠诚于自由民主制的人、知道自己在干什么的人都不会这样教导人们,因为那恰恰会破坏人们对自由民主制的忠诚。只有当一个政制已经处于腐朽不堪的状态之时,将其改制为另一个政制才会获得公开的支持。

我们碰到了合法性(legality)和正当性(legitimacy)的区分问题。在某个特定的社会中,任何合法的东西,其最终的合法性源于所有法律(普通法或宪法)的根源,源于正当化原则(legitimating principle)——无论这是人民主权原则、王权神授原则或者其他。正当化原则不完全是正义,因为有各式各样的正当性原则。正当化原则也不是自然法,因为自然法本身中立于民主制、贵族制和君主制。在每种情况下,正当性原则都是一套特定的正义观:民主制的正义观、君主制的正义观、贵族制的正义观等等。这就是说,任何政治社会的品格都来源于一套特定的公共道德或政治道德,源于它认为公众所支持的东西;这也意味着,任何政治社会的品格源于社会的首要部分(未必是多数部分)认为正义的东西。某个既定的社会可能表现得极其放任,但这种放任本身也需要得到确立和辩护,而且这种放任必然有其限度。一个放任的社会若允许其成员做各种不被允许的事情(non-permissiveness),这个社会就会马上变得不放任。它就会从地球上消失。不从政制多样性的角度看待城邦,就等于不是作为一个政治人来看待城邦,也就是说,不是作为一个关心某种特定公共道德的人来看待城邦。特定公共道德或政制的多样性必然带出最好政制的问题,因为每种政制都自称是最好的,从而迫使人们直面这些宣称,迫使人们思考某个既定的政制是否最好。

表面上看,亚里士多德在《政治学》的最高主题上显得有些自相矛盾,让我就此再补充一句,以结束这次讲座。亚里士多德在讨论最好的政制这个主题时,他所依据的原则是:人的目的即幸福对个人和城市来说完全相同。他说得很清楚,所有人都会原封不动地接受这个原则,因为这是常识性的原则。困难产生于下述事实——

与普通公民相比,这更是亚里士多德的难题——个人的最高目的是沉思,而非践行那些高贵的行动。亚里士多德断言,城邦也可以像个人那样过上沉思的生活,他似乎借此解决了上述难题。然而,很明显,城邦最多只能过上某种类似沉思生活的生活。亚里士多德得出这个表面的结论,只是因为他明显地将(严格且狭隘意义上设想的)政治探究从有关个人的最好生活的完整意义中抽取了。在这种政治探究中,超越政治的生活、高于政治的生活或与政治生活截然相对的理智生活只是作为政治生活的某种界限才为人所见。人不仅仅是公民或城邦。人还超越于城邦;然而,人只有借助于他身上最好的东西才能超越城邦。这一点表现于下述事实:亚里士多德举例说明了许多具有最高卓越性的人,却没有提过任何具有最高卓越性的城邦、任何由最好政制赋形的城邦。人只有通过追求真正的幸福,而非追求随便怎么理解的幸福,才能超越城邦。

现代性的三次浪潮

丁耘 译

［中译编者按］本文原为讲演，初次发表于吉尔丁（Hilail Gildin）编《政治哲学导引》（*An Introduction to Political Philosophy*, 1975），未注明讲演时间。

第一次世界大战快结束的时候，出了一本标题不祥的书：《西方的没落》（*The Decline, or Setting, of the West*）。斯宾格勒所理解的西方并非我们惯常所谓源于希腊的西方文明，而是一种公元一千年左右出现在北欧的文化；它所包括的首先是现代西方文化。因而，他预言的是现代性的没落。他的这本书是对现代性危机有力的文字指证。现在，对于见识最浅陋的人来说，这种危机的存在也是明白无疑的了。要理解现代性的危机，首先就必须理解现代性的特性。

现代性的危机表现或者说存在于这样一宗事实中：现代西方人再也不知道想要什么——他再也不相信自己能够知道什么是好的，什么是坏的，什么是对的，什么是错的。寥寥几代之前，人们还普遍确信，人能够知道什么是对的，什么是错的，能够知道什么是正义的（just）或者好的（good）或者最好的（best）社会秩序——一言以蔽之，人们普遍确信，政治哲学是可能的，也是必要的。在我们的时代，这个信念已经回天乏力了。按照占支配地位的观点，政治哲学是不可能的:它只是一个梦想,也许是个高贵的梦想,但无论如何终究只是个梦想而已。在这一点上存在着广泛的共识,至于政治哲学为什么会植根于一个基本的错误,那便众说纷纭了。按照一种非常流行的看法,一切并非虚有其名的知识都是科学知识;但科学知识却无法赋予价值判断以效力;它仅局限于事实判断;而政治哲学的前提是,能够合理地赋予价值判断以效力。按照一种流行程度稍逊一筹但却更加狡黠的观点,事实与价值分离这种占支配地位的看法站不住脚:理论知性(theoretical understanding)的范畴以某种方式隐含了评价原则;但那些评价原则与知性范畴一样都是历史地可变的;它们随时代而改变;于是便不可能以一种政治哲学所要求的普遍有效的方式(一种对所有历史时代均有效的方式)去解答对错的问题或者社会最好秩序的问题。

这么说来,现代性的危机原本是现代政治哲学的危机。也许这看起来有点古怪:何以文化危机原本倒是一个学院行当(它不过是众多行当之一而已)的危机呢?但政治哲学实质上并不是一个学院行当:多数伟大的政治哲人都不是大学教授。最重要的是,正如人们公认的,现代文化是特别理性主义的,相信理性的权力(power);这样的文化一旦不再相信理性有能力赋予自己的最高目的以效力,那么,这个文化无疑处于危机之中。

那么,什么是现代性的特点呢?按照一种相当通行的想法,现代性是一种世俗化了的圣经信仰;彼岸的圣经信仰已经彻底此岸化了。再简单不过地说,不再希望天堂生活,而是凭借纯粹人类的手段在尘世上建立天堂。但这确实也就是柏拉图声称在自己的《王制》里所做的事情:用纯粹人类的手段终止尘世的一切邪恶。但肯定不能说,柏拉图把圣经信仰尘世化了。如果谁想谈论什么圣经信仰,他还是必须搞得专业一点。例如,有人断言,现代资本主义精神有一个清教起源。再比如，霍布斯用一对基本的对立来设想人类：邪恶的骄傲与对暴死的有益畏惧；谁都可以看出，这是圣经上的那一对立的世俗翻版：有罪的骄傲与对天主的有益畏惧。那么，世俗化便意味着，在圣经信仰丧失或者萎缩之后，保留具有圣经起源的思想、感受、习惯。至于世俗化中保留了何种成分，这个定义便无法告诉我们了。尤其重要的是，这个定义没有告诉我们世俗化是什么，除非以否定的方式：圣经信仰的丧失或萎缩。但指引着现代人的原本是一种肯定的蓝图。也许，如果不借助残留的圣经信仰成分便无法想出那种肯定的蓝图；但这一点究竟是否实情，在理解那个蓝图本身之前还无法断定。

可以谈论单单一个蓝图吗？现代性最具特色的东西便是其多种多样以及其中的剧变频仍。其种类如此之多，以至于人们会怀疑，可否把现代性当作某个统一的东西来谈论。仅靠年代学无法建立有意义的统一性：也许有思想家处于现代时期却并不以现代的方式思想。那么，如何避免武断与主观呢？我们将现代性理解为对前现代政治哲学的彻底变更（radical modification）——这个变更的结果乍看起来是对前现代政治哲学的拒绝。如果前现代政治哲学具有一个基本统一性，具有它自己的体质形相（physiognomy），那么其对手现代政治哲学，至少会通过反映获得同样的清晰度。在以一种非武断的标准确定了现代性的开端之后，我们会逐渐看到事实便是如此。如果现代性通过与前现代思想的断裂而出现，那么，那些成就这一断裂的伟大心灵必定已经意识到他们做了些什么。那么，第一个把所有先前的政治哲学当作在根本上不充分甚至不健全的东西明确加以拒斥的政治哲学家是谁呢？回答这个问题并无困难：此人便是霍布斯。然而，更精细的研究表明，霍布斯与政治哲学传统的彻底决裂只不过是接着（即便以一种相当有原创性的方式）马基雅维利首创的东西说的。马基雅维利质疑了传统政治哲学的价值，其彻底程度毫不亚于霍布斯；他宣称（其清晰程度其实毫不逊于霍布斯），真正的政治哲学是从他开始的，虽然他所用的语言比霍布斯的要温和一点。

　　马基雅维利那里有着双重说法，这以极度的清晰显示了其宏大开阔的意图。第一重说法要达到这个效果：在一个君主应当如何对待其臣民与朋友的问题上，马基雅维利与其他人的观点有着深刻分歧；这分歧的缘由是，他所关注的乃是事实性的、实践性的真理，而非幻想；许多人想象过从未存在过的共和国（commonwealths）与君主国（principalities），因为他们着眼的是：人们应当如何生活，而非人们事实上如何生活。针对传统政治哲学的这种理想主义，马基雅维利提出了通达政治事务的实在论途径。但这只是真相的一半（换言之，马基雅维利的实在论是一种独特的实在论）。马基雅维利用这样的言辞述说了真相的另一半：福尔图娜①是一个女性，可以运用力量加以控制。要理解这两重说法的关联，人们便必须提醒自己注意这样一个事实：古典政治哲学追寻的是最好的政治秩序，或者最好的政制（regime），对于德性（或人们应当如何生活）之实践，这种政制最具指导性；但须提醒自己注意，按照古典政治哲学的看法，最佳政治秩序的建立必然依赖于不可控制、难以把握的命运或者机运（chance）。例如，根据柏拉图的《王制》，最佳政治秩序的实现依赖于哲学与政治权力的碰巧协和，依赖这两者之间几乎不太可能的携手并行。所谓的实在论者亚里士多德在这样两个极端重要的方面与柏拉图看法一致：最佳政制乃是对德性之实践最具指导

---

　　①　[译注]fortuna，罗马神话中的命运女神。

性的秩序,而最佳政制的实现则只能看机运。因为,在亚里士多德看来,如果无法获致合适的质料,也就是说,如果可用的地域与人民的自然本性并不适于最佳政制,那么便无法建立最佳政制;至于能否获致合适质料,这一点绝不是靠缔造者的技艺便能决定的,而是要看机运。马基雅维利似乎与亚里士多德的看法一致,他说,如果材料(也就是人民)败坏的话,是无法建立令人向往的秩序的;但对于马基雅维利来说,在亚里士多德看来是不可能的东西无非有极大困难而已;一个运用非常手段将糟糕的质料改造为良好质料的杰出人物可以克服这个困难;建立最佳政制的障碍(也就是作为质料的人,人性质料)可以得到克服,因为质料是可以改造的。

前辈作者们的共和国(即马基雅维利所谓想象出来的共和国)的基础是对自然的一种特殊理解,而马基雅维利(至少隐蔽地)拒绝这种理解。根据这种对自然的理解,一切自然存在者,至少是一切有生命的存在者,都指向一个终极目的、一个它们渴望的完善状态;对于每一特殊的自然本性(nature),都有一个特殊的完善状态归属之;特别地,也有人的完善状态,它是被人(作为理性的、社会的动物的人)的自然本性所规定的。自然本性提供标准,这个标准完全独立于人的意志;这意味着自然本性是善的。人具有整全之内的特定位置,一个相当崇高的位置;可以说人是万物的尺度,或者说人是小宇宙,但他是由于自然本性而占据这个位置的;人具有的是秩序之中的位置,但他并未创制这个秩序。"人是万物的尺度"这个命题正好与"人是万物的主宰"相对立。人具有的是整全之内的位置,人的权能是有限的;人无法克服其自然本性的界限。我们的自然本性是以多种方式被奴役着的(亚里士多德语),或者说,我们只是众神的玩物(柏拉图语)。这个界限尤其显示于机运之无法逃避的权能之中。善的生活便是按照自然本性去生活,这意味着安于特定的界限;德性在本质上就是节制(moderation)。在这个方面,古典政治哲学与非政治的古典快乐论(hedonism)之间并无分别;快乐决定性地依赖于对我们欲望的限制。

为了恰切地断定马基雅维利的旨归,我们必须考虑到,古典哲学与圣经之间、雅典与耶路撒冷之间在关键的方面存在着一致,尽管在雅典与耶路撒冷之间也有深刻的差异甚至对立。根据圣经,人是照着上帝的形象造的;上帝将大地上的一切被造物赐给人统治,并不是将整全都赐给人统治;人被安置在一个园子里,经营它并且守护它;人被指派了一个位置;正直(righteousness)便是遵从被神圣地建立起来的秩序,这正如在古典思想中,正义(justice)乃是遵从自然秩序;对无从把握的机运的认识,正对应着对难知究竟的神意(providence)的认识。

马基雅维利拒绝了整个哲学的与神学的传统。其论证我们可以述说如下。传统观点要么导致不认真看待政治事务的结果(伊壁鸠鲁主义),要么便是借助一种想象的完善状态来理解这些事务——借助想象出来的共和国与君主国,其间最著名者便是上帝之国。必须从人[实际上]①如何生活开始;必须把目光降下来。[这些论述的]直接后果便是对德性(virtue)的重新解释:德性绝不能被理解为国家(commonwealth)为之而存在的东西,相反,德性仅仅为了国家的缘故才存在;政治生活本身并不受制于道德性;在政治社会之外,道德性是不可能的;道德性预设了政治社会,囿于道德性的界限便无法建立、维护政治社会,理由很简单:结果不可能先于原因,受制于条件者也不可能先行于条件。进而言之,政治社会甚至

---

①　方括号中文字为译者所加,下同。

最值得向往的政治社会的建立,并不依赖于机运,因为机运是可被驾驭的,而糟糕的质料也可被改造为良好的质料。政治问题的解决是有保证的,这是因为:(a)目标降低了,也就是说,目标要与大多数人实际所欲求的相协调;并且(b)机运可被驾驭。政治问题成了技术问题。正如霍布斯所云,"如果共和国由于内讧而解体,人的过错并不在于他们是质料,而在于他们是内讧的制造者"。质料无所谓败坏与邪恶;在人身上没有什么邪恶是不可控制的;所需要的东西并非圣恩、道德性,也不是品格塑造,而是细密精巧的制度。或者也可以引证康德的论述,正当社会秩序的建立并不需要什么(如人们惯常所云)天使之族,"这听起来似乎难以理解,甚至对于一个魔鬼之族来说,建立国家(也就是正义的国家)的问题也是可以得到解决的,只要这些魔鬼有识力(sense)",这就是说,只要他们的利己心(selfishness)得到启蒙;基本政治问题仅仅是一个"人实际能够建立的国家之良好组织"的问题。

要公正对待马基雅维利带来的变化,必须考虑另外两个巨大变化,它们发生于他身后的时代,却与他的精神相合。其一是自然科学中的革命,也就是现代自然科学的产生。对目的因(因而也对机运概念)的拒绝摧毁了古典政治哲学的理论基础。新自然科学与各种形式的旧自然科学都不一样,其原因不仅在于它对自然的崭新理解,更在于它对科学的崭新理解:知识不再被理解为从根本上说是接受性的;理解力(或"知性")的主动权(initiative)在人这边,而非在于宇宙秩序这边;为了寻求知识,人将自然传唤至自己的理性法庭面前;他"拷问自然"(培根语);知(knowing)是一种做(making);人类知性为自然界立法;人的权柄之大,无限超出前人所相信的;人不仅仅能够把糟糕的人类质料改造为良好的,或者掌握机运———一切真理与意义均出于人;它们并不伏于一个独立于人的能动性的宇宙秩序之中。与此相应,诗艺也不再被理解为一种有灵感的模仿或者再生,而是被理解为创造。科学的目的被重新解释为 propter potentiam[为了力量],这是为了补救人的地位,为了征服自然,为了对人类生活的自然条件进行最大限度的控制、系统化的控制。征服自然意味着,自然是敌人,是一种要被规约到秩序上去的混沌(chaos);一切好的东西都被归为人的劳动而非自然的馈赠:自然只不过提供了几乎毫无价值的物质材料。与此相应,政治社会便绝非自然的:国家只是一件人工制品,应当归因于各种契约(convenants);人的完善并非人的自然目的,而是由人自由地形成的理想。

马基雅维利之后第二个合乎其精神的大转变则仅仅与政治哲学或道德哲学相关。马基雅维利已经完整地切断了政治与自然法(natural law)或者自然正确(natural right)之间的联系,[所谓自然正确]也就是把正义理解为独立于人类随意武断的某种东西。仅当这个联系被恢复(也就是说,以马基雅维利的精神去重新解释正义或自然正确)之时,马基雅维利式的革命才获得其全部力量。这工作首先属于霍布斯。可以这样来描述霍布斯带来的转变:霍布斯用自我保存(self-preservation)来理解自然法,而在他之前,自然法是借助于人的诸目的之等级秩序得到理解的,在这个目的等级中,自我保存所占据的位置最低;与此相关,自然法终于被首先理解为自我保存的正当(right),这与任何义务及职责都有分别——这个发展过程的最终结局便是,用人的诸种权利(rights)取代了自然法(人取代自然,权利取代法)。在霍布斯本人那里,自我保存之自然正确已经包含了"身体自由"的正当以及人的舒适生活状况的正当:这导致舒适地保存自己之正当,这个正当,乃是洛克教诲的关键所在。此间我只能断言,对经济的日益强调乃是这个教诲的一个结果。最终,我们得到了这样的看法:对于完善的正义而言,普遍的富裕与和平是充分且必要的条件。

现代性的第二次浪潮是从卢梭开始的。他和马基雅维利一样深刻地改变了西方的道德风尚。和我对待马基雅维利的方式一样,我通过疏解卢梭的两三个句子来描述他思想的特性。现代性的第一个浪潮的特质是将道德问题与政治问题还原为技术问题,以及设想自然必须披上作为单纯人工制品的文明产物之外衣。这两个特质成了卢梭批判的靶子。针对第一个靶子,"古代政治家滔滔不绝地谈论着风俗与德性,而我们的政治家只谈论贸易与货币"。卢梭以德性、纯真的名义,以古典共和国的非功利德性的名义抗议其前辈的堕落颓废主张;他既反对令人窒息的绝对君主制,也反对现代共和制的多少有点犬儒式的重商主义。然而,他无法恢复作为人的自然目的、作为人之自然本性的完善的古典德性概念;他被迫重新解释德性,因为他把现代的自然状态(the state of nature)概念接受下来,当作人原来便现身其中的状态。他不仅从霍布斯及其后学那里把这个[自然状态]概念拿过来,而且还把它推到了极致:"考察过社会根基的哲人们全都感到有必要返回自然状态,但他们当中无人做到这一点。"卢梭确实回到了那里,因为他看到了自然状态中的人被剥夺了凭借自己努力获得的一切。自然状态中的人是亚人性的(subhuman)或者前人性的(prehuman);他已经在一个漫长的过程中获得了其人性或者理性。用后卢梭的语言来说,人之人性并不归因于自然,而是归因于历史,归因于历史过程,这个独一无二的过程并不是目的论的:这一过程的目的或顶峰并未被预见也不能被预见,但一旦接近了充分实现人的理性或人性之可能性,这个目的或顶峰也就在望了。历史(也就是历史过程,它是一个单一的过程;在其中人变得有人性,却并不对该过程有所意向)的概念是卢梭把霍布斯自然状态概念彻底化的结果。

然而,我们如何知道人类发展过程的某个阶段①恰好便是顶峰呢?或者,更一般地说,如果人由于其自然本性便是亚人性的,如果自然状态便是亚人性的,我们如何区分好坏呢?让我们再说一次:卢梭的自然人不仅仅像霍布斯的自然人那样缺乏社会性,而且还缺乏理性;人不是什么理性的动物,而是作为自由施动者(agent)的动物,或者说得更确切些,人具有一种近乎无限的可完善性与可塑造性。然而,人应当如何得到塑造或者如何塑造自身呢?人的自然本性似乎完全不足以指导自己。自然本性给予人的指导仅限于:在某些条件下,也就是在其发展过程的某个阶段中,人只有依靠建立市民社会(civil society)才能保存自身;然而,如果人未确定市民社会具有特定的结构,一个对其自我保存具有指导意义的结构(在市民社会中,人必须获得一个与自己在自然状态中拥有的自由完全对等的东西),那么他便会危及其自我保存;所有社会成员均须同等地、完全地服从法律(laws),而对于制定这些法律,每个人都必须能够有所贡献;这里必定毫无可能从法律(也就是实证法)上诉到高级法(也就是自然法),因为这种上诉会危及法律的统治。实证法的来源(不是什么别的,正是实证法的来源)乃是普遍意志(general will);一个寓于或内在于被适当地构成的社会之中的意志取代了超越的自然法。现代性的起点是对实在(the is)与应在(the ought)、现实与理想之间鸿沟的不满;对此,现代性的第一次浪潮中提出的解决方案是:将应当设想为并未对人提出过高的要求,或者设想为与人最强烈、最共通的激情相一致,以此来降低应当,使之俯就实在;但是,尽管应当有所降低,实在与应当的根本差异仍然保持着;

---

① ［译注］原文作 state,疑为 stage 之误。

甚至霍布斯也没有简单地否定从实在(既定秩序)到应在(自然法或道德律)上诉的合法性(legitimacy)。卢梭的普遍意志概念就其本身而言是不会出错的(它就其单纯存在而言便是应当存在的东西),这表明了实在与应在之间的鸿沟可以得到怎样的克服。严格地说,只有凭以下条件,卢梭才能表明这点:他关于普遍意志的学说(即他的政治学说本身)[必须]与他关于历史过程的学说联系起来,进行这种联系更多的是卢梭的伟大后继者(康德与黑格尔)而非他本人的工作。按照这种看法,理性的或正义的社会(其特性是,普遍意志之实存被确认为普遍意志,即被确认为就是理想)必然通过历史过程得到实现,而人们无须对此实现有何意向。

为什么普遍意志便不会出错呢?为什么普遍意志便必然是善的呢?回答是,它是善的,乃因为它是合乎理性的,而它是合乎理性的,乃因为它是普遍的;它是通过将特殊意志(这个意志就其自身而言并不是善的)普遍化而出现的。卢梭在意的乃是在一个共和式社会中将每个人的愿望、每个人对其社会同类的要求转化为法律形式的必然性;当说"我不愿纳税"时,他也不能忽视这种转化的必然性;他必须建议一条法律来废除征税;如果把他的愿望转化为一条可能的法律,他便意识到自己原先的特殊意志的荒唐。保证一个意志的善(goodness)的仅仅是它的普遍性;没有必要诉诸任何实质的考虑(即考虑人的自然本性、人的自然完善状态所需者为何)。这个划时代的思想在康德的道德学说中达到了完全的明晰:对行为准则之善的充分检验,乃是查考它们是否可能成为普遍立法之原则;保证内容的善的仅仅是合乎理性之形式,也就是普遍性。因此,道德律(moral laws),作为自由之律令(laws of freedom),便不再被理解为自然法(natural laws)了。道德理想与政治理想的建立,无须考虑人的自然本性:人彻底摆脱了自然的监护。正如无可争议的时代经

验所知晓的那样,出自人的自然本性的、反对理想的论据再也不重
要了:所谓人的自然本性只是人迄今为止发展的结果;它只是人的
过去,无法指导人的可能未来;关于未来、关于人应当做什么或渴望
做什么的唯一指导,只能由理性提供。理性取代了自然。这便是如
下断言的意义:应在的根基无论如何不在实在之中。

　　这是卢梭思想的大体,它激发了康德与德国观念论哲学、关于
自由的哲学。然而,卢梭还有另一个基本思想,其重要性一点都不
弱于上面提到的部分,这另一个思想虽然为康德及其后学所不取,
却在现代世界的另一个部分中结出了果实。德国观念论接受并且
彻底化了普遍意志的概念及其意蕴,但它抛弃了卢梭本人对这条理
路的限制。“人生而自由,但却无往不在枷锁之中。这个变化是如
何发生的? 我不知道。什么才能使这一变化合法化? 我自信能够
解答这一问题。”这就是说,自由社会(其特质是普遍意志在其中实
存着)与专制社会的差别是合法枷锁与不合法枷锁的差别;自由社
会本身也是枷锁。人在任何社会中都无法找到自己的自由;人只有
从社会(不管这社会多么美好、多么合法)回归自然,才能找到自
由。换言之,自我保存、基本自然正确(社会契约源于这个正当)之
内容是派生的,并非基本事实;如果纯粹生活、纯粹生存并不是善
的,那么纯粹自我保存也就不是善的。纯粹生存的善是在生存情绪
中体验到的。正是这种情绪带来了对生存之保存的关切,带来了所
有人类活动;但这种关切妨碍了基本愉悦,使人变得悲惨。只有回
归基本体验,人才能快乐起来;只有少数人能做到这点,而绝大多数
人只能顺应自我保存(也就是作为公民的生活)这一派生的正当。
对公民的要求是履行职责;公民必须有德性。但德性并非善。无责
任感或义务感、无努力(德性都是有努力的)的善(善感、同情)是自
然人的领域,这种人生活在社会的边缘而没有成为社会的一部分。

一方面是德性、理性、道德自由以及历史的世界,另一方面则是自然、自然自由与善的世界,这两个世界之间存在着不可逾越的鸿沟。

此间对现代性概念做个泛泛之论看来还是合适的。起初,现代性是在与古代性(antiquity)的对立中得到理解的;因此,现代性也可以包括中古世界。现代、中古是一方,古代是另一方,两方的差别在1800年左右被重新解释为浪漫派与古典派的差别。从狭义上说,浪漫主义意指一场由卢梭所发起的思想运动和情感运动。确实,浪漫主义比任何一种形式的古典主义都更明显地是现代的。也许,有关现代性与古代性之间意味深长的冲突(它被理解为浪漫派与古典派的冲突)的最伟大的作品是歌德的《浮士德》。浮士德被天主称为"善人"。

这位善人犯了极大的罪行,既有私人性的,也有公共性的。在这里我不想谈论他通过公益行动(这项行动使得他与一个自由的民族一起站在一片自由的土地上)得到救赎这个事实,也不想谈论这个事实,即这一公益性政治行动不是罪行也不是革命,而是严格意义上的合法行动:这是可能的,因为他接受了德国皇帝所封的采邑。我只想强调这个事实:浮士德的善确实并非德性——也就是说,歌德这部最负盛名之作的道德境域已经被卢梭开启了。诚然,浮士德的善与卢梭的善的含义并不相同。卢梭的善是与一种清静无为联系在一起的,而浮士德的善则是自强不息、不断进取,不安于任何有限的、完成的、完全的、"古典的"东西。浮士德对现代性的意义、对现代人自身理解(即将自己理解为现代人)方式的意义在斯宾格勒那里得到了恰如其分的评价,斯氏将现代人称为浮士德式的人。可以说,在描述现代性的特性时,斯宾格勒用"浮士德式的"取代了"浪漫派的"。

正如现代性之第二浪潮与卢梭相关,第三浪潮则与尼采相关。

卢梭让我们面对自然这一方与市民社会、理性、道德、历史这另一方的二律背反，其方式是：基本现象是生存之至乐情绪（与自然的合一与交融），这情绪归属于与理性及社会有别的自然一侧。可以这样来描述第三次浪潮，构成它的是一种对生存情绪的崭新理解：这个情绪更多的是对恐惧与灼痛而非和谐与平静的体验，并且它也是（作为必然的肃剧性生存的）历史性生存之情绪；诚如卢梭所云，人性问题无法作为社会问题来解决，但也无法从人性遁入自然；根本不可能有什么真正的幸福，或者说，人所能获得的最高成就与幸福毫无关系。

　　我援引尼采的话："所有哲人的共同缺陷是，他们都是从当今之人（present-day man）出发的，他们全都相信，可以通过分析当今之人达到自己的目标。历史感的缺乏乃是所有哲人的遗传缺陷。"尼采对所有先前哲学的批判重申了卢梭对先于他的所有哲人的批判。然而，在卢梭那里［关于历史感的］相当有意义的说法在尼采那里就有点奇怪了；因为在卢梭与尼采之间隔着对历史的发现；卢梭与尼采之间的世纪正是历史感的时代。尼采的深意其实是：迄今为止，历史的本质一向遭受着误解。最强有力的历史哲学家是黑格尔。对于黑格尔而言，历史过程是一个合乎理性的（rational）、合乎情理的（reasonable）过程，是一个进步，其顶峰为理性国家、后革命国家。基督教是真正的宗教、绝对的宗教；但基督教在于：在完全的世俗化中与世界、saeculum［世间］达成和解，这个过程始于宗教改革，被启蒙运动所延续，最终在后革命国家中得到完成，这种国家首次有意识地建立在对人之种种权利的认可之上。在黑格尔的个案中，我们确实只能说，现代性的本质就是世俗化了的基督教，因为世俗化是黑格尔有意识的意图、显白的意图。在黑格尔看来，存在着历史的顶峰与终结；这便使他可以把哲学真理的观念与每个哲人都是其时代之子的事实调和起来:真正的哲学、最终的哲学属于历史中的绝对时刻、属于历史的顶峰。黑格尔之后的思想拒绝历史可能有终结或顶峰的想法,也就是说,它将历史过程理解为未完成的、不可完成的,然而它还是残留着对历史过程的合乎理性与进步性的无根基信念。尼采首先直面这一情形。那无根基的希望(思想原则与行动原则的历史系列是进步的,或者历史过程有个内在的意义、内在的方向)无法消磨这样一个洞见:一切思想原则与行动原则都是历史性的。一切理想都是人类创造性活动的结果,是自由的人类筹划的结果,这种筹划形成了一个境域,特殊文化正是在这一境域中得以可能;这些理想并不被安置进一个体系;对这些理想的真正综合乃是不可能的。然而,一切已知的理想都宣称拥有客观支持:这支持或者是自然,或者是神,或者是理性。历史性洞见摧毁了这些宣称,因而也摧毁了一切理想。然而,正是对一切理想的真正源头(即人类的创造或者筹划)的认识使得一种全新的筹划得以可能,即重估一切价值,这个筹划与那新洞见是一致的,但却无法从后者推导出来(否则它就无法归因于一个创造性活动了)。

但这一切难道不意味着真理(关于一切可能的思想原则与行动原则之真理)最终被发现了吗?尼采要么承认这点,要么将自己对真理的理解展示为他的筹划与解释——他似乎在这两者之间游移不定。但事实上他承认自己发现[而非筹划与解释]了真理;他相信自己已经发现了人类创造性与一切存在者的根本统一性:"在我发现生命的一切地方,我都发现了权力意志。"尼采试图完成的对一切价值的重估,最终在这一事实中得到了证实:价值重估的根基是最高的权力意志——该意志高于产生一切旧价值的意志。没有一个一如其旧的人(即使在他的巅峰状态)能够依据重估一切价值来生活,只有超人才行。对存在的终极洞见导致终极理想。尼采并不像黑格尔那样宣称，终极洞见是在实现终极理想之后方才到来的，毋宁说他认为，终极洞见为实现终极理想开辟了道路。在这方面，尼采的看法与马克思相似。但在他们两人之间有个根本差别：对于马克思来说，无阶级社会的到来是必然的，而在尼采那里，超人的到来依赖于人的自由抉择。对尼采而言，关于未来唯一可以确定的是：一如其旧的人的终结已经来了；将会到来的要么是超人，要么是末人。从反马克思主义的观点看，马克思所谓的未来人正是末人，是最低下最堕落的人，是无理想无渴望的畜群人，但他们有的是好吃好穿好居所，且身心皆有好治疗。然而，尽管尼采与马克思之间有这种激烈对立，在他们两者看来，最终的顶峰状态都可以用这个事实来刻画其特征：标志着机运统治的终结的是，人将首次成为自己命运的主人。

在尼采那里，有个特殊的困难。对于尼采而言，每一种真正的人类生活、每一种高等文化都必然具有等级制或贵族制的性质；未来的最高文化所依据的必须是人的自然等级秩序，尼采对这一点的理解大体上沿袭了柏拉图的思路。然而，如果超人拥有了无限（姑且这么说）的权力，如何可能有一个自然的等级秩序呢？对于尼采来说也一样，几乎所有人都有缺陷或不完美这个事实，无法归因于权威性的自然本性，而只能是过去的遗产，或者说是发展到今天的历史的遗产。为了避免这个困难，也就是说，为了避免人在自己权力的巅峰之时寻求一切人的平等，尼采需要有权威性的东西——或至少是无可避免的东西——的自然或过去。但既然这对他来说不再是个无可否认的事实，那他就必须意欲之或者假定之。这便是尼采永恒回归学说的意义。过去之回归、全部过去之回归是必须被意欲的，如果超人要成为可能的话。

无疑，人的自然本性便是权力意志，而这在原初的层面上意味着超克他人的意志(will to overpower):出于自然本性,人是不会意欲平等的。人的愉悦源于超克他人、超克自身。卢梭的自然人是有同情心的,而尼采的自然人是残酷的。

从政治行动上看,尼采所说的比马克思所说的要不确定得多、含混得多。在某种意义上,对尼采的任何政治利用都是对其教诲的滥用。不过,他所说的还是被政治人解读了,并带给他们灵感。他对法西斯主义应负责任之少,正如卢梭之于雅各宾主义。然而,这也就意味着,他要对法西斯主义负责,其分量之多,一如卢梭之于雅各宾主义。

从上文所述我引出[如下]政治结论。自由民主制的理论,还有共产主义的理论,源于现代性之第一、第二次浪潮;第三次浪潮的政治含义已经被证实为法西斯主义。然而,这个无可否认的事实并不足以允许我们回归现代思想的较早形态:不可忽略或遗忘尼采对现代理性主义或对现代人的理性信仰的批判。这是自由民主制之危机的最深刻理由。理论的危机并不必然导致实践的危机,因为自由民主制相较于斯大林式的或后斯大林式的共产主义的优越性再明显不过。总而言之,与共产主义和法西斯主义截然不同,自由民主制的有力支持来自一种决不能被称为现代的思之方式:我们西方传统之前现代思想。

我们能够从政治理论中学到什么

何祥迪 译 叶然 校

[中译编者按]本文是1942年7月施特劳斯在纽约新学院夏季课程综合研讨会上所作的学术报告,讲稿虽经施特劳斯本人仔细斟酌和修订,但未曾发表。中译依据塔科夫(Nathan Tarcov)教授整理的讲稿文本(刊于 *The Review of Politics* ,卷69,第4期,2007,页515 – 529)移译。施特劳斯敦促我们看到人类进步的绝对限度,但不要因此而愤世嫉俗或放弃努力,而应该理性快乐地生活。

此次讲演的题目并非完全由我自己选择。我不是很喜欢政治理论(theory)这个术语;我更愿意谈论政治哲学。这个术语问题并不完全是语词问题,请允许我对此说一两句。

"政治理论"这个术语暗示,存在这样一种东西,即关于政治事物的理论知识。这种隐含意味绝非自明。以前,一切政治知识都被视为实践的知识,而非理论的知识。我想起了传统上将科学划分为理论科学和实践科学。据此划分,政治哲学或政治科学,连同伦理学和经济学,都属于实践科学,正如数学和自然科学都属于理论科学。谁使用"政治理论"这个术语,他就暗地里拒绝这种传统的区分。这种拒绝意味着以下两种或其中一种情形:(1)拒绝区分理论科学和实践科学:一切科学最终都是实践的(scientia propter potentiam)；①(2)一切合理实践的基础都是纯粹理论。② 一种有关政治事务的纯粹理论而超然的知识，乃是政治行动最可靠的指南，正如一种有关自然事物的纯粹理论而超然的知识，乃是征服自然最可靠的指南：这就是政治理论这一术语所隐含的观点。

政治理论这个术语还有一个重要的隐含意味。据当今的用法，理论在本质上不仅异于实践，而且最主要的是不同于观察(observation)。如果某人被问起："你如何解释这事或那事？"他可能会回答："我有一个理论"，或"可以提出许多理论"；有时，某人会被问及："你的理论是什么？"在这些情况下，"理论"所意指的就是，对所观察事件的某个起因本质上是假设的断言。这种断言本质上是假设的，它本质上是独断的：我的理论。看到的东西——例如，看到希特勒掌权——并不是一个理论，但我们对希特勒掌权的不同解释则是我们的理论。理论一词的这种用法是相当晚近的事。同"理论"相关的希腊动词是ϑεωρέω，该词的原初含义是，作为派去求神谕的使节，去献某种祭品，作为在节日中的献祭：去看、去注视、去检阅、沉思、考虑、比较……亦即，该词的原初意义根本不允许把理论从观察中区分开来；毋宁说它排除那种区分；它肯定不会证明，理论与一种本质上是假设的知识相等同或几乎等同。

对于理论一词的这两种内涵，我有一些疑虑，重申一下，它们是，(1)这样的暗示，即对政治问题的一种纯粹理论讨论是可能的，(2)这样的观点，即政治知识整体而言包括对"数据"的观察，以及对这些"数据"的假设性解释；因此，我偏好政治哲学一词，该词没有暗含这些假设。通过政治哲学，我们可理解具有政治头脑的人对

---

① ［译注］此句拉丁语的意思是，源于政治权利的科学。
② 科学源于预见性；预见性源于行动。（孔德）

政治生活本质的连贯思考,以及他们的这一意图,即在这种思考的基础上,建立判断政治制度和行为的正确标准;政治哲学就是意图发现这种政治真理。据此,我不会谈论希特勒的政治哲学,例如,希特勒对真理并不感兴趣,他依赖于直觉,而非有条理的思考。然而,谈论纳粹的政治思想,或政治观念是合理的。一切政治哲学都是政治思想,但并非所有政治思想都是政治哲学(例如,"法律"和"父亲"这些术语暗含着政治思想,但并不暗含政治哲学。政治思想与人类同样古老,但政治哲学却是在过去有文字记载的某个确切时期才出现)。我认为,我们应把政治哲学归于哲学,这样,我们才不会白用其高贵之名。

一

因此接下来,我将讨论"我们能够从政治哲学中学到什么"这个问题。为了进行一个概要性的讨论,最好是先概述其反面论点。我们似乎不能从政治哲学中学到什么。因为:(1)人们可能会怀疑是否存在这样的一种东西,它配得上称为政治哲学;(2)即使存在一种政治哲学,我们也不会需要它;(3)即使我们可能需要它,它的教导也必定毫无成效。

(1)没有政治哲学,因为有许多政治哲学;其中只有一种(如果有的话)会是真的,而且外行人肯定不知道哪种为真。当我们问,我们能够从政治哲学中学到什么,我们意指的当然是,我们能够从真正的政治哲学中学到什么? 我们从错误的政治哲学中什么也学不到,尽管我们可能偶尔从中学点东西。政治哲学的状况同哲学其他分科的状况没有根本性的差异。哲学意味着尝试(不断得到更新

地)发现真理,正是哲学这一术语暗示了,我们并不拥有真理。哲学
顶多对诸问题拥有清晰的知识——它对问题的解决并不拥有清晰
的知识。在今天,所有哲学分科的基本问题都未得到解决,正如它
们在任何时期都未获得解决那样;新的问题不断涌现,兴趣在转移,
从这类问题转到那类问题,但最根本的问题、真正的哲学问题仍未
得到解答。这当然不是对哲学本身的否定:但它是对这一期望或宣
称的否定,亦即,哲学是行动的一个可靠向导。人们也许会尝
试——人们确实已尝试,将那些问题与哲学的领域隔绝开来,因为
这些问题似乎不容许有一个普遍可接受的答案,但人们这样做不过
是逃避这些问题,而非回答这些问题。我已尽力提醒过诸位,这种
令人沮丧的景象可称为系统的无序,这种现象几乎同哲学本身一样
古老,而且,似乎深深植根于哲学及其对象的本性中,因此可以合理
地想见,它将同哲学本身一样长久。如果有人按政治哲学或社会哲学
本身来思考政治哲学或社会哲学,这种景象也许会变得更令人沮丧。
人们可以绝大多数根本的政治哲学问题为例,他可以表明,这些问题
不存在普遍可接受的答案——对于诚实的真理探索者而言,更不用
说对于各种阵营的党派人员。(例如,国家的本质是正义的吗?)

(2)但是,就算我们能够合理地确定,某种既定的政治哲学是真
正的政治哲学,还会有人说,就政治行为而言,我们从政治哲学中学不
到任何重要的东西。因为,那类与合理的政治行为密不可分的知识并
不是哲学知识:实践智慧、常识、实际知识、对情况的精确估量,这些都
是构成各类事务的成功人士的智性品质(intellectual qualities):他并
不需要以政治哲学为指导。我可以提及那个英格兰的故事,说威尔斯
(H. G. Wells)去会见丘吉尔(Winston Churchill),并询问战事的进展。
"我们正在遵照我们的想法做。"丘吉尔说。"你有一个想法?"威尔斯
问。"是的,"丘吉尔说,"遵照我们总方针的路线。""你有一个总方

针?"威尔斯又问。"是的,"丘吉尔答,"K. M. T. 方针。""什么是 K. M. T. 方针?"威尔斯问。"这就是,"丘吉尔答,"勉力应付(Keep Muddling Through)。"

事实上,就新加坡(Singapore)和利比亚(Libya)而言,这种勉力应付给他们造成了灾难,这明显不能证明政治哲学的必要性,这让人想到,日本的将领们或隆美尔(Rommel)①都不能说是政治哲人。我根本不怀疑,要设计出明智的国际政策完全有可能,丝毫不用求助于政治哲学。但要洞晓如下情况显而易见的本质,人们并不需要一门特别的政治哲学课:比如,这场战争必须获胜;战胜之后,能确保较长和平时期的唯一保证是,盎格鲁 - 撒克逊和俄国(Anglo Saxon Russian)签订一条友好协约;盎格鲁 - 撒克逊民族和其他民族关注的或依赖的是,盎格鲁 - 撒克逊要保持优势,务必不能解除武装或放松戒备;而你将武器扔出窗外,并不能避免首位见到的强盗拿起来使用的危险;全世界公民自由的存在取决于盎格鲁 - 撒克逊的优势。实际上,奉行截然不同的政治哲学的人们,得出了这些相同的结论。

(3)但是,就算没有政治哲学的指导,即那种真正的政治哲学的指导,我们真的会迷失于政治世界中,我们依然可能认为,政治哲学提供的方向徒劳无益:政治哲学也许会教我们应该做什么,但我们可以肯定,这种知识对始料未及的事件毫无作用:用一包细菌毒死希特勒,比起最清楚和最好的政治哲学讲解课,似乎具有更重大的政治意义。如果我们环顾所有政治哲学史的课程,我们似乎会认识到,"政治概念都是实际政治关系的副产品,这几乎是政治思想发

---

① ［校按］隆美尔(1891—1944),纳粹德国著名将领,二战时任北非战场德军司令官。

展的法则"。① 如黑格尔所言,密涅瓦的猫头鹰在黄昏起飞,哲学在指导政治行为上总是姗姗来迟;哲人总是马后炮(post festum);哲学只能解释政治行为的后果;它能使我们理解国家:它无法教会我们应该为国家做什么。人们也许会怀疑,是否有任何重要的政治概念或观念,是政治哲学的产物:一切政治观念似乎应回溯到政治斗争者、政治家、律师、先知那里。哲人可能谈论混合政制吗?如果像吕库戈斯(Lycurgus)这类非哲人的立法者不曾设计过这种政制。在1748年,孟德斯鸠可能教导,执法、立法和司法权分立是可欲的吗?如果在某种程度上,英国1709年的嗣位法(Act of Settlement)未曾实现这一分立。柏拉图和亚里士多德的政治哲学除了是希腊政治现实的反映,还能是什么?亚历山大大帝对政治事件的影响,比其师亚里士多德的影响要深远得多——而亚历山大的政治行动截然对立于亚里士多德制定的原则。

二

现在,即便我们没有我们自己的知识来反驳这些论点,但来自权威人士的相反论证不禁使我们深受感触。如果政治哲学是一种明显的失败,那么,这一点又如何理解呢:不少出类拔萃之士已信服,政治哲学是公民社会维持正确秩序的必要条件,或者,引用这些人中最优秀和最著名的人的话就是:除非哲人为王,或王为哲人,否

---

① Charles Howard McIlwain,《西方政治思想的发展:从古希腊到中世纪末》(*The Growth of Political Thought in the West, From the Greeks to the End of the Middle Ages*),New York,1932,页391。

则城邦的罪恶不会终止？我们是否应该像帕斯卡(Pascal)那样说，柏拉图的《王制》(Republic)对柏拉图本人来说只意味着一个玩笑？对此信以为真，肯定是轻率的。帕斯卡这样进一步评论柏拉图和亚里士多德的政治哲学：

> 他们书写过政治，仿佛是在整顿一所疯人院；他们装模作样，把政治当作某种重要的东西来思考，因为他们知道，听他们讲话的那些疯子，都以为[自己]是君王或帝王。他们接受了这些疯子的假设，以尽量让这些人的疯狂变得无害。(《沉思录》[*Pensées*], Brunschvig, n. 771)

即便在帕斯卡看来，柏拉图和亚里士多德也确实认为，政治哲学有某个实际用处。

三

这样，让我们先考虑第二个论点，它的大意是：我们无需任何政治哲学也能知道，在政治领域中(比如关于国际政策)应该如何做。现在，我将按照以下路线提出一条合理的政策：如果人类自身没有先变好，人类的关系就不会变好，因而，如果能为持续两代以上的人奠定和平，这确实会是一项丰功伟绩，从而，问题就不在于选择帝国主义，还是选择消灭帝国主义，而在于选择那(the)可忍受且正派的盎格鲁－撒克逊型的帝国主义，还是选择那(the)不可忍受且不正派的轴心型帝国主义。众所周知，这种政策绝非受到普遍接受；它不仅受这些人攻击：他们讨厌与正派霸权相伴随的义务和责任，而且尤其受到较慷慨大方的政治思想家的攻击,他们否认暗含在那一合理政策中关于人的自然本性的假设。纵然不为其他目的,至少是为了捍卫合理的政策,抵制过度的慷慨大方或乌托邦思想,我们也需要一种真正的政治哲学,提醒我们内在于所有人类希望和愿望中的局限。换句话说,就算一个人真的不需要绝对意义上所讲的政治哲学,只要某种错误的政治教诲会危害某种合理的政治行为,他还是需要政治哲学。如果芝诺(Zeno)未曾否认运动的真实性,就没有必要去证明运动的真实性。如果智术师们未曾破坏政治生活的基本原则,也许柏拉图就不会被迫精心营造他的《王制》。或者,用另一个例子来说,如果政治哲人们未曾说服人们,反抗异端的政府并不是他们的宗教责任或道德责任,那么,人们就会不愿意接受宽容政策,这是能够远离16和17世纪宗教战争和仇恨的唯一途径;政治哲人确实没有创建宽容政策,这是明智的政治家完成的,但是,如果没有启蒙公共意见的政治哲人的协助,这些政治家绝不会取得成功。

这些以及类似的例子仅仅表明,政治哲学对捍卫合理的行动进程是必要的,这些行动进程的发现和实施独立于政治哲学,政治哲学反对据称是真正的政治教诲,即危及那一合理行动方针的教诲;我想说的是,这些以及类似的例子仅仅表明,政治哲学作为一种政治的辩护是必要的。显然,这种辩护有用处,而且,既然它们必定受到自身所支持的政客或政治家的支持,它们就不是必然无效的。严格来说的政治哲学涉及的难题,不在于它是某种合理政策的婢女,而在于其设计师可以这样说。

让我以这种方式来表述该问题:真的是这样吗,所有重要的政治概念或主题,都是政治生活的副产品,或只是政治家、政客、律师和先知的成果,而非哲人们的成果? 出于论证的需要,在我们细查证据之前,我将假定,这一点在所有情形下都正确,即便只是看似正确。肯定有一个基本的政治概念必然与哲学同根共源,因为,可以说,这一概念等同于哲学本身的出现。这个概念就是自然法(natural law)或自然正确(natural right)。因为,"自然"是那个根本的哲学发现。"真理"、"存在"乃至"世界",以及所有其他指称哲学的对象的术语,无疑都比哲学要古老,但首个使用"自然"一词的人——我认为是奥德修斯,或赫耳墨斯,即小偷、商人和雅典民主制之神——是第一位哲人。我们能绝对肯定的哲学对政治的唯一贡献,就是自然法或自然正确概念,这种法或正确既不是人为制造的,也不是诸神制造的,它在任何地方都具有相同的效力,它为人类的恣意妄为设置了一个绝对的界限。

我认为,"自然"是哲学的首个发现和决定性发现,而且是最清晰的发现。但是,如果我们没有谨记有别于自然的东西,以及自然所反对的东西,那么,我们就无法理解自然一词的含义。如果一切都是自然或自然的,自然就是一个非常空洞的概念。发现"自然"的人,把自然设想为习俗或法律的对立面。他们观察到,自然事物处处一样,但国与国、城邦与城邦之间的习俗却多种多样。火在波斯燃烧,也在希腊同样地燃烧,那种火的燃烧是必然的;人生人,狗生狗——这些东西都是必然的,但关于遗产、偷窃、献祭等方面的法律,不同的国家各不相同,即使同一国家,在不同的时期也不尽相同:这些法律本质上是专断的,它们是习俗。根据这一区分会滋生这样的想法,应该可以发现一种生活秩序,它在各个地方都好而正确,因为它符合一种不变的人的自然本性;对于君主制和共和制专断制定的法律,这种自然秩序是唯一正当的(legitimate)评判标准,它也是改革和改进唯一可靠的指南。在此之前,人们或隐或显地把善等同于祖传或古老;打那以后,人们就开始区分善和古老:"我们在探求善,而非古老。"(亚里士多德《政治学》1269a3 – 4)鉴于这一事实,我们可以说:哲学是那反传统的力量;从过去的各种意见中解放出来,向各种新景观敞开,这是,并曾经一直是哲学的本质。只要哲学遵从自己的固有标准,哲人本身,就他们仅仅作为哲人而言,便能阻止那些愿意倾听他们的人,将任何无论在诸多方面何等令人满意的实际秩序等同于完美的秩序:政治哲学是庸俗之人(the philistine)的永恒挑战。过去和将来绝没有一个时期,政治哲学使用的药剂曾是过量的,将是过量的,尽管它永远必须审慎地得到使用,正如所有的药剂都必须得到审慎使用。这在我们这个时代尤其正确;因为,在我们这个时代,我们不仅面临着古老的庸俗之人,他们把善等同于古老或现实,还面临着进步的庸俗之人,他们把善等同于新或未来。但对于这一点,我只能在后面稍微谈及。

如果某个自然法的概念或某个自然秩序的概念,真的与哲学本身同源共生,那么,我们就有理由说,正当的乌托邦思想内在于哲学本身。这种乌托邦思想正是柏拉图和亚里士多德政治哲学的灵魂,其政治哲学首要和主导的目的就是,发现那个"自然"的"政制",那个"自然"的公民社会秩序。这种乌托邦思想是正当的,因为它没有欺骗性:我正在谈论的哲人们把完美的社会秩序称为 euchē[祈求]的一个目标,euchē[祈求]既指希望又指祈祷——这个完美秩序是所有正派人士的希望或祈祷的目标。既然这种秩序是可接受的,而且有意成为可接受的,成为只有正派人士才可接受的,它就不是一种理论的建构,而是一种实践的理想。他们[柏拉图与亚里士多德]直言不讳地称它为一种希望或祈祷的目标,这表明,他们很清楚理想与现实的鸿沟,他们认为,理想的实现是个机运(chance)问题,是幸运的环境能不能出现的问题。他们不作任何的预言。尽管他们完全悬搁了自己关于理想之实现的判断,但他们对理想本身一清二楚:这个理想是,而且有意成为某种标准,即对现实真诚的、不妥协的判断的标准。重申一下,这种乌托邦思想的实践意义,并不是对事情的未来走向作任何预言,而仅仅是指出要获得改善所应采取的方向。他们并不当真相信,完美的社会秩序将会成为一种现实;因为,作为一种希望或祈祷的目标,它没有应该成为现实的必然理由;但是,他们认为,任何现实秩序都能经受改进,经受实质的改进。正如他们所设想的,理想或乌托邦与现实的关系可以用这种方式来描述:存在一种公共的、日常的公民正义,它就是服从当地的法律及那种法律的正义的治理;这种正义与法律本身的正义无关;正是这个原因,一种对于每种法律和法律秩序都非常不完美的正义,必定只是不完美的正义;因此,正义必须由公平(equity)来补充,公平是对朝向完美的正义的法律正义的纠正;公平的秩序,或者正如我们可能更喜欢说的,仁慈(charity)的秩序是乌托邦的秩序;本质上,这种乌托邦秩序本身就是希望和祈祷的目标,而非政治行为的目标;如果没有那种稳固的、多少有点残酷和不完善的正义,以及公共正义的基础,那么,公平或仁慈本身就无立锥之地;公共正义必须由对公平或仁慈的思考来"完成"和纠正——公平或仁慈永远无法取代公共正义,尽管所有正派人士都希望或祈祷能有这种取代。

正是出于这个原因,传统政治哲学或道德哲学,才经常采取劝谕或道德忠告的形式。因为,如果你不相信政治行动能带来完美的状态,那么,你所能希望的只是这点:通过道德呼吁、忠告、劝谕和说教,可以引导这个或那个掌权者,在其职位上尽可能沿正派和人道的路径行事。这种方法尤其成了一种独特体裁的政治作品的基础,该体裁即君王之鉴照(the mirrors of prince)。

提到君王之鉴照时,我已来到政治哲学的重大转折点,来到这一发展过程的起点:哲人们(我们还可加上神学家们)的传统乌托邦思想,逐渐被社会工程师的现代乌托邦思想取代。君王之鉴照激起了马基雅维利不满的、厌恶的和激动的反应。马基雅维利反对整个政治哲学传统,他不再愿意研究人应当如何行为,而是研究人实际如何行为。他不无道理地认为,君王们不大会听从道德忠告。他从这一点得出结论——好人不会得出这样的结论:他应当教导君王们如何才会行之有效,哪怕是心狠手辣。马基雅维利是现代政治哲学之父,而且(and)尤其是作为对他的学说的一种反应而出现的那种现代政治哲学之父。因为,很少有哲学家预备追随他那危险的路线。通常的倾向是遵循这些路线:人们接受马基雅维利对哲学和神学传统的乌托邦思想的批判;他们承认传统的理想是难以实践的空中楼阁,但他们争辩,我们不能只局限于描述人是怎样的和如何行为的;必须教导人们,他们应该是怎样的及应该如何行为。因此,马基雅维利主义与传统之间的一种妥协出现了:这种观念低于传统的行为标准,旨在确保这些较低标准的实现。因此,政治哲学试图发现会必然或自动实现的标准,这样,它们便不再仅仅是一个希望或祈祷的对象。各种人类社会的自然标准是共同利益;问题在于协调共同利益与私人利益。[现代政治哲学]给出的答案是:共同利益是启蒙了的自我利益的目标,或者说,德性等同于启蒙了的追求私利。据此,政治哲学的首要任务成了启蒙人们[认识到]他们的自我利益。对自我利益进行普遍启蒙,其结果必然会产生这样的观念:人们不再会干预那个要不是人们愚蠢的干预就能带来社会和谐的自然而自动的进程。

自我利益是所有人的主导动机,这个"实在论的"、"马基雅维利主义的"假设,隐含在这个现代乌托邦思想中。自我利益,正如我们实际所发现的,它是未启蒙的自我利益,必然会导致人与人之间的冲突和战争,但这种冲突绝非必然:每个人都能认识到,他在和平时处境更好。你不得不做的是,启蒙人们[认识到]他们的自我利益:经启蒙的追逐私利者将会相互合作,正如未启蒙的追逐私利者难以驾驭。启蒙将逐渐使强力的使用变得多余。

这种思想的麻烦之处,或不如说这种思想隐含的谬见是这样的:无论一个人的自我利益得到了怎样的启蒙,他那启蒙了的自我利益的目标,并不必然等同于他最强烈欲求的目标。这意味着:道德要求与欲望的最初冲突仍毫无改观——它只会变得更难以处理。因为,道德要求与欲望的冲突有其自然的矫正方式:那就是诉诸[某种]责任感、荣誉感,或者你爱怎么称呼它都行。诉诸经启蒙的自我利益必然缺乏那种道德激励。启蒙了的自我利益要求的牺牲正如其要求的正义本身一样多——但是,仅仅诉诸启蒙了的自我利益,会削弱人们的道德品格,从而使得他们无法做出任何牺牲。如果自我实现取代了自我利益,事情会变得更糟糕、更复杂,而非更好、更清晰。

这种乌托邦思想的另一种隐含意味是这一假设:从根本上讲,人们真的想要他们那个启蒙了的自我利益的目标,只不过,信息的缺乏妨碍他们实现那个渴望。实际上,至少有些人想要更多的东西:权力、优先权、统治。而且这些危险的人,即使为数甚少,他们有能力通过采用(employing)各种策略抵消启蒙的全部努力,这些策略有时比低调的启蒙理性更具效力。我所指的是如下众所周知的事实,这种现代乌托邦思想自然而然地遗忘了"邪恶力量"的存在,而启蒙是无法战胜这些力量的。我们知道,许多非常诚实的人承认,他们已经遗忘邪恶的存在;我们只能希望他们永远不要再遗忘。人们有时会听到这种推理:在过去的世纪中,人类成功征服了自然;自然科学成就斐然;让人错愕不已、遗憾万分的是社会科学的失败;对比自然科学取得的成就,社会科学在建构社会和谐方面的失败显得悖谬。不过,仅仅是从现代乌托邦思想来看,这才是悖谬的。自

然科学的成功对人类有什么意义呢？那就是人类的力量前所未有
地增强了。但是，通过变得更强大，一个人会必然成为更好、更正派
的人吗？

让我们考虑一下在哪个时刻哪些条件下，可以合理地说，人类
通过变得更强大能变得更好。如果所有的邪恶（wickedness）、龌龊
（nastiess）、恶意（malevolence）和侵犯（aggressiveness）都是愿欲
（want）的结果，那么这一点就言之有理。因为，就这种情况而言，通
过满足他们的愿欲，一个人就能使他们变得更好。有关挫折和侵犯
的著名理论正是基于这种观点。这一理论所展现的重大谬见是如
下假设：挫折是可以避免的，没有这种或那种挫败的生活完全有可
能，或者说，各种愿欲有可能完全得到满足。我必须尝试更为充分
地解释这点。

认为启蒙了的自我利益会带来公共精神，乃至社会和谐，而只
有未启蒙的自我利益才会导致社会冲突，这种观点并非完全错误。
错误的悄然产生是"愿欲"（wants）这个词的模棱两可造成的一个结
果。哪些愿欲的满足才是启蒙了的自我利益的目标，以此区别于未
启蒙的自我利益的目标？早先的哲人们曾区分必需品与多余物。
他们认为，如果所有人都满足于必需品，满足于真正的必需品，满足
于身体确实绝对需要的东西，那么，大地的物产足以满足人类的这
些愿欲，人类之间就不会有任何斗争是必然的。换句话说，他们认
为，普遍和谐的唯一保证是普遍的禁欲主义。据此，他们认为欲求
多余物、欲求奢侈品，①乃是根本的邪恶，是一切社会冲突的根源。

---

① 柏拉图的《王制》（*Republic*）——格劳孔（Glaucon）把将真实的城邦、
健康的城邦称为猪仔的城邦，他不满足于友好安宁的民人的素食，他获得他的
肉——并获得随肉而来的东西：战争。

现在,现代乌托邦思想的首要行为之一就是为奢侈平反昭雪(reha-bilitation)。随后,现代乌托邦思想便假定,如果所有人都仅仅热衷于提升他们的生活标准和舒适度,热衷于舒适的生活(commoda vitae),那么,社会和谐就会随之而来;它假定,经启蒙的自我利益的目标,不是勉强糊口度日,而是最高可能的生活标准。我们深受这种趋势的胜利带来的巨大福祉,但凡明智者都会注意到这点,不过,人们可以合理地怀疑,现代乌托邦思想有没有带来任何较高层次的社会和谐,或者,它有没有使我们更接近普遍的和平。显然,19世纪和20世纪战争的数量和范围均不比早期的战争小。

当今的乌托邦主义者最离奇的地方是,身着最坚硬的实在论者的服装现身。他不谈论道德理想——他谈论经济问题、经济机会和经济冲突。与此同时,他认识到,只是启蒙、只是改变意见还不行,他坚持,有必要改变制度;他毫不犹疑地推崇社会革命,不流血或流血都行。我意识到那一点了。然而,我必须坚持他与其18世纪祖辈之间的基本一致。

没有人会误解我,好像我说了什么反对经济学家的东西。我仍记得去年夏季课程上菲勒(Feiler)和马斯卡克(Marsckak)两位博士宣读的文章,①他们的文章的中心思想是,最重要的经济问题必然超越经济领域,而进入道德决断的领域。

但是,回到我所讨论的那种趋势上来,现代乌托邦思想与经济主义(不同于经济学)密不可分,这不无道理。因为,现代乌托邦思想最终取决于,将共同利益等同于经启蒙的自我利益的目标,而这一目标乃是生活的高标准。它的最初主题是,如果一个人是启蒙过的,那么,他就会受经济冲动的左右,但事实上,他不过是受骄傲、声

① 菲勒和马斯卡克是新学院经济系的同事。

望等等这些愚蠢的冲动所左右。接下来它断言,事实上人类主要受经济冲动和经济因素的左右。基本的社会事实或政治事实都是经济事实:"第一位私人所有者是国家的真正奠基者","权力伴随着财富"。以其充分阐述的形式来说,正是这种对历史的经济阐释,吹嘘自己胜过马基雅维利的实在论,它除了蔑视自己所取代的空想社会主义之外,什么也不是。更不必说国家的消亡——这仍会是一个虔诚的希望或不虔诚的希望在马克思主义消亡后的很长时间里才会实现的问题——这比马克思的名句所暗示的东西更为空想:"迄今为止,哲学家们仅限于解释世界,而问题在于改变世界。"①可是,为什么哲学家仅限于解释世界? 因为他们知道,世界——这个词在精确的、非隐喻的意义上即宇宙——是无法被人改变的。马克思这句看似无辜的话暗示了用人的小世界取代真实的世界,用整个历史进程取代真实的整全,这种取代之所以变得可能,是因为整个历史进程给真实的整全设定了绝对的界限。这种取代是黑格尔唯心主义哲学的一个遗产,是马克思乌托邦希望的最终理由。因为,期望一个在本质上会消亡的完美的社会秩序,难道不是一种空想? 期望人们把他们所有的意志、希望、信仰和爱,都灌注在那些公认为非永恒的且并不比我们这个星球更持久的东西中,难道不是一种空想? 将很长的一段时间——数十亿年的时间——错误地当成永恒,这是不热爱智慧的人们(nonphilosophicmen)的特权;谁宣称要成为一位哲学家,就是一种道德罪过。如果一切人类成就,包括跃进自由世界都不是永恒的,那么,即便在人类的最高成就中,最终解体的开端也是显而易见的,因此,所谓地球上的完美秩序注定是一种幻象。

古代哲人们坚持如下事实,理想的实现本质上是一个机运问

---

① [译注]《马克思恩格斯选集》(第一卷),人民出版社,1972 年,页 19。

题,或古代神学家们坚持这一事实,人无法预测神意,这些古人要现实得多。现代乌托邦思想基于这样的假设:理想的实现是必然的,或几乎是必然的。提到"几乎必然",我的意思是说,要不是因为人类一个可避免的弱点,理想必然是可实现的。现代乌托邦思想在 19 世纪表面上最少空想的政治哲学中达到顶峰,也即在黑格尔的政治哲学中达到顶峰。柏拉图和亚里士多德及其追随者们都曾坚持,理想与现实之间,合理的与现实的之间有着根本的差异,但与之相反,黑格尔宣称,合理的就是现实的,现实的就是合理的。

纵观政治哲学史容易产生这样的印象:没有哪门政治哲学能让我们学到什么,因为存在各种政治哲学的不光彩的多样性,它们彼此斗得死去活来。较深入的研究显示,这种印象是误导。这样说是荒唐的:较深入的研究向我们表明,所有政治哲人都完全一致;然而,它却向我们表明,存在一个政治哲学传统,其拥护者认同苏格拉底、柏拉图和亚里士多德创立的基本原则和传统,在怜悯和谦卑这些圣经德性的影响下,这个传统有所转变,但未断裂,而且就基本原则来说,它仍为我们提供最需要的指导。为了辨别丘吉尔的进路的健全性,我们无需从这个传统中吸取教训,不过,要是没有目前讨论的这个传统的影响,丘吉尔的政策要去捍卫的事业就不会存在。

今天,伪造的乌托邦思想威胁到了这个传统。没有谁会否认,那个乌托邦思想产生的基本动力是慷慨大方。然而,这种慷慨大方必定会导致灾难,因为,它使我们低估了正派和人道的事业所暴露出来的,而且将一直会暴露的危险。现在看来,政治哲学的首要职责似乎就是抵制这种现代乌托邦思想。

但是,为了描述政治哲学不仅今天而且在所有时期都能提供服务,一个人将不得不说,政治哲学教导我们,要保护那些最低限度的正派、人道和正义是何其困难,在少数自由国家中,这些东西已被视为理所当然,而且仍会被视为理所当然。通过向我们启迪那些看上去微不足道的成就的价值,政治哲学教导我们不要过多寄望于未来。归根结底,政治哲学不是别的,而是从哲学的角度来审视政治事务——从哲学的角度看,亦即,从永恒的视角看(sub specie aeternitatis)。因此,通过使我们的希望变得适度,政治哲学保护我们免于心灰意冷。进而,通过使我们免于庸俗之人的自命不凡,政治哲学同时使我们免于不切实际的幻想。经验似乎表明,常识本身不是抵御这些错误的极端的论据:常识需要由政治哲学来强化。

人类的现代冒险,在许多方面已取得了惊人的成就,它使我们不信任所有坚持如下事实的教导,即人类的进步有某些绝对的限度:许多据说存在的限度,不都证明可以克服吗?但问题在于,为了这些征服,我们不得不付出的代价是否在某些情况下太高了,换言之,这一点是否仍然正确:人确实能用草叉驱逐自然,但自然总是强有力地卷土重来。通过建立现代文明这座引以为豪的大厦,而且经过数代人在这座舒适的大厦生活后,许多人似乎已经遗忘了自然的基础,这些基础不依赖人类意志并且是无法更改的,它们深埋于大厦的根基之中,并为该大厦可能达到的高度设置了一个界限。

实际上,这意味着,这代人面前的任务是为一个长久的和平时期奠定根基:它不是也不可能永远废除战争。引用 19 世纪一位伟大的自由主义者哈勒姆(Henry Hallam)的话就是:

[制定]政策的科学就像医学一样,本身必须满足于设计

应对紧急危险的疗救措施,而且顶多只能阻止内在腐化的蔓延,这种内在腐化似乎是所有人类事务的法则,而且遍布每种人类制度,这些制度像人的可朽躯体一样,终有一天会灰飞烟灭。(*Const. His.* 1:182)①

这听上去有点悲观主义或宿命论色彩,但其实不是如此。尽管我们无比确信,我们注定要死,难道我们不再活着了,不再带着合乎情理的喜悦活着?难道我们不再尽力做到最好?

在《亨利六世》(*King Henry the Sixth*)第三部分的结尾处,爱德华四世在赢取了自己的王朝后说:"我希望从此永远歌舞升平!"②所需要的一切评注都暗含在这一事实中:爱德华的皇兄理查,即后来的理查三世,当时在场保持了沉默。在《理查三世》(*Richard III*)的结尾处,当噬血的僭主被诛灭后,获胜的亨利七世总结自己的演讲时说:"和平如今再缔:斯土永享太平,上帝说,阿门!"③审慎的亨利七世——培根(Bacon)最喜爱的君王——比命途多舛的爱德华四世更明智。一位智者所说的不能比亨利八世的父王所做的更多,而且他不能严肃地希望更多。亨利七世获胜后,上帝对什么确实说过"阿门",这记载在历史剧中。

不变得愤世嫉俗就难以面对这些事实,但并非不可能面对。哲人们建议我们热爱命运,严酷的命运。《圣经》向我们允诺上帝的

---

① Henry Hallam,《英格兰宪法史:从亨利七世就职到乔治二世覆灭》(*The Constitutional History of England from the Accession of Henry VII to the Death of George II*),New York,1880。

② [译注]《莎士比亚全集》(史剧卷·上),朱生豪等译,译林出版社,1998年,页268。

③ [译注]《莎士比亚全集》(史剧卷·上),前揭,页394。

怜悯。但是,来自上帝的慰藉就像热爱这命运一样,它给我们肉体所带来的欢愉甚少。因为肉体是脆弱的,它欲求一些实际的慰藉。这种实际的慰藉——人造的永恒和平与幸福——不会实现(non da-tur)。我们不得不在哲学与《圣经》之间选择。

第二编　现代学术的危机

政治哲学与历史

洪涛　译　李世祥　校

政治哲学不是一门历史学科。有关政治事务之本性(nature)的哲学问题,有关最好的或正当的政治秩序的哲学问题,根本不同于史学问题,后者始终关注个体:个别的团体、个别的人、个别的功业、个别的"文明",某一从开端到现在的人类文明"进程",等等。尤其是,政治哲学根本不同于政治哲学本身的历史。有关政治事务之本性的问题及其解答,决不会被误认为是如下问题:这个或那个哲人或所有哲人如何提出、讨论或回答上述哲学问题。这并不意味着政治哲学完全独立于历史。没有体验过不同国家、不同时代中的政治制度和政治信念的多样性,就绝不可能提出有关政治事务之本质的问题、有关最好的或正当的政治秩序的问题。这些问题提出来之后,唯有历史知识才能防止人们将某个时代和某个国家的政治生活的具体特征误认为政治事务的本质。对政治思想史和政治哲学史亦当如是观。但是,无论历史知识对政治哲学有多重要,它也只是政治哲学的预备与辅助,它不可能成为政治哲学的组成部分。

至少直到 18 世纪末,这样看待政治哲学与历史的关系,仍占据着无可非议的主导地位。而在我们的时代,这种看法常遭拒斥,为的是支持"历史主义",亦即支持这一主张:哲学问题与历史问题之间的基本区分,终究无法保持。因此,历史主义可以说是对政治哲学之可能性的质疑。无论如何,历史主义挑战了整个政治哲学传统的共同前提,显然,这一前提以前从未被它质疑过。因此,与以往的政治哲学相比,历史主义看起来更深地进入了根基,或者说,显得更为哲学。无疑,历史主义质疑的正是政治事务之本性的问题,最好的或正当的政治秩序的问题。于是乎,历史主义便为政治哲学创造了一种全新的处境。历史主义提出的问题,乃是政治哲学当前最为紧迫的问题。

历史主义鼓吹融合哲学与历史,这是否已有进展,乃至能否有所进展,甚值得怀疑。然而,这种融合看起来像是 19 世纪和 20 世纪早期的思想主流共同指向的自然目的。无论如何,历史主义不仅是众多哲学流派之一,而且是一股最强大的力量,影响了几乎所有当代思想。就我们能真正谈论的某个时代的精神而言,我们可以自信地宣称,历史主义就是我们时代的精神。

人们以前从未像今天这样,对既往的一切、对既往的所有方面,产生如此强烈而广泛的兴趣。历史学科的数量、每一学科的领域及其独立性,全都在不断地增长。成千上万的甚至更多的专业学者在从事这些历史研究,他们并不仅仅把这些研究视为工具,认为它们本身毫无价值:我们理所当然地认为,历史知识构成了最高类型的学问不可或缺的部分。我们只需回顾一下,就能以恰当的视角来了解这一事实。在《王制》(*Republic*)中,柏拉图勾勒了一种研究计划,他提到算术、几何、天象学,等等:历史连影子都没有。更不必提起亚里士多德(古典时期最著名的历史研究很大程度上归属于他)那耳熟能详的说法:诗比历史更富有哲学味。这种态度是所有古典哲人的特征,也是所有中世纪哲人的特征。对历史推崇备至的是修辞学家,而非哲人。尤其是,哲学史并不被视为一门哲学学科:哲学史属于古文史家(antiquarians)而非哲人。

只是到了 16 世纪,人们才开始感受到一场根本变革。因此,对历史的异常强调最早显明了一种对立——与所有早期哲学尤其是所有早期政治哲学的对立。早期的历史转向基本上为理性时代的"非历史"学说所吸收。从根本上讲,17、18 世纪的"理性主义"比前现代的"理性主义"更具"历史性"。17 世纪以降,几乎一代又一代,哲学与历史以加速的步伐趋于和解。到 17 世纪末,历史已成为通常所谓的"时代精神"。18 世纪中叶,创造了"历史哲学"一词。19 世纪,哲学史通常被视为一门哲学学科。19 世纪著名哲学家黑格尔的学说,注定了哲学与历史的"综合"。19 世纪的"历史学派"使得历史的法学、历史的政治科学和历史的经济科学,取代了明显是"非历史的"或至少与历史无关的法学、政治科学和经济科学。

　　19 世纪上半叶这种特殊的历史主义受到猛烈抨击,这是因为,它似乎在对过去的沉思中丧失了自身。然而,获胜的批评者并没有用一种非历史的哲学取而代之,取代它的是一种更"先进的"、某些情况下更"复杂的"历史主义形式。20 世纪典型的历史主义要求,每一代人应基于自身的体验并着眼于自己的未来,重新阐释过去。这种历史主义不再是沉思的,而是实践的;它所从属的那种对既往的研究,受预期的未来引导,或者从当下出发并返回到对当下的分析,它认为这种分析有着至关重要的哲学意义:它期待从中获得对政治生活的根本指导。几乎在我们时代的每一门课程和每本教科书中,都可以看到结果如何。我们有种印象:当下社会生活的特定"趋向"及其历史起源的问题,取代了有关政治事务之本性的问题;关于可能的或可欲的未来的问题,取代了有关最好的或正当的政治秩序的问题。现代国家、现代政府、西方文明理想等等问题,占据了一个位置,先前占据这个位置的,乃是有关这个国家和这种正确生活方式的问题。哲学问题已转变成历史问题——或更确切地说,转变成具有"未来主义"特征的历史问题。

我们时代这一取向的特色，只有用历史主义才能合理地描绘。历史主义体现于各种变化万端的形态、各种截然不同的层面。某一种类型的历史主义自吹自擂的信条与论点，会使得其他类型的历史主义信徒会心一笑。历史主义最常见的形式体现在如下要求中：用现代国家、现代政府、当前的政治处境、现代人、我们的社会、我们的文化、我们的文明等等问题，取代政治事务之本性、国家、人的自然本性这类问题。然而，如果没有首先了解某个国家是什么，某种文明是什么，人的自然本性是什么，就难以弄清，我们如何恰切地谈论现代国家、我们的文明、现代人等等，因此，较深刻类型的历史主义承认，传统哲学的普遍问题无法抛弃。不过，他们声称，对这些问题的任何回答、任何澄清或讨论的尝试，乃至任何精确的表述，必定受到"历史性地制约"，亦即，必定仍依赖于它在其中得到表达的具体情境。关于这些普遍问题，没有一种答案，没有一种论述或精确的表述，可称为普遍有效，对一切时代都有效。其他·些历史主义者走极端，他们认为，尽管没有抛弃哲学本身，就不可能抛弃传统哲学的普遍问题，但哲学本身及其普遍问题本身受到"历史性地制约"，也就是，它们本质上与某个特定的"历史"形态有关，例如，与西方人或希腊人及其精神后裔有关。

为了显明历史主义的领域，我们不妨谈一下当今普遍接受的两个历史主义的典型假设。"历史"起初是指一种特殊类型的知识或探究。历史主义假设，历史知识的对象即所谓的"历史"，是一个"领域"，这是它自身的"世界"，截然不同于（当然也关系到）另一个"领域"——"自然"。这一假设最为明确地区分了历史主义与前历史主义的观点，在前历史主义看来，作为一种知识对象的"历史"并不存在，因而，它从未想到一种作为分析或思考特定的"现实维度"

的"历史哲学"。只有在人们开始想知道,《圣经》或柏拉图会如何称呼这个我们习惯称之为"历史"的 X 之后,我们所讨论的这一假设的严重后果才会显现。历史主义的特征还在于假设,早期学说的复兴是不可能的,或任何有意的复兴必定会导致根本改变要恢复的学说。这一假设极其容易理解成如下观点的必然结论:每种学说本质上都与某种不可重复的"历史"处境有关。

充分探讨历史主义,就是批判性地分析一般意义上的现代哲学。我们所能做的不过是尽力表明某些想法,以防我们把历史主义视为理所当然。

首先,我们必须处理一种流行的误解,它容易让这个问题变得含混不清。让我们回顾一下早期历史主义对政治哲学的攻击:政治哲学为法国大革命铺平了道路。"历史学派"的代表人物表示,18世纪某些富有影响的哲学家,勾画过正当的政治秩序或理性的政治秩序,认为无论何时何地都应该或能够建立这一秩序。与这种看法不同,他们宣称,研究政治事务唯一合理的方法乃是"历史的"方法,亦即,将某个既定国家的制度理解为过去的产物。合理的政治行动必须基于这种历史的理解,该理解不同于并反对 1789 年的"抽象原则"或其他任何"抽象原则"。不管 18 世纪的政治哲学有多少缺陷,这些缺陷肯定没有使如下主张正当化:历史方法必须取代非历史的哲学方法。以往大多数政治哲人,不顾(或更准确地说,由于)其思想的非历史特征,理所当然地区分了两个问题:一是有关最好的政治秩序的哲学问题,一是这个秩序能否或应不应该在某个时代的某个既定国家中建立起来的实践问题。他们自然懂得所有政治行动都有别于政治哲学,政治行动关注个别的处境,因此必须以明确把握相关处境为基础,从而常常以理解那一处境的各种前事为基础。他们理所当然地认为,政治行动由如下信念所引导:本质上最可欲的东西,在所有情形下都必须付诸实践,而不管那些情形如何,这种信念适合于无害人之心的温和人士(他们不知道蛇的智慧),而非明智者和好人。简言之,一切政治行动都关注并由此预设了恰切的知识——有关个别处境、个别共同体、个别制度等等的恰切知识,这个自明之理与历史主义提出的问题毫无关联。

历史主义比非历史的政治哲学晚出现,这一事实很大程度上决定了历史主义提出的问题:"历史"本身似乎已决意支持历史主义。然而,倘若我们没有崇拜这种"成功",我们就不能认为,胜利的目标必然是真理的目标。因为,即便我们承认真理终将获胜,我们也不能确定最后时刻已经来临。有些人喜欢历史主义胜过非历史的政治哲学,是因为这两者在时间上的关联,于是他们就用一种特殊的方式来解释这一关联:他们认为,可以假设历史上后起的立场比先起的更成熟,其他皆然。他们会说,历史主义建立在需千百年时间方能成熟的经验之上——这千百年的经验告诉我们,非历史的政治哲学失败了,或是一种幻觉。以往的政治哲人试图一劳永逸地解答有关最好的政治秩序的问题。但是,他们努力的结果表明,有多少个政治哲人,几乎就有多少种答案,就有多少种政治哲学。哲学处于"令人愧怍的多样性"之中,置于"体系间的无政府状态"之下,这一奇观似乎驳倒了每一种哲学主张,并且表明,政治哲学史同样驳倒了非历史的政治哲学,因为,诸多不可调和的政治哲学相互驳斥。

然而,历史其实没有告知我们,以往的政治哲学相互驳倒了对方。历史仅仅告知我们,它们相互矛盾。因此,我们面对的是这样一个哲学问题:关于政治的基本原则,两个既有的相互矛盾的观点何者真实。例如,在研究政治哲学史时,我们观察到,一些政治哲人区分了国家与社会,而另一些政治哲人或显或隐地拒绝这种区分。

这一观察迫使我们提出如下哲学问题：这样的区分是否恰当，在多大程度上是恰当的。即便历史能够告知我们，以往的政治哲学都已失败，它告知我们的也不过是，非历史的政治哲学到目前为止失败了。但是，这是否仅仅表明，我们没有真正懂得政治事务的本性，以及最好的或正当的政治秩序？这远不是什么历史主义的新发现，它已暗含于"哲学"这一名称之中。倘若哲学史所展示的"体系间的无政府状态"可以证明什么的话，它也只是证明，对于最重要的问题，我们一无所知（没有历史主义，我们也能意识到这种无知），并由此证明了哲学的必要性。不妨补充说，我们时代历史的政治哲学的"无政府状态"，或当今对过去的解释的"无政府状态"，并不明显轻于以往非历史的政治哲学的"无政府状态"。

据说政治哲学的多样性显示出非历史的政治哲学没有用处，但情况并非如此。大多数历史主义者认为，如下事实具有决定性意义：政治哲学与其所在的历史处境之间存在的紧密关联，可以通过历史研究来确立。他们认为，政治哲学的多样性最主要是历史处境的多样性作用的结果。政治哲学史不仅告诉我们，如柏拉图那样的政治哲学与洛克那样的政治哲学无法调和。它还告诉我们，柏拉图的政治哲学本质上与公元前四世纪的希腊城邦有关，正如洛克的政治哲学本质上与1688年的英格兰革命有关。这就表明了，没有哪种政治哲学可以合理地宣称，它有效超越了与其具有本质关联的历史处境。

不过，前面表明的不用再重复了，用于支持历史主义的历史证据，看上去并不像设想的那样有力。首先，历史主义者并没有充分考虑到，就以往的政治哲人而言，他们有意使自己的观点适合同时代人的偏见。肤浅的读者很容易认为，一名政治哲人受他所思考的历史处境左右，因为，他的思想表述适应于那个处境，其实，他这样做只是为了让自己的思想从根本上为人倾听。诸多以往的政治哲人展现其教诲时,并非采用科学论文的形式,采用的形式我们不妨称为论文—小册子(treatise – tracts)。他们并不局限于阐明他们所思考的政治真理。他们结合了那个阐述与另一个阐述,这另一个阐述涉及他们视为现实处境中可欲的或可行的东西,或按照普遍接受的意见可理解的东西;他们传达自己观点的方式不仅是"哲学的",同时也是"公民的(civil)"。① 因此,通过证明政治哲人们的政治学说整体上受到"历史性地制约",我们压根无法证明,他们的政治哲学同样受到"历史性地制约"。

最重要的是,没有理由假设,各种学说与其"时代"之间的关联一清二楚。受到忽视的是这种显而易见的可能性:与某种特定学说相关的处境,可能特别有利于唯一真理的发现,而其他一切处境则多少不利于它的发现。更一般地讲,在理解某一种学说的根源时,我们并不必然会得出结论说,我们所讨论的学说不可能完全真实。例如,通过证明现代自然法的某些命题可以"追溯到"罗马实定法,我们并不能证明,这些提到的命题不是 de jure naturali[自然法],而仅仅是 de jure positivo[实定法]。因为,完全有可能,罗马法学家们会把某些自然法原则误作为实定法原则,或者,他们仅仅"推测",而没有真正把握自然法的重要因素。因此,我们不能止步于探察一种学说与其历史渊源的关联。我们必须解释这些关联;而解释的前提是对这一学说本身进行哲学研究,以判明其真伪。不管怎样,每种学说与某种特定的历史背景"有关",这一事实(倘若是事实的

---

① 对比洛克《政府论》(*Of Civil Government*)上篇第 109 节、下篇第 52 节与其《人类理解论》(*Essay Concerning Human Understanding*)第 3 卷第 9 章第 3 节、第 22 节。

话)根本不能证明,没有一种学说完全真实。

　　老一派并不熟悉历史主义酿成的灾难,可能会嘲笑我们,因为我们得出的结论相当于一个众所周知的道理:在我们充分检审某种严肃的学说之前,我们没有理由拒绝它。既然如此,我们被迫明确宣布,在仔细研究之前,我们不能排除一个可能性:在千百年前出现的某种政治哲学就是那种真正的政治哲学,它在今天的真实性一如最初得到阐明之时。换言之,一种政治哲学不会仅仅因为与之相关的历史处境尤其是政治处境的消逝而过时。因为,每一种政治处境都包含一切政治处境的本质要素:否则人们怎么能以可理解的方式把所有这些不同的政治处境明确称为"政治处境"呢?

　　且让我们以最基本的方法简明扼要地考察一个最重要的例子。古典政治哲学的核心主题是城邦,而现代国家取代了城邦,正如有些人似乎相信的那样,仅凭这一事实并不能驳倒古典政治哲学。大多数古典哲人将城邦视为最完美的政治组织形式,不是因为他们对其他任何形式一无所知,也不是因为他们盲目追随先人或同时代人的引导,而是因为他们认识到,至少像我们今天那样清楚地认识到,城邦本质上高于古典时期已知的其他政治抟结(political associa-tion)方式——部落组织和东方君主制。我们姑且可以认为,部落的特征是,自由(公共精神)而不文明(文明指艺术和科学的高度发展),东方君主制的特征则是文明而不自由。古典政治哲人基于自由与文明的标准,喜欢城邦胜过其他政治抟结方式,是有意识的且合理的。这一偏爱并不是一种与特殊的历史处境密切相关的特性。直至18世纪(含18世纪),一些最杰出的政治哲人仍极其正当地偏爱城邦,而非16世纪就已出现的现代国家,恰恰是因为他们用自由与文明的标准来衡量其时代的现代国家。只是在19世纪,古典政治哲学在某种意义上变得过了时。原因在于，19 世纪的国家与马其顿帝国、罗马帝国、封建君主国、现代专制君主国不同，它可貌似合理地自称至少像希腊城邦那样符合自由与文明的标准。即使那样，古典政治哲学也没有变得完全过时，因为，正是古典政治哲学以一种"古典的"方式详细阐明了自由与文明的标准。不能否认，现代民主的出现尤其引发了对"自由"与"文明"的重新解释（即便它不是这种重新解释的结果），而这是古典政治哲学所无法预见的。不过，这一重新解释之所以至关重要，不是因为现代民主取代了早期的政治传结方式，也不是因为它获得了成功——它不是无论何时何地都能成功的，而是因为有明确的理由认为，这种重新解释本质上优于原初的版本。自然，有些人质疑上述标准，但这个质疑与标准本身一样，几乎不受限于特殊的历史处境。也有些古典政治哲人决定拥护东方君主制。

在我们能够明智地运用从历史角度探明的哲学学说与其"时代"的关联之前，我们必须把有关的学说置于与它们的真伪密切相关的哲学批判之下。反过来，一种哲学批判以充分理解被批判的学说为前提。充分的解释是这样一种解释：恰如哲人理解自己的思想那样去理解他的思想。事实上，一切用来支持历史主义的历史证据都预设，根据历史主义，有可能充分理解以往的哲学。这一预设大有疑问。为了弄清楚这点，我们必须按照历史准确性的标准来看待历史主义，根据普遍的看法，这些标准是历史主义率先察觉和阐明的，或至少是历史主义推测出来的。

在与之前为其铺平道路的学说斗争时，历史主义发现了这些标准。之前的这种学说信仰进步：相信 18 世纪晚期比先前的一切时代更优越，且期待着未来的更大进步。对进步的信仰，是哲学传统非历史的观点与历史主义的中间环节。从某些方面讲，这种信仰赞同哲学传统:两者都承认存在普遍有效的标准,这些标准无需历史检验或不会受历史检验的影响。从另一个方面讲,这种信仰偏离哲学传统:它本质上是一种有关"历史进程"的观点;它断言,存在"历史进程"这样的东西,这个进程通常而言就是一种"进步":思想与制度的进步指向一种秩序,这种秩序完全赞同某些假定的有关人类优异的普遍标准。

因此,对进步的信仰不同于哲学传统的观点,可以从纯粹的历史观点进行合理的批评。早期历史主义就是这样做的,许多例子——最著名的要数对中世纪的解释——表明,以往"进步主义者"的观点基于对过去全然片面的理解。显然,我们对过去越感兴趣,我们对过去的理解就会越充分。然而,如果我们事先就知道,就最重要的方面而言,现在优越于过去,那么,我们就不会对过去兴致盎然,不会真正对过去感兴趣。从这一假设出发的史学家们,就觉得没有必要去理解过去本身;他们将过去理解为仅仅是为当下作准备。研究以往的一门学说时,他们不会首先探问,学说创建者有意识的、深思熟虑的意图何在;他们更喜欢追问,这一学说对我们的信念有何贡献? 从当前的观点来看,这一学说不为创建者所知的含义是什么? 根据后来的发现或发明来看,它有何意义? 因此,他们理所当然地认为,比过去的思想家理解自身更好地理解他们,不仅有可能,甚至是必然的。

为了历史的真实和历史的准确性,"历史意识"恰切地反对这种方法。思想史家的任务就是,恰如以往的思想家理解自身那样去理解他们,或者,根据他们本人的解释来复活其思想。倘若我们放弃这一目标,我们也就放弃了思想史中唯一可行的"客观性"标准。因为,众所周知,在不同的历史处境下,同一历史现象会呈现不同的面相;新的经验似乎会揭露古老的文本。这类观点似乎暗示,任何一种解释，要是宣称自己是唯一真实的解释，那是站不住脚的。但是，这类观点并不能证明此种暗示正当。因为，虽然表面上有无限多的方法去理解某种既定的学说，但也无法抹去如下事实：这种学说的创建者只用一种方式理解它，倘若他本人不糊涂的话。认为对以往某种学说成千上万的解释都同样合理，是由于有意无意地想要比创建者理解自身更好地理解他。但是，像他理解自身那样地去理解他，唯有一种方式。

那么，历史主义本质上不可能符合历史精确性的标准——可以说，它发现了这些标准。因为历史主义深信，历史主义者的方法优于非历史的方法，但实际上，以往所有的思想，完全是"非历史的"。因此，历史主义被迫根据其原理，试图比以往的哲学理解自身更好地理解它。以往的哲学以一种非历史的方式理解自身，但历史主义必须"从历史角度"理解它。过去的哲人宣称已发现唯一的真理——并不仅仅局限于他们时代的唯一真理。相反，历史主义者认为，过去的哲人这样宣称是错的，历史主义者禁不住把这个看法作为解释的依据。所以，历史主义不过是重复了（尽管有时以一种更精妙的方式）它所严厉谴责的"进步主义"史学的错误。不妨再说一遍，史学家越不认为自己的观点具有优越性，或者说，他越准备承认，他不仅可能得了解过去的思想家，而且可能得从他们身上学些东西，那我们对过去思想的理解就会越充分。要理解一种真正的学说，我们必须真正对它感兴趣，必须认真对待它，也就是说，我们必须愿意考虑这一可能性：它完全正确。同样，历史主义者否认了以往任何哲学的这种可能性。自然，比起任何早期的哲学来，历史主义赋予哲学史更大的意义。但是，不同于大多数早期的哲学，历史主义原则上危及对以往哲学的任何充分理解，尽管这与它的原初意图相违。

认为历史主义可能是不偏不倚地研究哲学史(尤其政治哲学史)的结果,这是一种错误。史学家可能会认定,一切政治哲学均与特定的历史背景有关,或者,只有生活于某一特定历史处境中的人,才会有接受某种既定的政治哲学的自然倾向。因此,他不能排除这种可能性:一种特定的政治哲学的历史背景,是发现那种政治真理的理想条件。那么,历史主义就不能用历史证据来确立。历史主义的依据是对思想、知识、真理、哲学、政治事务、政治观念等的哲学分析,据称,这种哲学分析得出结论说:思想、知识、真理、哲学、政治事务、政治观念等等,本质上彻头彻尾是"历史的"。我们提到的这一哲学分析,俨然成了解释千百年来的经验和政治哲学的权威。以往政治哲人试图一劳永逸地回答最好的政治秩序的问题。他们每个人都或显或隐地认为,其他所有人都失败了。只是在长期的尝试和挫折之后,政治哲人们开始质疑这种一劳永逸地解决基本问题的可能性。历史主义是这一反思的最终产物。

让我们看看这一产物究竟在多大程度上影响了政治哲学。历史主义无法合理地宣称,历史性的问题必须取代政治哲学的基本问题。例如,有关"维持一种特殊类型的国家(如现代民主国家)的操作性观念"的讨论,无法代替最好的政治秩序这一问题。因为,对这些观念的"任何透彻讨论","必定会对这些观念的绝对价值产生某种思考。"①有关未来秩序的问题也无法代替最好的政治秩序的问题。因为,即便我们能够确定无疑地知道,未来的秩序就是共产主义社会,我们所知道的,无非是共产主义社会将是现代文明崩溃之后的唯一选择,我们仍不得不思考,何种选择更可取。我们绝不可

---

① A. D. Lindsay,《现代民主国家》(*The Modern Democratic State*),Oxford,1943,卷一,页45。

能回避如下问题:未来可能的秩序是可欲的、公正的,还是令人厌恶的?事实上,我们对这一问题的回答,可能会影响到这一未来可能的秩序能否真正变成未来的秩序。既然如此,我们视为可欲的东西最终取决于优先选择的普遍原则,这些原则的政治意蕴如果得到适当的阐发,就能为我们呈现何谓最好的政治秩序这一问题的答案。

倘若作为历史主义基础的哲学分析是正确的,那么,历史主义就能合理地说,普遍性的哲学问题的所有答案必然受到"历史性地制约",或者,普遍性问题的任何解答,事实上都不可能普遍有效。这样,一个普遍性问题的每个解答,必然都想成为普遍有效的。因此,历史主义的论题相当于:在哲学的意图与其命运之间,在哲学解答非历史性的意图与其永远受到"历史性地制约"的命运之间,存在着无法避免的矛盾。矛盾之所以无法避免是因为,一方面,显而易见的理由迫使我们提出普遍性问题,并使我们力图获得充分的回答,亦即普遍性的回答,另一方面,一切人类思想都受制于意见和信念,而它们因历史处境的不同而不同。既定答案的历史局限性必然不会引起解答者的注意。历史条件具有无形之墙的特性,使任何解答都不能成为普遍有效。因为,一个人如果知道,决定其答案的不是他对真理的自由洞见,而是他的历史处境,那他就不再会认同或由衷相信自己的答案。虽然我们能够确知,提供给我们的答案没有一种是完全正确的,但我们不会知道造成这种情形的确切原因。这一确切原因是我们时代最根深蒂固的成见的可疑根据——这一成见必然向我们隐藏着。如果这一看法正确,那么,政治哲学依然不得不提出基本问题和普遍性问题,一个思想者一旦意识到这些问题,他就会禁不住提出来并试图作出解答。但是,哲人在进行他的哲学研究时,定会同时反思其历史处境,以使自己尽可能摆脱时代的偏见。这种历史反思服务于哲学研究本身,但绝不等同于哲学。

　　因此,从一开始,基于历史主义的哲学研究就会受到如下事实启发:其研究可能得出的答案必然会受到"历史性地制约"。相应地,哲学研究将会伴随着对它们所处的历史处境的反思。我们或许会认为,可以恰切地宣布,比起过去"幼稚的"非历史哲学来,这样的哲学研究已提升到一个更高的思考水平,或者说,更富有哲学味。某个时刻,我们或许会认为,历史的政治哲学与先前的政治哲学相比,更不易堕落为一种教条主义。但只要细思片刻便足以打消这种幻觉。对以往真正的哲人而言,他可能想到的所有答案,在他进行检审之前,均具有可能性,相反,历史主义哲学家在检审之前,就排除了先前时代能让人想到的所有答案。比起过去普通的哲学家,历史主义哲学家并不更少教条主义一些,而是要教条得多。尤其是,在其他条件同等的情况下,哲学家对其历史处境的反思并不必然标志着,其哲学反思水平高于那些不十分关注历史处境的哲人。现代哲学家更需要反思自己的处境,原因很可能是,既已放弃在永恒的样式下(sub specie aeternitatis)观照事物的决心,他就更易受支配时代的信条与"潮流"影响,并受其控制。对历史处境的反思,很可能只是对一种缺陷的弥补,这一缺陷是历史主义造成的,确切地说,是历史主义展露出来的更深层动机造成的,先前时代的哲学研究并不受制于这些动机。

　　看来,推动历史主义的这种确定性好像是:在未来,人们从未或不可能梦想过的许多可能性将变成现实,相反,非历史的政治哲学并没有处于这种开放性的视域之中,而是处于被其时代所已知的种种可能性封闭着的视域中。然而,只要不曾消除人与天使、人与野兽之间的差异,或者,只要存在政治事务,那么,未来的可能性就不是无限的。未来的可能性并非全然不可知,因为,它们的限度是已知的。确实,没有人能够预知,未来能发现的可能性是明智还是疯狂——这些可能性的实现都在人性限度之内。不过也可以确定,那些当下所无法想象的可能性,也难以在当下言说。因此,我们不得不遵循先例,即遵循早期政治哲学对可能性所采取的态度,这些可能性或者已发现,甚至已实现。至于那些只有未来才能知道的可能性,我们就把它留给未来的政治哲学家讨论吧。即便可以绝对肯定,未来能目睹现在仍无法想象的远景的根本变化,同时也是切合实际的变化,那也不可能影响政治哲学的问题和步骤。

同样,下述说法亦不正确:非历史的政治哲学相信可能一劳永逸地解答根本问题,而历史主义则认识到,根本问题不可能有终极的解答。对于根本问题,每一种哲学立场暗含的回答都可谓终极、真正的一劳永逸。有些人相信,"具体处境所具有的独一无二性和道德上的终极性至关重要",因此,他们拒绝探索"普遍性答案,这些答案被认为具有能囊括并支配一切个别情形的普遍意义",这些人会毫不犹豫地对下述问题给出据称是终极而普遍的回答:何谓"道德处境","这些独特的道德特性"是什么,或"这些德性"是什么。① 有些人相信朝向某个目标的进步,这一目标本身在本质上是进步的,因此,他们拒绝追问何谓最好的政治秩序这一"过于静态的"问题,这些人确信,他们对进步的现实性的洞察"已成定局"。同样,对于某种目的论,历史主义不过是用另一种目的论来取代,并用这一终极信念来取代:人的所有回答本质上彻头彻尾是"历史的"。只有在一种情况下,历史主义才会声称不以目的论自居,即他不把历史主义者的命题描述为完全真实,而只是暂时真实。事实上,倘若这一历史主义命题正确,我们就无法避免得出结论说:这一

---

① 杜威(John Dewey),《哲学的改造》(*Reconstruction in Philosophy*),New York,1920,页 189,163 以下。

命题本身就是"历史的",或者说,因为有意义,它只对某一特定的历史处境有效。历史主义不是一辆人们想停就停的小马车:历史主义必须运用于自身。因此,历史主义也会揭示,自己与现代人相关。这意味着,在适当的时候,非历史主义立场将取代历史主义。有些历史主义者会认为,这样的发展是明显的倒退。但如果他们这样认为,他们就给有利于历史主义的历史处境赋予了一种绝对性,而原则上,他们拒绝将这种绝对性赋予任何历史处境。

因此,恰恰是历史主义方法迫使我们提出历史主义与现代人的本质关联的问题,或者,更准确地说是这一问题:现代人异于前现代人的哪些特殊需要和特征,构成了现代人热切转向历史的基础。若要尽可能在当前语境中阐明这一问题,我们必须思考一个赞成融合哲学与历史研究的论点,这个论点看上去极为可信。

政治哲学试图用有关政治基本原则的知识来取代关于他们的意见。因此,政治哲学的首要工作就是使我们的政治观念变得一清二楚,这样就能对这些观念进行批判性分析。"我们的观念"只在局部上是我们的观念。我们的观念中绝大多数是其他人、是我们的老师(在该词的最广泛意义上)以及老师的老师的思想的简化或残余;他们的思想是过去思想的简化与残余。这些思想曾经一度是浅显的(explicit),处于思考和讨论的核心。甚至可以认为,它们曾极其晓畅易懂(lucid)。在代代相传中,它们发生了变化,无法确定这些变化是不是有意造成的、是否清清楚楚。不管怎样,这些曾热切讨论过的极其显白的观念(尽管不一定是易懂的观念),现已蜕变成纯粹的隐含之意(implications)和心照不宣的预设。因此,如果我们想澄清我们承继的政治观念,我们就必须如实描述过去曾是显白的观念的隐含之意,这唯有借助政治观念史才能做到。这意味着,我们政治观念的澄清,不知不觉地转化并变得与政治观念史没有两样。在此意义上,哲学研究与历史研究完全融合了。

那么,要是为了澄清我们的政治观念,我们越发感到有必要从事历史研究,我们就一定越会为下述现象所震撼:以往的政治哲人压根没有感到有这种必要。例如,翻一下亚里士多德的《政治学》(*Politics*),就足以让我们相信,亚里士多德极其完美地阐明了其时代通行的种种政治观念,但他从未操心这些观念的历史。关于这一矛盾的事实,最自然、最谨慎的解释可能是:或许,我们的政治观念的特征截然不同于以往政治观念的特征。我们的政治观念的特性是:除非借助历史研究,否则无法完全澄清这些观念,而以往的政治观念必须求助于它们的历史就可获得彻底的澄清。

要阐明这一观点略有困难,我们将借用休谟(David Hume)的一个术语,做些自由发挥。在休谟看来,我们的观念源于"印象",源于我们所谓的直接经验。为澄清我们的观念,并区分它们的真实要素和虚假要素(或区分这些要素是否符合直接经验),必须将我们的每一个观念追溯到产生它的印象。现在的问题是,是否所有观念与印象的关联方式都完全相同。例如,城邦观念据说源于对城邦的印象,这种关联方式与狗的观念源于对狗的印象完全相同。另一方面,国家观念并不只是源于对国家的印象。这一观念的产生,部分可归结为转变或重新解释某些更基本的观念,尤其是城邦的观念。直接源于印象的观念无需求助于历史就可以得到阐明;但是,某些观念的出现,源于对更基本观念的特殊转化,惟有借助观念史才能澄清这些观念。

通过国家观念与城邦观念这些例子,我们可以阐明我们的政治观念与早期政治观念之间的差异。选取这些例子并非偶然,因为,我们关注的这一差异,乃是现代哲学的特征与前现代哲学的特征的具体差异。黑格尔曾经如是描述这两者之间的根本差异:

古代的研究方法不同于现代,因为,前者旨在自然意识的真正培养与完善。通过竭力探究生活的各个方面,对所碰到的一切作哲学思考,自然意识才将自身转变成一种抽象理解力的普遍性,这种理解力活跃于每一事物的每个方面之中。然而,在现代,个人就能找到现成的抽象形式。①

从呈现为"自然意识"(即前哲学意识)的政治现象出发,古典哲学一开始就获得了政治哲学的基本概念。因此,通过直接谈论可进入"自然意识"的现象,就能理解这些概念,并检测它们的有效性。这些基本概念是古典时期哲学研究的最终结果,在中世纪依然是哲学研究的基础,它们是现代哲学研究的起点。现代政治哲学的奠基者,将其中一部分视为理所当然,并修正了另一部分。经过进一步修正,这些概念成了我们时代的政治哲学或政治科学的基础。就现代政治哲学的出现而言,它并不仅仅源于"自然意识",而是通过修正甚至反对早期的政治哲学(一种政治哲学传统),直至我们理解早期政治哲学的形式,我们才能完全理解现代政治哲学的基本概念,这些概念取自早期的政治哲学且与之对立,通过对其特殊修正而获得。

_____

① 《精神现象学》(*The Phenomenology of the Mind*),J. B. Baillie 译,第 2 版(London,New York,1931),页 94。为使黑格尔评论的意图更明确,我对译者的译文略有改动。更精到的分析请参见 Jacob Klein,《希腊逻辑与现代代数学的起源》(*Die griechische Logistik und die Entstehung der modernen Algebra*),"数学史、天象学史和物理学史的资料与研究"(Quellen und Studien zur Geschichte der Mathematik, *Astronomie und Physik*),第 3 卷,第 1 分册(Berlin,1934),页 64 - 66,第 2 分册(Berlin,1936),页 122 以下。亦参氏著"现象学与科学"(Phenomenology and Science),收于 *Philosophical Essays in Memory of Edmund Husserl*,Harvard University Press,1940,页 143 - 163。

不仅是现代哲学相对于古典哲学的"独立性",而且是这种"独立性"的特殊性质,解释了下述事实:现代哲学必须辅之以一种本质为哲学的哲学史。中世纪哲学也"独立"于古典哲学,但它并不需要哲学史作为其哲学研究的组成部分。例如,一名中世纪哲人研究亚里士多德的《政治学》时,并不是在从事一种历史研究。对他而言,《政治学》是一个权威文本。亚里士多德就是哲人,因此,《政治学》的教诲原则上就是真正的哲学教诲。无论在细节上,还是在将这种真实的教诲运用于亚氏不可能预见的环境时,中世纪哲人如何偏离了亚里士多德,他的思想根基依然是亚里士多德的教诲。那一根基永远向他敞开着,与他同处一个时代。中世纪哲人的哲学研究当同于对亚里士多德教诲的充分理解。正是出于这一原因,他不需要为了理解自己思想的根基而进行历史研究。在现代哲学中,哲学思想与其根基的同时代性已不复存在,正是这一欠缺可以说明,现代哲学何以最终在本质上转变为一种历史哲学。现代思想的一切形式,直接或间接地受进步观念决定。这种观念意味着,最基本的问题可以一劳永逸地解决,这样,后人就无需再做进一步探讨,他们只需在已经打好的地基上添砖加瓦。就这样,基础被覆盖了。确保其稳固的唯一必要的证据,似乎就是那个矗立于上的不断上升的建筑物。然而,鉴于哲学不仅要求如是理解的稳固,而且要求明晰与真理,一种特殊的探究就变得有必要,其目的在于保持回忆并追问进步所掩盖的基础。这样的哲学探究属于哲学史或科学史。

我们必须区分传承的知识与独立获得的知识。通过传承的知识,我们了解到,一个人的哲学或科学知识来自前人,或更宽泛地说,来自他人;通过独立获得的知识,我们了解到,一个成熟学者获得哲学或科学知识的方式是,尽可能对这些知识的视域和预设完全敞开,不偏不倚地与他的主题交流。根据进步的信念来看,这种区分逐渐丧失了至关重要的意义。例如,当谈到"知识体"或"研究结果"时,我们会默默地把传承的知识与独立获得的知识归在相同的认知地位上。为了抵消这一倾向,需要采取一种特别的做法,以便通过复苏传承知识的原初发现,将其转变成真实的知识,并区分出所谓的传承知识的真实要素与虚假要素。通过哲学史或科学史,这种真正的哲学功能才能得到实现。

倘若我们出于必要而将历史主义运用于它本身,我们就必须根据现代思想(或更准确地说,现代哲学)的特殊性质来解释历史主义。在这样做时,我们注意到,现代政治哲学或政治科学与前现代的政治哲学或政治科学不同,它需要政治哲学史或政治科学史作为自身研究的组成部分,因为,正如现代政治哲学或政治科学承认乃至强调的那样,在相当大的程度上,它由传承的知识构成,而这些知识的根基不再是同时代的,或者说,不再唾手可得。对这一必要性的认识不能被误作为历史主义。因为历史主义声称,哲学问题与历史问题的融合,本质上标志着一种超越"幼稚的(naive)"非历史哲学的进步,但我们仅限于主张:这种融合在已表明的限度中,不可避免地建立在现代哲学的基础之上,而现代哲学既不同于前现代的哲学,也不同于"未来的哲学"。

海德格尔式存在主义导言

丁耘 译

存在主义一直提醒许多人,如果思想着的存在者、思想着的个体遗忘了作为他所是的他自身,那么思想便不完全并有缺陷。这是古老的苏格拉底警告。试比较一下《泰阿泰德》(*Theaetetus*)中的忒奥多罗斯(Theodorus):这个纯然客观的人完全迷失于沉思数学对象;对于同伴和他自己,特别是自己的缺陷,则一无所知。理论人并非一个纯粹心智,并非查读仪表指针(pointer-reading)的观察者。诸如"我是什么(What am I)"、①"我是谁"这样的问题,就无法由科学回答,因为那样将意味着,有一些遗忘了自身的忒奥多罗斯们已经用科学方法掌管了人类灵魂的边界。因为如果他们未曾这么做,如果其结果必定具有临时性和假设性,那么除了科学知识的代价与虚荣以外,我们通过忠实地考察我们自身与我们的处境而发现的东西,几乎不可能比科学更有裨益。

存在主义是一派哲学思想。这个名称与柏拉图主义、伊壁鸠鲁主义和托马斯主义不同。存在主义就像实用主义或实证主义一样,是一种不标人名的运动。但这是假象。存在主义最重要的意义归功于一个人:海德格尔。海德格尔独自一人便引发了哲学思想中如此彻底的一场转折,它正使德国和欧陆所有思想发生革命,并甚至

---

① [译注]在英文中此表述常用来询问某人的"志业"。

开始波及盎格鲁－撒克逊思想。对于这个后果，我并不感到惊奇。我记得1922年他给我的印象，当时我作为一个年轻的哲学博士第一次听他讲课。在那以前，和德国不少同代人一样，我受韦伯的影响特别大：因为他毅然地献身于理智诚实，因为他热情地献身于科学观念——这种献身夹杂着对科学意义的深刻不安。当我从海德格尔曾经授课的弗莱堡一路北上，在美茵河畔的法兰克福，我拜访了罗森茨威格（Franz Rosenzweig）——后来，博洽之士谈起存在主义时总要提到他的名字——并跟他讲起了海德格尔。我对他说，在我看来，比起海德格尔，韦伯在精确性、试探性与天资方面简直像个"弃儿"。以前我从未见过谁在解释哲学文本时如此认真、深入与专注。我听过海德格尔对亚里士多德某些篇章的解释，不久以后我又在柏林听了耶格尔（Werner Jaeger）解释同样的篇章。出于善意，我必须打住比较，最后只好说没什么可比性。渐渐地，海德格尔发动的思想革命攻势唤醒了我和我们这一代。我们知道，自黑格尔以来，世界上还不曾有过这样的现象。他在极短的时间内就成功地废黜了德国那些已建立起来的（established）哲学派别。海德格尔与卡西尔（Ernst Cassirer）曾经在达沃斯（Davos）有过一场著名的论辩，这场论辩让所有长眼睛的人看到了已建立起来的学院哲学的这位声名卓著的代表人物的失败和贫乏。卡西尔曾师从新康德派宗师柯亨（Hermann Cohen）。柯亨曾经详尽阐发出一个以伦理学为中心的哲学系统。卡西尔把柯亨的系统变形为一个新的哲学系统，伦理学在这个新系统里彻底消逝。这个新系统已然默默地被忘却：卡西尔没有直面问题。海德格尔直面了问题。他宣告伦理学不可能，而他的整个存在都渗透着这样一种意识：这个事实敞开了一个深渊。

　　海德格尔崭露头角之前，当时最杰出的德国哲人——我得说，惟一的德国哲人——是胡塞尔。海德格尔对胡塞尔现象学的批判变得相当紧要：其之所以如此，正因为这个批判在于把胡塞尔自己的问题和提问进行一种极端化。要而言之，胡塞尔曾对我说（当时我已经受过马堡新康德主义学派的训练），新康德主义诸学派比所有其他德国哲学流派都要高明些，但其错误在于[他们造房子]从屋顶开始。他的意思如下。马堡新康德主义的首要论题是科学分析。但胡塞尔教导说，科学源于我们关于实事世界（the world of things）的原初知识：科学并不是人对世界之理解的完美典型，而是对那种前科学理解的一种特定改造。科学如何从前科学理解中充满意义地起源，这是个问题：首要论题是对前科学世界进行哲学理解，于是首先便是分析被明显感知（sensibly perceived）的事物。在海德格尔看来，胡塞尔自己也从屋顶开始[造房子]：就连被明显感知的事物本身也具有派生性；并非首先有了被明显感知的事物，然后这些事物再处于被评价的状态或对我们发生影响的状态。我们对世界的原初理解并非把事物理解为客体，而是理解为希腊人所谓的麻烦事（pragmata）。胡塞尔分析前科学理解的世界时所处的视域，是作为绝对存在者的纯粹意识。海德格尔指出如下事实来质疑此路向：属于纯粹意识的内在时间必定有限度，甚至由人的有死性所构成，如果抽离于这一点，便无法理解这种时间。

海德格尔在1920年代后期及1930年代早期对德国产生了影响，很快他也对整个欧洲大陆产生了同样的影响。除了新托马斯主义与或粗糙或精致的马克思主义，现在已经不再有什么哲学立场。所有理性的自由哲学立场全都丧失了其重要性与力量。人们可以对此表示哀叹，可是我个人确实无法坚守那些已被认为不充分的哲学立场。我们恐怕必须做出相当大的努力，为理性自由主义找到一个坚实基础。只有一位大思想家能帮助身陷智识困境的我们。但有个大麻烦：我们时代惟一的大思想家是海德格尔。

　　当然，惟一要紧的问题是，海德格尔的教诲真伪如何。但这个问题也带有欺骗性，因为它回避了资格（competence）问题——即谁有资格来判断。也许，只有大思想家才真正有资格判断大思想家的思想。海德格尔区分了哲人与那些将哲学等同于哲学史的人。换言之，他区分了思想家与学者。我明白自己只不过是个学者。但我还知道，绝大多数自称为哲人者大都充其量是学者。学者在根本上依赖于伟大思想家们的作品，伟大思想家们直面问题，不屈从于任何权威。学者则谨小慎微：持守法度（methodic），并不大胆（bold）。学者不会像伟大思想家们那样，逐渐超出我们的视线，遁隐在我们难以企及的高峰与雾霭之中。然而，虽然伟大思想家如此大胆，他们还是比我们谨慎得多；在我们确信为根基之处，他们看到了陷阱圈套。我们学者们活在有魔力的圈子里，活得逍遥（light-living），仿佛荷马的诸神——大思想家们保护我们不受某些问题侵扰。正是由于伟大思想家们看法不一，学者才有其存在之可能。他们的不一致使我们有可能去推敲他们的差异——揣度他们之中谁更有可能正确。我们或许认为，过往的伟大思想家已经穷尽了所有相互抗衡的倾向。我们或许会试着把他们的学说分类，就像某种植物标本分类那样，我们会认为自己正处于有利地位俯视它们。但我们无法排除这样一个可能：未来还会产生其他大思想家（例如在 2200 年的缅甸），其思想的可能性未为我们的分类纲要所提供。由于谁我们才会相信已经发现了人类可能性的极限？简言之，我们所做的不过是思索我们从伟大思想家那里领会到的些许东西。

我把这用于我在看待海德格尔时所处的情况。我在欧洲见到一位著名心理学家,一位长者,他曾对我说,在他看来,还无法判断海德格尔工作的意义以及真相。海氏的工作在其智识方向上变化如此激烈,以致需要相当长的时间才能——哪怕以最低限度的恰切性——理解这一工作的意义。我对海德格尔关切的东西理解得越多,便越是清楚有多少东西我仍未领会。我所能做的愚不可及之事,就是闭眼不看或干脆拒绝他的作品。

这么做有个并非完全不值得尊重的正当理由。海德格尔在1933年成了个纳粹分子。对于一位生活在伟大高度——这一高度远远高于政治这样的低处——的人来说,这一点不能归结为单纯的判断错误。任何人只要曾经阅读过他的第一部伟大著作而又不曾只见木不见林,都能看出海德格尔和纳粹思想在气质和取向上的亲缘关系。蔑视合理性、颂扬果敢性的实践意义(亦即严肃意义),除了鼓励那个极端主义运动还能是什么?1933年,海德格尔成了弗莱堡大学的校长(rector),当时他曾做过一个就职讲演,在讲演中他认同了那场横扫德国的运动。在海德格尔的新近出版的著作的护封上,不时出现其著述的所谓完整目录,他还没有勇气在这些目录中提及那篇讲演。1953年他出版了《形而上学导论》(*Introduction to Metaphysics*),①此书由1935年的若干讲演构成,海德格尔在其中谈到了民族社会主义(National Socialist)运动的伟大与尊严。海德格尔在1953年写的序言里面说,所有的错误都已经改过来了。在某种程度上,海德格尔的例子让人想起尼采。尼采当然不曾站在希特勒这边。然而在尼采思想与法西斯主义之间,存在着无可否认的亲缘关系。如果一个人像尼采那样,为了一种新贤良政制,富有激

---

① [译注]中译本参熊伟、王庆节译,北京:商务印书馆,1996。

情地拒斥保守的立宪君主制以及民主政制,那么比起新的贤良方正之人——不用说什么金发野兽——品性的必然更为微妙的暗示,倒还是那一拒斥行为的激情产生了更大的效果。

反对上述运动的富有激情的政治行动完全合乎情理,但却不够充分。它甚至在政治上也不够充分。难道不存在威胁民主制的危险,不仅无外患而且无内忧?民主制、工业大众民主制难道没有问题?民主制那具有温情脉脉合理性的官方高级教士们恰恰不够合乎情理,以致无法应付我们当前的处境:欧洲的没落、西方乃至整个西方文明遗产面临的危险——这个危险至少与基督教纪元 300 年左右地中海文明遭遇的威胁一样大,甚至较之更加严重。尼采曾经描述过 19 世纪下半叶欧陆发生的变化。晨祷已代之以晨报:不再每天都是同样的东西,不再每天都是对人的绝对职责和崇高使命的相同提醒,而是每天都有并不提醒什么绝对职责和崇高使命的新玩意;专业化,对于越发琐屑之事知道得越来越多;现实中不可能专注于为数很少却彻底左右人的整全性的本质事物;用一种虚假的普遍性、用各种各样缺乏真正激情的兴趣与好奇作为刺激来弥补专业化;普遍的非利士主义(philistinism)①和蔓延的因袭主义(conformism)所带来的危险。

请允许我用片刻工夫看一看犹太人问题。以色列的高贵简直并非赞美之辞所能穷尽,这是知道自己从何而来的当代犹太人的惟一亮点。但以色列并未给犹太人问题提供什么解决方案。"犹太 – 基督教传统"吗?这意味着模糊并且掩盖重大差异。看来要搞文化多元主义,只有付出抹去一切边界的代价。

假如民主制的批评者——哪怕他们是民主之敌——是一些思

---

① ［译注］等于说庸俗主义,源出圣经《出埃及记》,13:17。

想者(特别是伟大的思想家),而非大言不惭的傻瓜,那么我们避而不听他们的声音,就完全不配做思想着的存在者。

存在主义诉诸某一种经验,即焦虑(anguish)或者说畏(angst),①并将其视为某种基本经验,一切都必须借助它得到理解。拥有这一经验是一回事,把它看成基本经验则是另一回事。这就是说,经验自身并不能保证其基本性。它只能由论证来保证。这个论证或许不可见,因为它隐含在我们时代公认的东西里面。所公认的东西可能隐含着——但也只是隐含着——一种根本的不安,它被模糊地感受到,却没有人直面它。既然有了这样一个语境,存在主义所指涉的经验便显现为一种启示,显现为真正的(the)启示,显现为对根本不安的本真解释。但这里还需要某些我们时代同样公认的东西:必须把那模糊地感受到的不安,看成对人(而不仅仅是当今的人)而言具有本质性的东西。但这一模糊地感受到的不安分明是个当今现象。不管怎样,让我们假设这一不安体现了以往的一切时代所思想过的东西,或者这一不安就是其后果。这样,模糊地感受到的不安便是所有先前人类努力的自然结果;回归对这一不安的古老解释则不可能。于是,这便是如今普遍接受的第二个看法(除开模糊地感受到却未受到直面的根本不安);这第二个要素就是进步信念。

我已经提到了那句名言:关于越发琐屑之事我们知道得越来越多。这是什么意思呢? 意思是现代科学并未遵守它自诞生之日起

---

① [译注]anguish 指极度的身心痛苦或折磨,词源是拉丁文 angustia[狭窄、紧张]。angst 是日耳曼语,指畏惧,对生命(生活)的整体焦虑;英语引进此词后,主要用后一义项。

直到 19 世纪末一直持有的诺言:它将向我们揭示宇宙的真实性质以及关于人的真理。你们会发现,《亚当斯的教育》(*The Education of Henry Adams*)①这份具有纪念意义的文献,记录了科学在性质和主张方面的变化,这一变化在上世纪快终了时为普通公众所觉察,且从那以后在深度和广度上一直迅猛发展。你们都知道这样一个断言,通常不允许科学家尤其是社会科学家下价值判断。这当然意味着,虽然科学已经在前人做梦也没有想到的种种方面增进了人的权能,它却绝对无法告诉人们如何运用这权能。科学无法告诉人哪一种运用权能的方式更智慧些:智慧仁慈地运用呢,还是愚蠢残酷地运用。由此可知,科学无法建立其自身的意义性,也无法回答这样的问题:科学好不好,科学在什么意义上好。我们面对着一个庞大的装置,其体量不断增长,其自身却没有意义。如果某位科学家说,正如歌德笔下的靡非斯特(Mephisto)也曾言及的那样,科学与理性是人的最高权能;那么他会被告知,他不是作为科学家说这番话,他在做价值判断,从科学观点看,这种判断完全无法得到保证。有人曾谈到远离科学理性。这种远离不能归于任何反常(perversity),而只能归于科学自身。我仿佛记得有人做过如此论证:否认科学或者理性的价值判断之可能性,意味着承认所有的价值都平等;而这又意味着,尊重一切价值、普遍宽容,乃是科学理性的命令。但这样[做论证]的时代已经过去。当前我们听到的是:从一切价值的平等中不可能引出任何结论;对于我们在科学发现中引出理性结论这种做法,科学并不提供正当理由,当然也不禁止。有假设说我们应当理性地行动,因此应当转向科学去寻求可依赖的讯息,这

---

① [译注]参《亨利·亚当斯的教育》,周荣胜等译,北京:中国社会科学出版社,2003。

种假设完全在科学本身的视域、旨趣之外。远离科学理性乃是科学远离理性的结果,亦即远离如下构想的结果:人是理性的存在者,如果他并未理性地行动,那他就败坏了(perverts)他的存在。更不用说,一种不允许价值判断的科学,已经不再可能谈论进步,除非这所谓的科学进步与人无关:变化概念已经顺理成章地取代了进步概念。如果科学或理性无法回答"为什么要科学"的问题,那么科学或理性实际上在说,对科学的选择并不是理性的:人们同样有权选择令人愉悦的或者以别的什么方式令人满意的神话。况且,科学不再将自身设想为人类心智的完美典型;它承认,它建立在基本假设的基础上,这些假设永远只是假设而已。科学的整个结构并不依赖于明显的必然性。如果情况确实如此,那选择科学取向与选择其他取向都一样没有根基。但这无非意味着,持反思态度的科学家发现,其科学的根基、其选择科学的根基原来竟是无根基的选择——竟是一个深渊。因为,在科学取向与另一种取向之间进行选择,对这种选择的一种科学解释已经预设了对科学取向的接受。根本自由是惟一非假设性的东西;其他一切全都立足于这个根本自由上。我们已然身处存在主义之中。

有人也许会说,科学,以及贫乏而愚昧的实证主义,凭其自身当然无助于反击存在主义的进攻。但我们并没有一种理性哲学,足以拾起科学和实证主义把握不住的头绪,对这种理性哲学而言,诗性的、情绪化的存在主义不足为敌。我本人已经考察了很久——我在哪里能找到这样的理性哲学呢?如果把新托马斯主义者撇开不算,今天我在哪里可以找到这样的哲人,他敢于宣称自己拥有真的形而上学、真的伦理学,它们用一种理性的、普遍有效的方式向我们揭示存在者的本性与好生活的特性呢?自然,我们可以拜倒在古老的伟大哲人——尤其柏拉图与亚里士多德——脚下。但是,谁敢说柏拉图的形相（ideas）学说（如柏拉图所暗示的那样）或者亚里士多德的心神（nous）学说（心神仅仅思想它自身，并且本质上与永恒的可见宇宙相关）便是真实的教诲？难道那些像我本人这样愿意拜倒在古老哲人脚下的人，不曾冒无主见的折中主义之险吗？有人有足够的能力来提醒我们这些折中者，每个堪称伟人的思想家的特性便是目标和灵感的独一无二；对于这些提醒者来说，我们的折中主义经不起轻轻一碰。考虑到以往那些伟大思想家之间深刻的不一致，我们是否有可能将问题上诉到他们那里，而又不会抹除一切轩轾？结果，传统哲学的位置逐渐被另一种东西取代，后者在其诞生的国家里被称为世界观学说（Weltanschaungslehre）。

在这条总路向中，人们承认，我们无法参照来自任何一位过往伟大思想家真实的形而上学教诲或伦理学教诲。人们承认，存在着N种回答根本问题的方式，存在 N 种柯林武德（Collingwood）所谓的绝对预设，而不能说其中的哪一种在理性上优越于其他任何一种。这意味着抛弃理性哲学一向所理解的那个真理观念。这意味着，就像社会科学的情况一样，选择这些预设中的任何一个都没有根基，并再次把我们引向自由之深渊——更不消说这样一个事实：任何具有如此博综性视角的学说都预设，种种根本可能性都是现成的，或者根本的人类创造性已到尽头。况且，在如下两方之间存在着一种彻底不相称：一方是具有比较性视角的分析者，他没有直面根本问题，甚至没有在其原本意义上认识这些问题，亦即仿佛仅仅指向一种回答；另一方则是伟大思想家们自己。在这位分析者与伟大思想家们之间隔着一道鸿沟，划出这条鸿沟的，正是这位分析者关于原本的哲学自身之乌托邦性质的佯知（pretended knowledge）。他宣称，如果将伟大思想家的教诲分门别类，那么他有能力像伟大思想家所期待的那样、像伟大思想家本应被理解的那样去理解他们；此时,我们怎么可能相信他?我们特别对哲学史有了足够的熟悉,以便不被这样的虔敬希望欺蒙一时:虽然理性哲人们在一切其他方面会有深刻的不一致,但是关于人的行为,他们将很高兴地达成共识。博综性视角的学说发现自身处于困境,只有一条可能摆脱困境的方法,那就是在人的灵魂——或更普遍地说即人类状况——中发现各种比较性视角的根基。如果谁采取了这不可或缺的步骤,那他便已经又一次踏在存在主义的门槛上了。

存在着另一种非常通行的解决所谓价值问题的方法。据说我们必须接受价值,而对我们来说,接受我们社会的价值自然而然。但如果科学自身的意义依赖于价值,那么我们的价值便是我们的最高原则。于是,不可能忽略我们社会的原则与我们社会之间的关系,也不可能忽略原则对社会的依赖。这意味着,一般而言,原则——即所谓范畴体系或者诸本质——最终植根于具体事物,植根于实存事物。实存先于本质。如若不然,当人们说(打个比方)廊下派(Stoic)自然法教诲植根于或关系到希腊城邦(polis)的衰亡与希腊帝国的兴起,这话有什么意思呢?

有时人们试图回避"我们不得不接受我们社会的价值"这一说法所暗含的困难。对于认真的人而言,这完全不可能。我们不禁要追问我们社会种种价值的价值。接受我们社会的价值,就因为它们是我们社会的价值,这简直意味着逃避自身的责任;这意味着没有面对处境,也就是没有面对这样一个事实:每个人都不得不做出自己的选择;这意味着逃避自我。接受我们社会的价值,就因为它们是我们社会的价值,这样解决我们的问题意味着把非利士主义当做一项义务,意味着让自己无视真实的个人与伪君子之间的差别。

当前人们感受到但没有直面的不安,可以用一个词来表达:相对主义。存在主义承认相对主义的真实性,但它也意识到相对主义远非解决办法,甚至连缓解都不是,而是致命的东西。存在主义便是认真的人对自身相对主义的反应。

因此,存在主义始于这样一种认识:我们发现所有客观的、理性的知识之根基乃是一个深渊。最终,支持着一切真理、一切意义的别无他物,只有人的自由。客观地看,最终只有无意义性、虚无。在焦虑(anguish)中可以体验到这种虚无,然而这一体验无法找到一种客观表达,因为无法超然地作出这种表达。人自由地创制意义;他创制了视域、绝对预设、理念、筹划(project),理解和生命在这些东西之中得以可能。人之所以为人,乃由于这样一种构造视域的(horizon-forming)筹划,由于一种无支持的筹划,由于一种被抛的(thrown)筹划。更确切地说,人一向生活在这样一种视域之中,而对其特性无所意识;他将其世界仅看作所与(given),也就是说他已经迷失了自己;但他能够从这种迷失状态中召回自己,并对他以一种迷失的、非本真的方式所具有的东西担起责任。人在本质上是一种社会存在者:做一个人意味着与其他人相处。以一种本真的方式存在(to be)意味着以一种本真的方式面对他人而存在:对自身真实,而又对他人虚假,这不协调。于是,似乎可能存在一种实存性(existential)伦理学,然而它只能是一种严格的形式性伦理学。无论如何,海德格尔从不相信可能存在一种伦理学。

做一个人意味着存在于世界之中。本真地存在意味着本真地存在于世界之中;意味着把世界之内的事物当作纯然事实性的东西接受下来,把一个人本己的存在(one's own being)当作纯然事实性的东西接受下来;意味着毅然自冒风险,蔑视虚假的确定性(而且一切客观的确定性都是虚假的)。只有人以这种方式存在,这个世界中的事物才向他揭示出它们自身之所是。关注客观确定性必然把视域弄得狭窄。其结局是,人在他自身周围拉起一张人造罗网,这网向他掩盖了那深渊;如果他想真正具有人性,他就必须意识到那个深渊。危险地生活意味着裸露地(exposedly)思想。

我们最终面对的是单纯的实然性(facticity)或偶然性(contingency)。但是,难道我们不是能够甚至被迫提出关于我们自己及世间万物之因的问题吗? 诚然我们不禁追问何所来与何所往,或者追问整全。可我们不知道也无法知道何所来。人无法基于整全、基于自身的来源或者终结来理解自身。这种无可救治的无知乃是人类迷茫的基础,或是人类处境的核心。有了这一断言,存在主义就恢复了康德设想:存在不可知的自在之物,而且人有能力领会这一事实,即人的自由以客观知识为界限,并作为客观知识的根基。但在存在主义那里则没有道德律,也没有另一个世界。

于是有必要尽可能充分地显明人类存在的特性;有必要追问"什么是人类存在";有必要探明人类存在的本质结构。海德格尔将这种探究称作生存(Existenz)分析论。海德格尔一开始就将生存(Existenz)分析论设想为根本存在论(ontology)。这意味着他重新接续柏拉图和亚里士多德的问题:存在(Being)是什么? 一切存在者(being)被视为存在(to be)的依据是什么? 海德格尔和柏拉图、亚里士多德的一致之处不仅在于,存在(to be)是什么这一问题是根本问题;而且在于,这个根本问题必须首先向那种以最突出或者最权威的方式存在(is)的存在者提出来。然而,虽然照柏拉图和亚里士多德的看法,最高意义上的存在(to be)意味着永远存在(to be always),可海德格尔主张,最高意义上的存在(to be)意味着生存(to exist),也就是说以人存在(is)的方式去存在(to be):最高意义上的存在(to be)由有死性构成。

于是哲学就成了生存(Existenz)分析论。生存分析论揭示了生存的本质结构与不变特性。那么,撇开内容上的差异,新哲学便是客观的、理性的哲学吗? 就可与康德关于主体性的先验(transcendental)分析论相提并论了吗? 难道新哲学没有同样表现出绝对知识、完整知识、终极知识、无限知识的特性吗? 没有——新哲学必然建立在一个特定的生存理念上。无法从一个中立的视角分析生存;为了向生存现象敞开,人们本来必须做出一个不受检审的选择。人是一个有限存在者,不能拥有绝对知识;他对其自身有限性的知识也有限。也许有人会说,约束(commitment)只能被这样一种知性(understanding)所领会(understood):这种知性自身是受到约束的,或者它就是一种特殊的约束。也许,生存哲学是一种关于主观真理的主观真理。一般而言,一直引导着理性哲学的是在真实的客观事物和作为意见的主观事物之间所做的区分(或者这一区分的等价物)。根据存在主义,先前所谓客观的东西显得流于表面(很成问题);而先前所谓主观的东西显得深刻、坚定——这种看法所凭借的是这样一个理解:不存在什么不容置辩的东西(apodicticity)。

海德格尔的伟大成就是有条理地揭示了生存的经验,这种揭示建立于生存(existing)经验之上。基尔克果曾经谈论过生存,但还是在传统视域之内,也就是在对本质与生存的传统区分之内。海德格尔则试图出于生存本身来理解生存。

但生存分析论遭遇了严重的困难,这些困难最终导致海德格尔找到一个全新的基础,亦即与存在主义决裂。这里我应当提出若干这样的困难。首先,海德格尔要求哲学完全从传统的或者承继下来的想法中解脱出来,这些想法只是过往思想方式的残余。他特别提到了源于基督教神学的概念。然而他对生存的理解明显具有基督教来源(良知、罪、向死而在、焦虑)。其次,生存分析论建立在特定的生存理念之上,这一事实使人追问这个分析根本上是否并不武断。第三,生存分析论的顶点是这样一个断言:最高形式的知识是关于有限性的有限知识;然而,如果不借助无限性,如何才能把有限性看成有限性呢? 或者换一种说法,据说我们无法知道整全;可这不是必然预设了对整全的意识吗? 霍金(Hocking)教授对这些困难作出如下简洁表述:绝望(désespoir)预设了希望(espoir),而希望预设了爱:那么,爱(而非绝望)不正是根本现象吗? 那么,人最终所爱者——上帝——不正是最终根基吗? 海德格尔对自己的这些反驳,根本上同黑格尔对康德的反驳如出一辙。海德格尔与他自己的存在主义的关系一如黑格尔与康德的关系。上述困难似乎会导致这样的结果,即人无法逃避形而上学:柏拉图和亚里士多德。海德格尔拒绝这个结果。不可能重返形而上学。但需要在一个完全不同的层面上对形而上学意指的东西做些重复。生存不可能是·条线索,用来领悟一切存在者(beings)借以存在(are)的东西。毋宁说,必须借助一切存在者借以存在的东西,生存才能得到领悟。这么看来,生存分析论似乎仍有几分现代主观主义的色彩。

　　我已经把海德格尔之于存在主义的关系同黑格尔之于康德的关系相提并论。可以说,黑格尔是第一位意识到其哲学从属于其时代的哲人。海德格尔对存在主义的批评因而可以表述如下。存在主义自称是对人本质特性的洞见、终极洞见,这样它便属于终极时间、属于时间之完满。然而存在主义否认时间完满的可能性:历史过程不可完结;人是——并将一直是——一个历史的存在者。换言之,存在主义自称是对人之历史性的理解,而它并未反思它自身的历史性,并未反思自己从属于西方人的一种特定处境。因此,有必要从基尔克果的生存个体(此个体无非藐视黑格尔基于普遍历史对人所做的理解)重返那种黑格尔式理解。可以把存在主义所属的处境视为自由民主制,或毋宁说,那是一种已经对自身、对自己的未来不那么肯定的自由民主制。存在主义属于欧洲的衰落。

这个洞见具有严重的后果。让我们回来看一看黑格尔。黑格尔的哲学自知属于一个特定的时代。作为哲学的完成或完美典型,黑格尔哲学属于时间的完成或完满。对于黑格尔而言,这意味着它属于后革命时代的国家,属于拿破仑治下统一了的欧洲:这个欧洲并不封建,提供平等机会,提倡自由创业,但处于一个强势政府治下——此政府不依赖于大多数人的意志,但却表达了作为每个人合理意志的公意(general will)。换言之:承认人的权利或者说承认每个人的尊严,有一个君主式国家元首,并由一流的、具有高度献身精神的公民事务机关(civil service)①来引导此元首。这样构造起来的社会是终极社会。正因为哲学的完成已经成为可能,历史便也已经终结了。密涅瓦(Minerva,[译注]古罗马智慧女神)的猫头鹰在黄昏来临时开始起飞。历史的完成是欧洲乃至西方衰落的开始;又因为所有其他文化都已然吸收到西方当中,那么历史的完成便也是人类衰落的开始。人类没有未来。几乎所有人都反对黑格尔的结论,而没人比马克思的反对更加有力。马克思指出后革命解决方案站不住脚,指出劳工阶级的问题及其所有隐含后果。一个世界社会的前景产生了,这个社会预设并永远确立了城镇对乡村或西方对东方的完全胜利;这个社会使每个人都可以发挥其全部潜能,其前提是人已经完全集体化。世界社会的人完全自由,之所以如此,最终的

---

①　[译注]现代国家诸行政部门的总称,包括军事、法律、选举等部门。civil 一词在现代相当背反,既指私权(民事权),又指公权(公民权)。

原由在于一切专业化、一切分工都已废除；一切分工一直被视为最终根源于私有财产。世界社会的人可以上午狩猎，中午绘画，下午搞哲学，太阳下山以后在花园里劳作。他是个地地道道的万事通（jack-of-all-trades）。

没有人比尼采更强有力地质疑这幅共产主义前景。尼采将共产主义式世界社会的人看成末人，也即人的极端堕落状态。无论如何，这并不意味着尼采接受了19世纪或者其后的非共产主义社会。同一切欧洲保守派一样，他在共产主义中看到的只是贯彻到底的（consistent completion of）民主式平等主义，只是贯彻到底的为了自由的自由主义诉求，这个自由并非"为了……的自由"，而只是"免于……的自由"。但与欧洲保守派相反，尼采又认为保守主义本身注定没落。因为一切仅限于防御性的立场都注定要失败。未来属于民主制和民族主义。而在尼采看来，这两者与他所设想的20世纪使命无法兼容。他把20世纪看成世界大战（这是全球统治的先导）的时代。如果人还有未来，这一统治将必由一个统一的欧洲来实施。他认为，这样一个铁血时代（an iron age）的重大使命无法由一个依赖民主式公众意见的软弱不稳的政府来完成。新局势召唤一个新贤良政制的出现。它必须由一个新贤良阶层、一个由新理念塑造的贤良阶层构成。这是他的超人设想最明显、因而也是最表面的意义：所有关于人类伟大的既往设想，都无法使人面对全球时代无限加重的责任。在可能出现的未来中，那不可见的统治者将是未来哲人。可以毫不夸张地说，还没有谁曾像尼采那样，将哲人之所是说得如此伟大和高贵。不可否认，比起尼采自己似乎曾考虑过的柏拉图的哲人，尼采描绘的未来哲人令人所想到的要更多一些。因为，虽然柏拉图跟尼采一样清晰地（也许比尼采更加清晰地）看到这里关注的层面，但他只暗示而非言明其最深层的洞见。但在尼采未来哲学与柏拉图哲学之间有个决定性差别。尼采的未来哲人是圣经的一个嗣子(heir),是对灵魂的某种深化理解(deepening)的一个嗣子,这种深化理解的启动归因于对一位神圣上帝的圣经信仰。与古典哲人不同,未来哲人将关注神圣事物。他的哲学探究在本质上将具有宗教性。这并不意味着他信仰上帝——圣经的上帝。他是无神论者,但这位无神论者期待着一位尚未现身的神。他已经与圣经信仰决裂,这尤其因为作为创世者的圣经上帝处于世界之外:与作为至高之善的圣经上帝相比,世界必然不够完美。换言之,在尼采看来,圣经信仰必然导致彼世性和禁欲。至高的人类美德取决于人保持或者变得彻底忠于大地;在世界之外不存在任何值得我们关注的事物,无论它是上帝或形相或原子——那些我们通过知识或者信仰可能确定的东西。对世界的这样一种根基——此根基外在于世界,或曰外在于我们生活于其中的世界——的一切关怀,都使人与此世分离。这样的关注植根于这一渴望:躲避现实令人骇异、使人迷惑的特性,并把现实减弱到人可以承受的程度。这样的关注植根于对慰藉的渴望。

第一次世界大战撼动了欧洲的根基。人们丧失了方向感。进步信仰衰颓了。惟一仍旧信仰其原动力的人们就是共产主义者。但这恰好向非共产主义者展示了进步的欺骗性。似乎还是斯宾格勒(Spengler)《西方的没落》(Decline of the West)可信得多。但如果止步于斯宾格勒的预测,那人们就只有变得没有人性。难道欧洲全无希望? 因之人类也毫无希望吗? 正是在这样的希望精神中,海德格尔反常地欢迎1933年。后来他逐渐失望并抽身而出。纳粹的失败教诲了他什么? 尼采希望,一个统一的欧洲将统治全球,而且通过统治全球这一崭新、超验(transcendent)的使命,欧洲不仅将获得统一,还将获得新生——这希望被证明是一种幻想。一个要么由华盛顿,要么由莫斯科控制的世界社会看来正在迫近。对于海德格尔而言,中心是华盛顿还是莫斯科无关紧要。美国和苏俄在形而上学上是一回事。对于他来说,至关重要的是,这个世界社会对他而言甚于噩梦。他称之为"世界的黑夜"。正如马克思曾预言过,这确实意味着一个空前城市化的、具有空前技术性的西方对全球的胜利——彻底的敉平和整齐划一(levelling and uniformity),丝毫不顾及这是产生于强力的压制,还是产生于大规模生产带来的肥皂泡沫般的广告。这意味着人类在最低水准上的统一、生命的完全空虚、毫无乐感(rhyme)或理性的自我不朽学说;没有闲暇、没有专注、没有超升(elevation)、没有淡泊;除了工作和娱乐,一无所有;没有个人,也没有集体,只有"孤独的人群"。

如何才能有希望?从根本上说,因为人内心总有某些东西无法由世界社会满足:对真诚、高贵、伟大的渴望。这渴望表达在人的种种理念中,可所有先前那些理念已被证明与那些并非世界社会的社会有关。古老理念不会帮助人们克服、削弱技术的权能。我们可以说:仅当有了一种世界文化、一种真正联合了所有人的文化,一个世界社会才能合乎人性。但没有宗教基础便永远不可能有一种高等文化:仅当所有人都真的由一种世界宗教联合起来,世界社会才可能合乎人性。但就所有现存宗教的实际权能而言,这些宗教的根基正为那种朝向一个技术性世界社会的进步所逐渐破坏。于是自发形成了一个现存宗教的公开或秘密的联盟,这些宗教得以联合仅仅是因为它们有共同敌人(无神论的共产主义)。这个联合需要它们向自己及世界隐瞒这个事实:它们彼此之间无法兼容——每个宗教都认为其他宗教的确高尚,但并不真实。人无法制造或编造一个世界宗教。人只能通过逐渐接受它才能为其做好准备,而只有他对自己及其处境思考得足够深入,他才会逐渐接受它。

技术使人的人性有毁灭之虞。技术是理性主义的结果,而理性主义则是希腊哲学的结果。希腊哲学是技术之所以可能的条件,因之也是技术所造成的困境的条件。如果对作为技术根源的希腊哲学——更不用说现代哲学了——没有实质性的限制,就无望超越技术性大众社会(mass society)。希腊哲学是理解整全之尝试。因而,它预设了整全可理知,或者整全的根基在本质上可理知,并处在人本身的掌控之中——这些根基永远存在(are),因此在原则上总是可被人通达。这观点便是人对整全的主宰之所以可能的条件。但从其最终结果看,那种主宰导致的是人的最终堕落。只有意识到了那在人类主宰之外的东西,我们才会有希望。要超越理性主义的界限,就需要发现理性主义的界限。理性主义的基础是对存在(being)的特殊理解,也就是说存在(to be)首先意味着在场,乃至现成在手,因之最高意义上的存在(to be)意味着永远在场,乃至永远存在。理性主义的这一基础被证明是个独断的假定。理性主义自身依赖于非理性、非明证的假定;理性主义虽看似权倾一时,却是空虚的;理性主义自身依赖于某种它无法主宰的东西。一种对存在(being)更恰切的理解为如下断言所暗示:存在(to be)意味着不可捉摸,意味着一种神秘。这是对存在的东方式理解。因是之故,东方并无主宰意志(will to master)。仅当我们变得能够向东方特别是向中国学习时,我们才能指望超越技术性世界社会,我们才能希冀一个真正的世界社会。可中国正屈服于西方理性主义。

海德格尔是惟一对世界社会这个问题的诸维度略有所知的人。

我们亟须东西方的交会。西方必须对克服技术性作出它自己的贡献。西方必须首先在自身之内寻回使这种交会得以可能的东西：它本己的至深根源，这根源先于其理性主义，也在某种层面上先于东西方之分。东西方之间的真正交会不可能在当今思想的水准上发生——也就是说不可能在东西方最浅薄时期的最吵嚷、最轻率、最浅薄的代表者之间发生。东西方之间的交会只能是二者最深层根源的交会。

西方思想家可以沉潜到西方的至深根源来准备那个交会。在西方内部理性主义的限度总是为圣经传统所发现。（这可以说明海德格尔早期思想中的圣经要素。）但对这一点必须正确地理解。圣经思想是东方思想的一个形式。把圣经绝对化，就堵塞了通向其他形式的东方思想的道路。然而圣经是我们西方人之内的东方。能够帮助我们克服希腊理性主义的不是作为圣经的圣经，而是作为东方事物的圣经。

西方思想的至深根源是对存在的特定理解、特定体验。对存在的西方特定的体验导致的结果是：诸根基之根基遭到遗忘，而且对存在的原初体验仅用于研究诸存在者。东方则一直以某种方式体验着存在，这种方式阻碍了对诸存在者的研究，并因此阻碍了人们关注对诸存在者的主宰。但对存在的西方式体验使关于存在的一以贯之的言说在原则上得以可能。通过令我们自身面对存在问题，面对关于存在的西方式理解的可疑性，我们得以接近东方的至深根源。"存在（Being）"一词所揭示的诸根基之根基将不仅是宗教的根基，甚至还会是任何可能的诸神的根基。由此方可开始理解一个世界宗教的可能性。

东西方交会依赖于一种对存在的理解。更确切地说，它依赖于领悟那诸存在者借以存在（are）的东西：与 entia、étants、beings 有差别的 esse、être、to be。① 整个存在(all being)的根基,特别是人的根基,据说是 Sein。除了海德格尔,每位作者都把 Sein 译解为 being。但对于海德格尔来说,一切都依赖于理解为动名词的 being 与理解为分词的 being 之间的截然不同,而在英语中动名词与分词无法区别开来。因此,下文我把相关的德文语词向希腊文、拉丁文与法文转译一遍之后,就用德文语词来行文:Sein 是 einai、esse、être;而 das Seinde 则是 on、ens、étant。② Sein 不是 das Seinde。但在对 das Seinde 的每一个理解中,都在无意间预设了我们在理解 Sein。人们不禁会用柏拉图式语言说,只是由于分有了 Sein,das Seinde 才存在。但在那种柏拉图式理解中,Sein 就是一个 Seinde。海德格尔通过这一点意欲何在? 我可以用如下方式来理解:Sein 不能用 das Seinde 来解释,正如因果性(causality)不能用因果关系(causally)来解释。有人曾经说过,Sein 取代了范畴(当然是在康德式意义上)。这种变化是必然的,因为范畴、范畴系统、绝对预设随着时代而变化。这种变化不是"进步",也不理性。范畴的变化无法通过或基于一种特定范畴系统来解释。但是,如果在变化之中没有什么东西持续着的话,我们便无法谈论变化。作为最根本思想之原因的那种持续者便是 Sein。按照海德格尔的看法,在不同的时代,Sein 给出或发送对于 Sein——因而也对于万物——的不

---

①　[译注]前三词分别是拉丁语、法语、英语中"是动词"的现在分词复数,均指"诸存在者";后三词分别是拉丁语、法语、英语中"是动词"的不定式,均指"存在"。下文谈到英语中现在分词 being 与动名词 being 无别,故此处提出与动名词相近的不定式(表示行为本身),以强调与分词(表示具体事物)的不同。

②　[译注]前三词中 einai 即希腊文"是动词"εἰμί的不定式εἶναι。后三词分别是希腊语、拉丁语、法语中"是动词"的现在分词单数,即"存在者",其中 on 即ὄν。

同理解。这不免令人误解,因为这暗示 Sein 只是由推衍而出。但我们通过对于 Sein 的体验来知晓 Sein。那种体验无论如何预设了一个跳跃。以往的哲人并未做出这种跳跃,于是他们的思想被刻画为对 Sein 的忽视。他们所思、思及的仅仅是 das Seinde。可除非基于对 Sein 的某种意识,否则他们无法思虑、思及 das Seinde;但他们没有注意到这点。这个过失不能仅仅归于他们的疏忽,还应归于 Sein 本身。Sein 的关键是一种特定形式的 Sein——人之 Sein。人是"筹划(Project)":每个人通过实行其自由、其对一种特定生存观念的抉择(即他选择一种筹划,或是未能如此),便得以是其所是。但人是有限的;其基本选择的范围受制于其处境,而此处境并不由他选择。人是一个"被抛(thrown)"到某处的筹划。Sein 借之被体验到的跳跃首先是意识到或接受被抛、有限性,是抛弃关于某种保护(a railing)、某种支持的一切想法。

以往的哲学尤其希腊哲学,都遗忘了 Sein,这正因为它没有建立在那种体验的基础之上。希腊哲学由一种 Sein 观念引导,依此观念,Sein 意味着现成在手、在场,因而(Sein 在最高意义上)是永远在场,是永远存在。与此相应,希腊人及其后继者将灵魂理解为实体(substance)、一个东西,而不是理解为一种自我(self);如若它真的是一种自我,如若真实可靠,而不仅仅轻浮或浅薄,那么它就立足于对作为"被抛"之筹划的意识与接受。没有筹划,没有一种生存观念以及对此观念的献身,就不可能有那种并不仅仅轻浮或浅薄的属人生活;"生存之观念"取代了关于好生活的可敬意见。但意见指向知识,而生存观念暗示着,在这方面不可能有知识,只可能有远高于知识的东西(也就是关于所是[what is]的知识),即筹划或决断。整个存在——特别是人——的根基乃是

Sein；这一诸根基之根基与人同在，因而并非永久（sempiternal）或永恒（eternal）。但如果这样，Sein 便不能是人的全部根基：人的出现（emergence），与人的本质（essence）不同，需要一个异于 Sein 的根基。换言之，Sein 并非事实之根基。如果我们试图彻底地理解任何事物，我们就得应对事实性、无法回溯的事实性。如果我们把人的事实（即人类存在）追溯到其原因和条件，以此来理解这一事实，那么我们会发现这整个努力都受制于一种对 Sein 的特定理解，受制于 Sein 所给予或发送的一种理解。这么看来，人的状况堪比康德的自在之物，关于自在之物我们根本无法言说，尤其无法言说它是否包含了任何永久之物。海德格尔提到了这样一个答复：人们无法谈及在时间上先于人的任何存在者，因为仅当人存在时，时间才存在或发生。本真的或原初的时间仅仅存在于或产生于人之中。宇宙时间、计时仪可度量的时间是第二性的或派生性的，因而在根本性的哲学思考中，无法诉诸或运用这种时间。这个论证让人想起某个中古论证，据彼论证，世界在时间上的有限性可与上帝的永恒性与不可变性相兼容，因为时间依赖于运动，若没有运动，本不能有时间。但是，谈论"创世之前"以及——就海德格尔而言——谈论"人出现之前"看来仍有意义，甚至必不可少。看来，人无法回避如下的问题：人的出现、Sein 的出现是什么造成的，令人和 Sein 从无到有之物（what brings them out of nothing）的出现又是什么造成的；因为 ex nihilo nihil fit［无中不能生有］。对于海德格尔来说，这是个巨大的问题。他说，Ex nihilo omne ens qua ens［一切存在者均由无而有（has being）／而现（comes out）］。① 这会让人想起从无中创世的圣经学说，可海德格

---

① ［译注］方括号内文字为施特劳斯所加。

尔那里没有创世主上帝的地位。

按照海德格尔的理解，Esse 可以被粗鲁地、肤浅地甚至误导性地(但也并非全然误导性地)描述为柏拉图式形相和圣经上帝的一种综合：它既像柏拉图式形相那样具有非人格性，也像圣经上帝那样难以捉摸。

社会科学与人文素养

曹聪　译

　　如今人文素养①被理解为一方面与科学截然不同，另一方面也与公民技艺（civic art）判然有别。我们由此得到暗示，诸社会科学的成形有赖于科学、公民技艺与人文素养，或者诸社会科学存在于科学、公民技艺与人文素养的相遇之处，甚或就存在于它们的交汇之处。我们来细想一下这种相遇可以如何理解。

　　在上述三要素之中，只有科学与人文素养可以说是在学术生活中有所归宿（at home）。科学与人文素养的关系并不总是友好。我们都知道，有些科学家蔑视或忽视人文素养，也有些人文学者蔑视或忽视科学。为了理解科学与人文素养之间的这种冲突、紧张和差异，我们最好还是先暂时回顾一下 17 世纪，现代科学就在那个时代进行了自我建构。那时，帕斯卡尔（Pascal）曾对比几何精神（即科学精神）与 敏感（finesse）精神。要界定这个法语语词，我们可以参考诸如此类的语词：微妙、优雅（refinement）、得体、精致、感性（perceptivity）。科学精神的特征是超然、有力，这些特征都根源于简单性或简单化。敏感精神的特质是依恋或爱以及宽大。科学精神遵

_____

　　① ［中译编者注］"人文素养"原文为 humanism，指人文主义，亦特指文艺复兴时期的古希腊罗马学术研究，但不等于 humanities［人文学科］。在本文中，这个词语特指一种人文心性或素养，与人文科学的教育相关。

从的那些原则与常识不容。与敏感精神有关的那些原则往往在常识范围之内,然而它们几乎不可见;我们感觉得到它们,却看不见。倘若我们以它们作为推理的前提,那么在这样的意义上它们无效。敏感精神的作用不在于推理,而在于一眼就能掌握未经分析的整体所具有的独特品性。如今,科学与人文素养之对比的含义,代表对帕斯卡尔几何精神与敏感精神之对比的一种修改,这种修改多少有点深刻。在这两种情形下的对比都意味着,在对人事的理解上,科学精神有严重局限——要克服这些局限,需要一种断然非科学的途径。

我们在如今诸社会科学之中观察到的这些局限是什么呢?社会科学由大量专业化学科构成,而且一直以来这种专业化愈演愈烈。毫无疑问,没有一门现存的社会科学会声称研究作为一个整体的社会、作为一个整体的社会人,或声称研究我们在谈论——比如说——美国这个国家时所思考的那些整体事物。托克维尔(De Tocqueville)和布莱斯勋爵(Lord Bryce)①并不代表如今的社会科学。不时会有这个或那个专业的或专业化的科学(比如心理学或社会学)站出来声明自己包罗万象,或者具有基础性地位,但是,这些声明通常都会遭遇强烈且正当的抵制。各学科的合作可以拓宽参与合作的各学科的视域,而这无法把各学科本身统一起来,这也不能产生一个真正的等级(hierarchic)秩序。

可以说,专业化最终源于这样一个前提:为了理解一个整体,人们必须把它分析或分解为各个要素,必须独立研究这些要素,然后

---

① [译注]即 James Bryce(1838—1922),英国思想家,与 Tocqueville 都曾研究过美国制度。参 James Bryce,《美利坚共富国》(*The American Common-wealth*,London :The Macmillan Press,1888)。

还必须从这些要素着手,重建或重组这个整体。重建要求事先充分领会这个整体,这一领会先于分析。如果这种基本的领会缺乏精度与广度,分析与综合就会为一种对整体的曲解所引导,为一种贫乏想像的臆造——而非处于健全状态的事物——所引导。而且分析所能触及的那些要素至多不过是某些要素而已。专业化的最高法则意味着甚至无法尝试这种重建。这种重建之所以不可能,理由可以表述如下:最初所知的整体是常识的一个对象,然而,怀疑甚或整个儿抛弃常识,对于科学精神来说具有本质性,至少当科学精神在诸社会科学中现身时的确如此。常识的理解可以用日常语言来表达,科学的社会科学家则创造或编造一套特殊的科学术语。因此,科学的社会科学获得了一种特有的抽象性(abstractness)。① 抽象本身并没有错,但是抽离于(abstracting from)诸本质性事物(essentials)可就大错特错。就社会科学显著的科学性而言,社会科学抽离于社会现实的种种本质要素。下面我要引用一段私人通信,这封信来自一位哲学上颇富智术的(philosophically sophisticated)社会学家,他非常青睐诸社会科学中的科学方法:"社会学家所谓的'系统'、'角色'、'地位'、'角色期待'、'处境'、'体制化',在完全不同的条件下被社会舞台上的个体演员所体验。"这并不仅仅是说,公民和社会科学家意指同样的事物,但在不同的条件下表达它们。因为"作为理论家的社会科学家必须遵循某个参照系(system of relevances),这个参照系完全不同于社会舞台上的演员的参照系……他的种种论题源于他的理论旨趣,而且从社会舞台上的演员的视角看,社会世界(social world)中许多在科学上相关的要素不具相关

----

① ［中译编者注］abstract 的拉丁词源是 abstraho,原指分离、抽出,引申为哲学上与具体相对的抽象。

性,反之亦然"。科学的社会科学家关注行为的种种规律性;公民则关注好政府。对公民来说,相关的是价值,是那些深信不疑、珍爱无比的价值,进一步说,是那些被体验为真实事物——人、所做和所思、体制、尺度——的真实属性的价值。但是,科学的社会科学家在价值与事实之间划出鲜明的界线:他认为自己没有能力核准任何价值判断。

要消解专业化的内在危险,甚至只在社会科学内部消除这些危险,就必须有意识地反求诸常识思维,即返回公民视角。我们必须把整全——我们应该依据整全而挑选研究主题,并把研究结果整合起来——等同于作为整体的诸社会的那些总体目标(overall objectives of whole societies)。这样一来,我们将如同深思熟虑、心胸开阔者那样在社会生活中理解社会现实。换言之,社会科学真正的母体是公民技艺,而非一个笼统的科学观念或科学方法。社会科学要么必须只做公民技艺的一个侍女——在此情况下即便它见木不见林也无伤大雅。要么必须的确比公民技艺看得更远,但也必须与公民技艺朝同一方向看,只要它不想逐渐忘记或完全遗忘自身从中发源的高贵传统,只要它相信自己或许能启蒙公民技艺。至少一开始,它的关切必须同公民或治国者的关切保持一致;因而它必须使用或学会使用公民和治国者的语言。

依据这种观点,在这个时代这个国家(country),①社会科学的首要主题将是民主制,或更恰切地说是自由民主制,尤其是其美国形式。研究自由民主制,应当不断参照同样现实或同样可能的对抗

---

① [译注]施特劳斯曾说 country 是最接近 state 的英语词汇,但不能忽略两者的差异:虽然城邦(city)既包括城镇(town)也包括乡村(country),然而亚里士多德所理解的城邦本质上是一个城市共同体:城邦的核心不是耕地的农夫。参《城邦与人》,前揭,页30。

性方案,因此尤其应该参照共产主义。共产主义引发的问题将面临一种对共产主义认真、严肃、无情的批判。与此同时,自由民主制内在的危险也将被诚实地(squarely)揭示出来,因为自由民主制的朋友并非其谄媚者。对这些危险的感触将变得敏锐,甚至可以说将被激发。依据科学主义的观点,政治中立——这对一切社会都很常见——必须被看作政治相关——这对各种政制而言很鲜明——的一个暗示。但是,从我试图勾勒的那个相反的观点来看,重点在于政治相关:那些火烧眉毛的问题。

这么一来,社会科学不能仅仅满足于作为整体的诸社会的那些总体目标在社会生活中得到大体理解。社会科学必须澄清那些目标,探明其自相抵牾与心不在焉之处,并追求与作为整体的诸社会的那些真正总体目标有关的知识。也就是说,惟一能够替代日益专业化、日益散漫的社会科学的,只有由诸社会科学的合法女王统治的一门社会科学——传统上所谓伦理学探究。甚至如今在处理社会事务时,人们依然很难完全回避这些词语,比如"品性坚定之人(a man of character)"、"诚实"、"忠诚"、"公民教育"等等。

我相信,这种情形或与之类似的情形,就是众人谈到以人文方法——区别于科学方法——处理社会现象时心中所想的。我们仍必须解释"人文素养"一词。社会科学家研习人类诸社会、由人组成的诸社会(societies of humans)。如果他想要忠于自己的使命,就绝不能忘记他正在研究人事,正在研究人。社会科学家必须反思作为人之人。而且他必须给予这一事实应有的重视:他本身也是一个人,社会科学总是一种自我知识。作为对人事的属人知识的求索,社会科学用以作为自身根基的是构成人性的属人知识,或者进一步讲是使人变得完满或整全(以便他真正具有人性)的属人知识。亚里士多德将如今所谓社会科学在他那儿的对应物称作对人事的自由探究,他的《伦理学》就是那种探究最初的、基础性的、引导性的部分。

但是,如果我们通过社会科学来理解人事的知识,难道我们不会被迫得出这个结论——必须废除社会科学与人文学科(humanities)之间悠久的区分? 或许我们必须进一步跟随亚里士多德,将社会生活与心智生活区分开,然后将对前者的研究交给社会科学,而把对后者的研究或对后者的某一种研究分派给人文学科。

最后,"人文素养"一词还有另一种暗示,即对人的研究与[对]神性[的研究]之间的截然区分。我暂时仅限于如下评论:可以说人文素养暗示着,道德原则比神学原则更易为人知晓,或者更少在真挚的人们当中引发争议。

通过反思做一个人意味着什么,人们会更敏锐地意识到所有人的共同之处(即便共同程度不一),以及他们是人这一事实为所有人指引的那些目标。人们也就超越了简单的公民视域——每一种地域主义视域——而成为一个世界公民。作为对人特有的品质的认识,以及对人特有的完满、目的或责任的认识,人文素养导致仁厚(humaneness):导致去深切关注人的善意以及人的心智的改善和启发,亦即关注矢志不移的优雅与来之不易的安宁二者的融合,这是一种最终却并非最末的(last and not merely last)自由,这种自由就是摆脱尤其傲慢或虚荣所产生的堕落或冷酷。有人会禁不住要说,没人性(to be inhuman)无异于不可教,亦即不能或不愿倾听其他人。

然而,即便可说的与不可说的都说了,光有人文素养还不够。尽管人至少潜在地是一个整体,但人仅仅是一个更大整体的一部分。尽管人构成了一个世界,甚至本就是一个世界,然而人只是一个渺小的世界,一个微观乾坤(microcosm)。① 而作为人所从属的整体宏观乾坤并不属人。那个整体或其起源要么低于人,要么高于人。要理解人,不能基于人自身的眼光,而惟有基于要么低于人、要么高于人的眼光。人面临如下问题:人到底是一种盲目进化的一个偶然产物,还是某种朝向人并以人为顶点的进程的产物? 人文素养本身回避了这个终极问题。我们所谓科学(Science)的属人含义恰在于,基于低于人或更低的事物来理解人事或更高的事物。人文素养本身无力抵挡现代科学的狂轰滥炸。正是从这一要点出发,我们才能开始重新理解科学的原义,而科学的当代含义只是[对原义的]一种修改:科学就是人试图理解自身所属之整全。尽管社会科学会以严格从属性方式去审慎地使用现代科学的方法和结论,但作为对属人事物的研究,社会科学不能立足于现代科学。社会科学应该用来为真正普遍的科学作贡献,现代科学最终必将被并入这种科学。

　　总的来讲:以人文素养来对待社会科学,意味着从科学主义社会科学的种种抽象或构想回归到社会现实,还意味着观察社会现象要首先从公民和治国者的视角出发,继而从世界公民的视角出发,最后从"世界"的双重含义出发:即整个人类与包罗万象的整全。

　　正如我已试图呈现的,人文素养本身是一种节制的(moderate)路数。但是,环顾四周,我在此时此地只发现一种极端的人文素养。你们中有人会认为,更适宜的做法也许是展现当今人文主义社会科学家们折中或普通的意见,而非一种异论(eccentric one)。我察觉到了这一迫切要求,但我无法满足它,只因那种折中意见具有含混

---

　　① [中译编者注]cosmos 强调内在和谐、秩序,与 chaos[混沌]相对。本书中此词及其词根通常译作"乾坤"。

的品性。因此,我将描述这一吸引我的观点的极端对立面,更确切地说是那一极端对立面的一个特定表达,此表达足以与任何其他表达媲美。依我们的意图,折中的社会科学式人文素养(social science humanism)足以为如下评论所界定,即它处于这两个极端之间的某处。

我目前讨论的这种人文素养显得具有相对主义色彩。它可以称作一种人文素养,出于两个理由。第一,它坚称不能依照诸自然科学来塑造诸社会科学,因为社会科学处理的是人。第二,可以说除了对一切人事的开通,没有任何其他东西赋予它生气。依此观点,科学尤其自然科学的方法足以研究那些我们只有从外部超然观察才能触及的现象。但是社会科学所处理现象的核心,确实并非超然观察所能触及;不过此核心至少在某种程度上向这样的学者现身:他复活或再现(reenacts)他所研究的人们的生活,或进入了那些行动者(the actors)的视角,并理解了那些行动者,他这么做是基于他们自己的观点,而非基于他的观点以及外部观察者的观点。积极之人(active man)的每种视角都由评价所构成,或者至少与之不可分离。因此,从内部理解意味着分享对某些价值的认可,这些价值被那些作为研究对象的社会或个人所认可;或者意味着"做戏一般(histrionically)"把这些价值当作真正价值来接受;又或者意味着把被考察的人们所采取的立场认定为真。如果有人经常并足够细致地践行这种理解,他就会发觉无法评论那些视角或观点。所有这种立场都是既真又不真:从内部看为真,从外部看为不真。然而,尽管无法评论它们,但可以理解它们。无论如何,我对我的视角所主张的正当性(right),与任何其他的人或社会对自身视角所主张的正当性具有同样的分量。而且,由于每种视角都与评价不可分离,我作为一个行动着的人而非仅仅一个社会科学家,不得不评论其他视角及其所立足或所假定的价值。我们之所以没有以道德虚无主义告终，是因为我们对我们价值的信念赋予我们以力量与方向。我们之所以也没有终结于一切人对一切人的永恒战争状态，是因为我们被允许"依赖理性，并依赖为一种和平共存而进行的协商（council table）"。

让我们简要审视一下这一立场，由于它表面上宽容并无限同情每一个属人立场，因而它初次现身时就毛遂自荐。为反对一种可能已经过时的相对主义，人们或许本应做出如下论证。让我们通俗地将虚无主义定义为无力采取一个立场以支持文明并反对野蛮（cannibalism）。相对主义者宣称，客观上讲，文明并不优于野蛮，因为支持文明的论据可能与支持野蛮的论据同样强大或同样薄弱。我们之所以反对野蛮，完全是出于我们的历史处境。但这些历史处境必然会变为另一些历史处境。一种产生文明信念的历史处境，可能会让位于一种产生野蛮信念的历史处境。既然相对主义者认为，文明本质上并不优于野蛮，故他会冷漠地接受从文明社会向野蛮社会的转变。然而我现在正在讨论的这种相对主义否认，我们的价值仅取决于我们的历史处境：我们可以超越我们的历史处境，并进入完全不同的视角。换言之，比如说，一个英国人何以不应在决定性方面变成一个日本人，这没什么理由。这样，我们对特定价值的信念不能追溯到我们的决心或献身之外。有人甚至可能这么说，由于我们仍然能反思我们的价值与我们的处境之间的关系，故我们仍在试图逃避我们的抉择义务。现在，如果我们献身于文明的价值，那么正是我们的献身促使并强迫我们采取有力的立场以反对野蛮，同时阻止我们冷漠地接受我们的社会向野蛮的转变。

坚持主张献身，意味着要在其他事物［构成的处境］中捍卫这种献身并反对其对立面，这不仅靠行事而且靠言辞。有些人在献身于我们珍视的价值时犹疑不定,要令这些人变得坚定,就尤其需要言辞。这些犹疑不定者尚未决定他们应该献身于哪种事业,或者他们不知道他们应该献身于文明还是野蛮。对他们言说时,我们不能假定文明价值的有效性。鉴于这个前提,也无法令他们信服那些价值的真实性。因此,用于支持文明大业的言辞将不会是理性的论说(discourse),而只是"宣传话语(propaganda)",这种宣传话语面临同样合法而且可能更加有效的支持野蛮的宣传话语。

据说,通过践行同情的理解,才能切入人类处境这一观念。据说,只有同情的理解才可能引发对其他观点的有效评论(这种评论正是基于我们的献身),因而并不否定我们的对手对其信念所主张的正当性。换句话说,只有同情的理解才令我们真正理解价值的品质及其被合法采纳的方式。但是,何为同情的理解?同情的理解是基于我们自己的献身,还是与之并无瓜葛?如果并无瓜葛,那么当我作为一个行动中的人时,我献身于某事物,而当我处于自身的另一个状态(compartment)时,亦即处于一个社会科学家的地位时,我并不献身于某事物。就那后一个地位(capacity)而言,可以说我完全是空的,因此对于一切献身或价值系统的感受与体会完全开放。为了清楚我的献身,我经历同情理解的过程,这一过程绝不危及我的献身,因为只有我自身的一部分参与我的同情理解。然而这意味着,这样的同情理解并不严肃或诚实,事实上就像它自命的"做戏一般"。因为,诚实地理解价值系统(例如某个社会的价值系统),意味着被该社会信奉的价值所深深地打动、确实地吸引,还意味着鉴于一个人自己的整个生命而诚挚地直面如下主张:那些价值定是真正的价值。于是,对于其他献身的诚实理解,并不一定有助于再次肯定一个人自己原初的献身。除此之外,从严肃理解与做戏理解无法避免的区分推导出,只有我自己的献身、我自己的"深度"才可能向我揭示其他人的献身与深度。因此,我的感知必然受限于我的献身。普遍的同情理解并不可能。毫不掩饰地讲,无法两全其美(one cannot have the cake and eat it);一个人不可能同时享有普遍理解的优势与存在主义的优势。

但是,或许这种假设是错的:一切立场最终依赖于献身,或者至少依赖于对特定观点的献身。我们都还记得在那个时代,多数人明确地或暗地里相信,有且只有一个普遍有效的真值系统,至今仍有社会和个人坚守这种观点。它们也应受到同情的理解。废黜圣经和柏拉图的特殊地位,将这种特殊地位慷慨地给予每个野蛮族群,难道不会有些粗鲁甚至有些不相称? 对柏拉图的同情理解难道不会导致我们承认,绝对主义和相对主义同样正确? 或者承认:柏拉图坦率地谴责其他价值立场,相对主义却从不坦率地谴责任何价值立场,这两种做法同样正当? 对于这一点,我们的相对主义者将会回应道,尽管柏拉图的价值系统和其他任何价值系统一样可以得到辩护,可是假如柏拉图的价值系统除了柏拉图的献身以外并无其他支持,那么柏拉图对其价值系统的绝对主义解释,和其他任何绝对主义一样,最终已被无条件地彻底驳倒。总之这意味着,柏拉图所理解的其自身的观点(若我们同情地进入他的视角,此观点便现身于我们面前)已经被驳倒了:我们已看出它立足于不真实的理论前提。当理性批评揭示出我们正试图同情地理解的那个立场不真实时,所谓的同情理解必然合理地终结;而相对主义必然接受这样的理性批评有其可能,因为它宣称基于理性的立场反对绝对主义。柏拉图的例子并不孤立。若超出当今西方社会的某些范围,我们在哪里才能切实地找到任何不依靠某种理论前提——这些前提自称纯粹、绝对、普遍为真,并以此而理直气壮地直面理性批判——的价值立场? 恐怕相对主义者得以践行同情理解的领域,仅限于相对主义者共同体之内，他们之所以以极大的同情相互理解，是因为他们结合在一起出于完全相同的根本性献身，或者不如说出于对相对主义之真的完全相同的理性洞察。所谓对褊狭（provincialism）的最终战胜，本身显露为偏狭最惊人的表现形式。

相对主义表面的谦卑与暗里的傲慢之间有一个巨大反差。相对主义者带着义愤或轻蔑反对我们伟大西方传统所固有的绝对主义——这种绝对主义的本质前提是，这个传统相信一种理性而普遍的伦理有其可能，或自然正当性有其可能，相对主义者还以褊狭为罪名来指控这个传统。相对主义者同情（His heart goes out to）简朴的尚无语文的族群，这些人珍视他们的价值，没有在自身立场上提出过分的主张。但这些简朴的人并不践行做戏般的或同情的理解。由于缺乏这种理解，他们并不以这种惟一合理的方式接纳他们的价值，也就是说这些价值除了得到他们的献身以外没有任何支持。他们有时拒斥西方的价值。因而，他们投身于无效的评论，因为有效评论以做戏一般的理解为前提。于是他们粗鄙又狭隘，如同柏拉图与圣经一般粗鄙又狭隘。惟一不粗鄙不狭隘的，只有西方的相对主义者，以及其他文化中追随他们的西化派。唯独他们正确。

几乎不言而喻，相对主义倘若得到奉行，将导致十足的混乱。［如果］一边说，只有理性能保护我们免于诸社会之间以及社会内部的战争；一边又说，"有些个人和社会觉得，对于他们的价值系统来说，压迫与征服他人是很适宜的（congenial）行为"，而依据理性，这些个人和社会跟那些热爱和平与正义的人们同样正确，［那么这］意味着，一边摧毁理性，一边诉诸理性。许多人文主义社会科学家意识到相对主义的缺陷，但他们在转向所谓"绝对主义"时犹疑不定。他们可以说坚持了一种有限的相对主义。对我而言，这种有限的相对主义是否有一个坚实的基础，看来是当今社会科学最紧迫的问题。

"相对主义"

郭振华　译

　　"相对主义"有很多含义。为了不被"盲目的学究式迂腐"弄糊涂——这会在"对意义的阐明"中把自己和听众都搞得精疲力竭，结果某些并未形诸笔端的问题连碰都没碰一下——我将以我的方式进入我们的主题，那就是通过剖析一位著名的当代人士最近关于"核心论题"或曰我们时代根本政治问题的表述。作为一个根本问题，它具有理论性，它并非关乎特定政策，而是关乎那种应该指导特定政策的精神。伯林(Isaiah Berlin)认定此问题就是自由(freedom)问题。①

　　伯林区分了消极意义上的自由和积极意义上的自由。"古典英国政治哲人们"或者"自由主义之父们"在消极意义上使用"自由"，这种"自由"即"免于……的自由(freedom from)"——"人类生存的某些部分必须保持独立于社会控制"；"应该存在某种最低限度的个人自由领域，这一领域无论如何都不可侵犯"(同上，页8、9、11、46)。另一方面，积极自由是"去做……的自由(freedom to)"：即个人"做他自己的主人"的自由，或个人参与到他所服从的社会控制中去的自由(同上，页15、16)。这个关乎自由的抉择与另一个抉择

---

　　①　伯林，《两种自由概念》(*Two Concepts of Liberty*, Oxford, 1958)，页51，对观页4。

互相重叠：为了经验自我的自由抑或为了真实自我的自由。此外，消极自由（免于……的自由）更像是指为了经验自我的自由，而积极自由（为了……的自由［freedom for］）往往更容易被理解成仅仅为了真实自我的自由，因而也更容易被理解成与某种对经验自我最极端的强制（coericon）相一致，这种强制要把经验自我变成他们所谓真实自我所欲求的某种东西（同上，页 19）。

伯林所珍视的自由是消极自由，这种自由为的是"我们可怜的、为欲望折磨的、充满激情的经验自我"（同上，页 32）：这种自由就是"与社会生活最低需求相适应的最大限度的不干涉"（同上，页 46），或曰"人们按其喜好去生活的自由"（同上，页 14 注）。伯林仿佛珍视"以自身为目的"的自由，或作为"一种终极价值"的自由（同上，页 36、50、54）。伯林当然不相信那些赞同消极自由的早先推理有效。因为，与那些早先的观点相反，消极自由不是"培养人类天才的必要条件"："正直（Integrity）、真理之爱以及强烈的个人主义至少同样寻常地生长于拥有严格纪律性的共同体或军事组织（military discipline），正如生长于更为宽容或冷漠的社会"；消极自由是一种西方特有的理念，甚至是一种现代西方特有的理念，而且甚至在现代西方世界，它只为某些个人而非大众所珍视；消极自由与民主制之间并无必然联系（同上，页 13 – 15、48）。

在那个抉择的荒谬性中，伯林发现了消极自由真正的正当理由。这抉择意味着这样的观念：人们要想变得自由，只有参与到真正（the）正义、真正（the）理性、真正（the）完美的社会中，此社会所有成员的所有正义的或理性的目的都和谐地得到满足，或者说每个人都服从他自己亦即他的真实自我。这个观念的前提是，在人的诸多目的之中，存在一个等级制，因而也存在一种根本和谐。但这个前提"确乎不成立"，它基于一种"教条的、先验的确定性"；它"与经验主义不相容",即与"任何基于知识(知识源于人之所是、人之所求的经验)的学说不相容";它是"形而上学政治观"的根基,与"经验的"观点相悖(同上,页39注,页54,页57注)。经验告诉我们"人的目的有很多,而且从原则上讲它们相互之间并不完全相容……于是,必须在种种绝对主张之间做出选择,这种必要性构成人类状况的一个不容回避的特征。这就赋予了自由以其价值……自由自身就是一个目的,而不是一个暂时的需求"(同上,页54)。

经验,即关于可感知的存在(the observable Is)的知识,看起来会以一种绝对不引起反对的方式导致关于应然(the Ought)的知识。所谓经验前提仿佛就是所有属人目的的平等。"穆勒(Mill)和大多数自由派几乎毫无争议地……希望在诸个人和诸群体之间划出界线,这只是为了防止人的意图之间的冲突,所有这些意图自身都应该被视为同等终极、同等无可批判的目的。康德以及他这种类型的理性主义者并不认为所有目的具有同等价值。"这里的文脉似乎表明,那些被视为同等重要的目的包括"人们的个人想像与习性(idio-syncrasy)所驱使自身去追求的多种多样的个人目标"(同上,页38注)。

只有在一个人对目的的追求与另一个人的追求相冲突的程度上,干涉这种对目的的追求才算得上合理。然而似乎这样的冲突不可避免:"根本不可能从人的生活(不论个人生活还是社会生活)中完全消除冲突——还有悲剧"(同上,页54)。并非所有冲突、只是某几类冲突才可以并且应当通过社会控制来避免:"自由必须有某些边界不允许任何人逾越"(同上,页50,强调为引者所加)。这些边界所必须具备的品性就是保卫一个大得合乎情理的领域;似乎没有充分理由要求每个人必须拥有这样的自由,即幻想着追求他所欲的任何目的。

然而,首要的问题不在于那些边界的位置,而在于它们的地位。那些边界必须具有"神圣性"(同上,页57)。它们必须具有"绝对性":"对最低限度的个人自由不可侵犯性的真正信仰,要求某种……绝对立场"(同上,页50)。"相对主义"(亦即宣称对于选择者来说,所有的目的都具有相对性,因而相互平等)看来需要某种"绝对主义"。而伯林还在犹豫要不要走这么远。

> 可以为决定这些边界的诸规则赋予不同的**名称或本性**:它们可被称为自然权利,或圣言,或自然法,或功利要求,或"人的最深层利益"的要求;我可以相信它们先验地有效,或宣称它们是我自己的种种主观目的,或我的社会或文化的种种目的。其实,这些规则或命令所具有的共同之处是,它们被如此广泛地接受,而且它们如此深刻地扎根于人们实际的人性,就仿佛它们的发展贯穿于历史一般,以致如今它们成为我们所谓做一个正常人所必需的东西。对最低限度的个人自由不可侵犯性的真正信仰,要求某种这样的绝对立场(同上,页57,强调为引者所加)。

也就是说,对一种私人领域神圣性的欲求需要一个根基、一个"绝对的"根基,但它却毫无根基;任何古老的根基、任何"这样的绝对立场"(比如诉诸我自己的主观意志,或我的社会的意志)都将能充当其根基。目光短浅者才会否认伯林那无所不包的方案对于一种政治意图——对于一份用来召集所有反共产主义者的反共产主义宣言的意图——非常有益。但是我们在这里关心的是一个理论问题,在这方面我们不得不指出伯林自相矛盾。"免于……的自由"与"去做……的自由"是"对于生活目的的两种分歧的深刻且无法调和的态度……它们中每一个都提出绝对主张。这些主张不可能同时获得完全满足。但是……它们中每一个所寻求的这种满足都是一种终极价值……而任一终极价值都同样有权利被归入人类最深层的利益之中"(同上,页51-52)。对最低限度私人领域的绝对要求不可能得到完全满足;它应该得到调和,因为与之对立的要求也拥有同等权利。按照伯林的理解,若没有一个绝对根基,自由主义就无法生存,而若拥有一个绝对根基,自由主义也无法生存。我们来更为仔细地考量一下伯林眼中的自由主义根基。"这些规则或命令[它们界定自由那不允许任何人逾越的边界]所具有的共同之处是,它们被如此广泛地接受,而且它们如此深刻地扎根于人们实际的(actual)人性,就仿佛它们的发展贯穿于历史一般,以致如今它们成了我们所谓做一个正常人所必需的东西"(同上,页50)。但早些时候伯林曾告诉我们,"这种理念取得支配地位的情况一直是例外而非惯例,即便在晚近的西方历史上亦然"(同上,页13),也就是说,消极自由理念对于人之为人来说并不自然。那么,就算这里所讨论的规则对于现在的西方人来说很自然,但将来又会怎么样呢?

> 或许,一个人按照自身意愿来生活的自由理念……只是我们日渐衰颓的资本主义文明晚近的果实:……后世子孙对此理想将……茫然不解。事实也许就是如此;但在我看来,怀疑主义结论绝不会接踵而至。某些原则并不因其有效期限得不到保证就减少了神圣性(同上,页57)。

但同样真实的是,单凭这些原则的有效期限不能得到保证这一事实,这些原则就并不神圣。我们还等着某人来谈谈,为什么伯林将他的原则视为神圣。如果这些原则本质上有效、永远有效，那么人们确实可以说，这些原则未来还会不会被视为神圣只是个次要问题；还可以说，如果未来的子孙后代鄙视文明的永恒可靠性，那么他们简直将迫使自己陷于野蛮。但是，至今究竟有没有立足于"经验主义"——亦即人们的经验——的永恒原则呢？未来的经验是否与过去、现在的经验同等重要（the same right to respect）呢？

如果有人假定经验可能有个顶峰，假定历史中亦可能有个绝对时刻（此刻人的根本条件首次在原则上得到完全实现），那么情况会完全不同。但这同时意味着在最重要的方面，历史或进步已经到达了自己的终点。不过伯林好像确信，在最重要的方面，历史没有终结也不可能终结。因此消极自由理念对他来讲只能"相对有效"：只能在当前有效。与我们时代的精神完全一致，他引述了"我们时代一位令人尊重的著作家"的话："认识到一个人信念的相对有效性，却又毫不妥协地坚持它们，正是文明人区别于野蛮人的地方"（同上，页57）。

那也就是说，不仅我们的所有主要目的都只具有相对有效性；甚至那个因绝对地洞察到我们所有目的的相对有效性而自称为必要的目的也只相对有效。另一方面，后一种目的，或曰那种对待任何主要目的的正确立场，是如此绝对有效，以致伯林或者他的权威性可以把文明人和野蛮人之间的绝对区分建立于其上。因为正如引文所述，这一区分被认为具有终局性，而非取决于按未来经验所进行的修正。

伯林不能逃脱每个思想存在者（thinking being）都服从的必然性：采取一个最终、绝对的立场（此立场与他所谓人性，或人类状况的本性，或决定性真理相一致）进而宣称他的基本信念绝对有效。当然，这并不意味着伯林的基本信念就靠得住。我怀疑它是不是靠得住,理由之一在于,如果伯林的权威性很正确,那么每个坚定而自由的混混或恶棍就都成了文明人,而柏拉图和康德则成了野蛮人。

在我看来,伯林的表述就是自由主义危机的标志性文献——此危机源于自由主义已抛弃了其绝对主义根基,而且试图变得完全相对主义化。可能我们大多数学术同行会说,从伯林言论的不足之中,无法得出反对相对主义的结论,因为这些缺陷源于伯林希望在相对主义与绝对主义之间找到一个不可能的中间立场;伯林本不会自相矛盾,只要他止步于认为自由主义仅是他"自己的主观目的",本质上并不高于任何其他主观目的,同时认为自由主义信念因立足于一个价值判断而能够免于任何理由(或任何结论性理由)的赞成或反对;换句话说,只要伯林不曾将非自由立场斥为"野蛮"立场,而是承认存在无限多种文明观念,每种文明都以自己的方式来定义野蛮;简而言之,只要伯林保守于我们时代的实证主义的界限之内。到底是撤回到那种实证主义的避难所(或者彻底的"价值相对主义"的避难所)就能够克服自由主义的危机,还是它只会隐瞒那危机? 这是另一个问题。

依照当今社会科学中流行的对相对主义的实证主义解释,理性不能证明不自私的满足比自私的满足要好,也不能证明如下想法有多么荒诞:"想像与习性会驱使人们去追求"任何可以达到的目的。由此可见,如果一个没有亲朋好友的单身汉(bachelor)毕其一生都尽最大的可能去敛财,而且以最有效率的方式来实现这一追求,那么在原则上讲,他就过着与他的国家中或者人类中最伟大的行善者(benefactor)同样理性的生活。在可达到的目的之中做出选择时,或许应该 en pleine connaissance de cause,亦即应该完全清楚此选择可能引发的后果;此选择无法凭借自身而具有理性。理性可以告诉我们,采取哪些手段有助于达到哪些目的;不过理性不能告诉我们,哪些可达到的目的会比其他可达到的目的更可欲。理性甚至不能告诉我们,我们应该去选择可以达到的目的;如果某人"喜欢欲求不可能的事物(loves him who desires the impossible)",那么理性会告诉他,他的行为非常不理性,但理性不能告诉他,他应该理性地行事,或不理性的行为是坏的、卑劣的行为。如果理性的行为就在于为正确的目的选择正确的途径,那么相对主义实际上教导我们,理性的行为不可能。因此,相对主义社会科学可以说隶属于对非理性行为的理性研究。

但是,在何种意义上这种研究是理性的? 社会科学的进展依靠归纳推理,或者说社会科学关注预测,或关注对原因的发现。那么,在社会科学相对主义中,因果律(principle of causality)处于什么样的地位呢? 根据一个广为接受的观点,因果律仅仅是个假定。并没有理性的反驳针对如下两个假设:宇宙会在任何时刻消失,不仅化为稀薄的空气,而且化为绝对的虚无;这种怪事也许就是不仅消失为虚无,而且通过虚无而消失。对世界可能的尽头来说为真的东西,对于其开端同样为真。既然因果律本质上并不明显,那么没有什么可以阻止我们假定,世界曾经从虚无且通过虚无变为存在。合理性(rationality)不仅消失于科学所研究的行为;这种研究本身的合理性也已变得极端成问题。完全的一致性已丧失。由此,我们便有权利这样讲,整个实证主义科学(以及由此而特殊化到实证主义社会科学)的特征是抛弃理性或逃离理性。人们已遗憾地注意到,逃离科学理性合理地回应了科学逃离理性。

马克思主义著作家卢卡奇(Georg Lukács)曾撰写过一部19、20世纪德国思想史,题为《理性的毁灭》(*Die Zerstorung der Vernunft*,

Berlin, 1954)。① 我相信,面对这一指控,我们西方社会科学家中许多人必会服罪。出于明显的理由,我们必须特别关注卢卡奇对韦伯(Max Weber)社会科学观念的批判。或许有人会对此批判做出如下总结。韦伯比他那一代任何其他德国学者都更加努力拯救社会科学的客观性;韦伯认为,要施行这种拯救,就需要社会科学做到"价值中立",因为他假定价值评估具有超理性或非理性;但是,对"事实"及其原因的价值中立式研究,不容置疑地预设了对相关事实的选择;那一选择必然受到价值考虑的引导;选择事实时所考虑的那些价值本身必定已被选择;而且这种选择最终决定社会科学家们的特定概念体系,故在原则上很武断;因此社会科学根本就具有非理性或主观主义性(参同上,页 484 – 489;Palmer 译本,页 612 – 619)。按卢卡奇的说法,一种客观的、评价的社会科学有其可能,只要社会科学不限于研究武断地选择出的"事实"或细节(segments),而要基于整个社会处境、最终基于整个历史进程来理解特定社会现象。"历史的、辩证的唯物主义正是这样一种整全观,在其中历史的进步性和通过理性可知的合法性得以用最高形式表达;事实上历史的、辩证的唯物主义也是这样一种惟一的整全观,此整全观能赋予进步主义和合理性以一个稳定的哲学根基"(同上,页 456;Palmer 译本,页 576)。

黑格尔试图说明,历史进程的进步的、理性的品格基于如下前提,即此进程在原则上已经完结;因为如果它没有完结,人们就不会知道——比如说——将来某些阶段是否不会导致理性的自我毁灭。然而在马克思看来,历史进程并未完结,甚至可以说它尚

---

① 参 *The Destruction of Reason*,Peter Palmer 译,Atlantic Highlands, N. J.,1981。[译注]中译本参王玖兴等译本,济南:山东人民出版社,1988。

未开始。此外,马克思并不承认超历史的或自然的目的,即据以判断变化是进步还是退步的那些目的。因此,从西方相对主义转向马克思主义,究竟能不能逃避相对主义,这仍是个问题。卢卡奇曾说:

> 历史唯物主义既能够也必须应用于其自身,但把唯物主义方法运用到唯物主义,并不导致全盘相对主义;也不会推出,历史唯物主义不是正确方法。马克思主义根本真理的属性一如马克思所解释的古典经济学真理。它们是特定的社会生产秩序中的真理。这样,而且只有这样,它们才拥有绝对有效性。这并不排除会出现这样的社会,在其中由于这些社会的本质结构,真理的其他范畴和其他关系也将有效。①

这看起来意味着,马克思主义根本真理在受到进一步关注之前的确为真;原则上我们已经知道,它们将为不同的真理所取代。确实,马克思主义真理将被"扬弃"(preserved)——借用黑格尔的术语:"在较低层面可获得的真理的'客观性'并未被摧毁:由于被纳入了一种更具体、更全面的整体之中,它只是获得了一种不同的意义"(同上,页206;Livingstone 译本,页188)。也就是说,马克思主义将把自身展示为一种单方面的真理、片面的真理。卢卡奇还把马克思主义真理与法国革命意识形态真理相比。马克思

---

① 卢卡奇,《历史与阶级意识》(*Geschichte und Klassenbewusstsein*, Berlin, 1923),页234-235;参《历史与阶级意识》(*History and Class Consciousness*, Rodney Livingstone 译,Cambridge, Mass. , 1971),页228。[译注]中译文参考过杜章智等译本,北京:商务印书馆,1992。

主义如今就像那些意识形态在那个时代一样真实：二者都以如下的方式使一种历史处境变得可理知（intelligible），即让同时代的人们看到他们困难的根源，并为他们指明克服那些困难的道路。但是，当那些法国革命意识形态家们清楚地看到旧制度（ancien régime）的腐朽与革命的必要时，他们完全误解了其革命所创生的新社会之善。

……

马克思主义可能就是终极真理，因为它属于历史中的绝对时刻，在这时刻里必然王国能得到完全考察，从而自由王国的轮廓会首次出现。必然王国恰巧伴随劳动分工。自由王国的出现则伴随着劳动分工的废除。不过劳动分工的原本形式不是生育后代时的"劳动分工"，而是"性行为中"的"劳动分工"。① 看来，如果自由王国达到完美，它将成为俗人（homunculi）②在试管中所生产的俗人们的王国，只要它将不会成为（事实上它倒更有可能成为）"末人（the last man）"——一群没有牧人的牲畜——的地盘。因为，用马基雅维利的话说，"正如某些道德哲人已经叙述过的，假如不曾受必然性的驱使，人的双手和口舌——这两件能够使他变得高贵的最高贵的工具——原本不会完美地工作，也不会使人们的劳作达到人们所见

---

① 马克思，恩格斯，《德意志意识形态》（*Die Deutsche Ideologie*，Berlin，1953），页28；参《德意志意识形态》（*The German Ideology*，C. J. Authur 编，New York，1972），页51。［译注］参《马克思恩格斯选集》卷一，中共中央马克思、恩格斯、列宁、斯大林著作编译局编译，北京：人民出版社，1995。

② ［中译编者注］即 homunculus（又作 homullus）的主格复数。此词本义是最低限度的人，与高贵的人相对，引申为可怜人。该词用英文表述即 mere man，与此相关的是用以指事的 the merely human（仅仅属人事物），后者在本书中出现多次。

过的那种高度"（《论李维》,3. 12）:①从必然王国向自由王国的飞
跃,将意味着人的美德不光彩地丧失其可能性。

但是,让我们回顾外表上最为强大的当今西方学派,即当今的
实证主义。这种实证主义是逻辑实证主义。这种实证主义在某种
程度上相当真实地把自己的起源归于休谟。[但是]在两个重要的
方面,它背离了休谟。背离了休谟教诲的第一个方面是,它是一种
逻辑的教诲,亦即并非一种心理学的（psychological）②教诲。逻辑
实证主义用以补充理性批判的是符号逻辑和概率论（theory of prob-
ability）;而在休谟那里用以补充理性批判的则是自然信念与自然直
觉。逻辑实证主义惟一的或首要的关注是对科学的逻辑分析。我
们已从康德（休谟的伟大批评者）或新康德主义那里了解到,科学
的有效性问题根本不同于其心理学起源问题。

当今的实证主义背离休谟的第二个重要方面在于,休谟仍然是
一位政治哲人。更具体地说,休谟仍然教诲道,存在普遍有效的正
义规则,那些规则被称作自然法则（Laws of Nature）并无不当。这意
味着"他的思考与著述在人类学及其相关科学兴起之前",③或者说
得更精确一点,是在"对史学的发现"之前。休谟仍然从人类不变
的本性来审视人事;他尚未将人设想为一种本质上具有历史性的存
在者。当今的实证主义自信能够像摆脱休谟心理学或者任何其他
心理学那样,避免"对史学的发现"所带来的问题:亦即通过在有效
性与起源之间作康德式区分。康德得以超越心理学是因为他承认

---

①　［译注］中译本参冯克利译,上海人民出版社,2005。

②　［中译编者注］词根 psycho-[心理的]即ψύχω-,本义指灵魂、生命气息。
本书中含此词根的词多次用到"灵魂"这一古义。

③　John Dewey,《人的本性与行为》（*Human Nature and Conduct*, *Modern
Library edition*）,页 vii。

一种先验(an a priori);而先验没有起源,至少没有经验性起源。逻辑实证主义拒斥这一先验。因此它不可避免地涉及心理学,涉及科学在前科学事物之中的经验性起源这一问题。人们不能仅仅尝试回答:什么是科学?人们不可避免提出:为什么要科学?或者说,科学的意义是什么?既然实证主义否认存在一种"纯粹理性"或一种"纯粹心智",那么它就可以仅仅依据"人类有机体"来回答:为什么要科学?实证主义必须把科学理解为某种有机体的一种活动,理解为实现那种有机体生命中一种重要功能的一种活动。简而言之,倘若不能进行预测,作为有机体的人就活不下去或活不好,而最有效的预测形式就是科学。

对科学的这种解释方式已经变得极端成问题。在热核武器时代,称科学与人类生存之间存在富有积极意义的关系,已经失去了所有从前或许有过的明显证据。此外,科学的高度发展依赖于高度发达的工业社会;这样的社会的支配状态给"未发达社会"的生存造成前所未有的更大的困难。谁还敢说,那些未发达社会的发展——即其急剧转型,亦即对他们传统生活方式的破坏——是那些人民活下去或活得好的必要条件呢?那些人们就算对科学的可能性毫不了解,也能够生存下去,有时还能过得幸福。当必须把科学溯源到某一种有机体的需要时,方才提及的好景就不可能发生。因为就科学能被证明对人的生活或好生活确有必要而言,人们事实上许可了一个关于科学的理性价值判断,而我们知道依据实证主义,理性价值判断不可能。

有些实证主义者避免了上述难题,因为他们在民主制中找到了科学的理论根基(rationale),毫不在乎仅仅诉诸教条式前提,或既有秩序的惯性,一点儿也没注意到伯林所暗示的复杂状况;要不然,就因为他们把科学理解成最激动人心的精神探险形式,而他们无法告诉我们,他们把精神事物理解成什么,在他们看来精神事物如何自别于非精神事物,乃至精神事物和理性事物如何相关。实证主义者确信科学取决于并非由科学本身所创造的前提。这些前提产生于各种不同因素无意的聚合,这些因素会分化开去,正如它们曾集合起来。只要它们聚合,那么科学便可以凭借那些看起来像内在禀赋(propensity)的东西取得进步。然而,科学并不具有自主性(autonomous);常言道,思想并不在真空中产生。质疑科学自主性的首先并非如下事实,即科学预设外在于科学的前提可得到利用。如果人们把科学设想为一种精神探险,人们就在暗示存在其他形式的精神探险;人们无法否认,正如科学会影响那些其他形式,科学自身也经受其影响。进一步讲,人们必须假定,精神会因其探险而发生改变,故精神很可能随着时代而改变,而且科学——以其旨趣或其假设性想像为鹄的——可能取决于时代精神。换句话讲,我们不禁会问,科学进步与社会进步之间的关系是什么?既然对价值判断作了实证主义裁夺,那么实证主义便不再能恰当地或者心安理得地谈论社会进步;但是,实证主义还在——即便以一种多少有点偷偷摸摸的方式——接续某种更古老传统,这传统相信科学进步与社会进步之间存在某种自然和谐。

总而言之,凭借对有效性与起源的区分,实证主义意欲将科学看做具有自主性,但这行不通;该区分只是阻止实证主义对人类处境问题给予应有的重视,而科学正是从这处境之中产生,并存在于这处境之中。倘若科学果真是"人的最高权力",是人用以超越仅仅属人事物(the merely human)①的动力,那么实证主义对待科学的方式应该反过来用在自己身上;然而,实证主义不能坚持这种对科

___

① [中译编者注]参上文关于 homunculi 的中译编者注。

学的"柏拉图式"理解。科学的人类处境问题是实证主义无法提出也不愿提出的,此问题为极端历史主义所处理,该主义是实证主义在当今西方最强大的对手,其更为人熟知的名字是存在主义。

存在主义产生于基尔克果(Kierkegaard)思想与尼采思想的相遇,这首先发生在德国。直到与这两个辉煌的名字联系在一起之前,存在主义还和实证主义或唯心论(idealism)一样不以人名命名(nameless)。但这是误导。像其他许多思想运动一样,存在主义有着含混的边界和坚实的内核。那坚实的核心,或者说存在主义赖以赢得其理智尊严的惟一思想,就是海德格尔思想。在海德格尔出版的第一部大著中,基尔克果的影响事实上和尼采的影响一样强大。但随着海德格尔后来变得越发澄明,人们认识到更应该在尼采而非基尔克果那里寻找存在主义的根源:存在主义的兴起依赖于一群哲学公众(public)对基尔克果的接纳,而尼采早已开始塑造这群哲学公众。

尼采是真正思索相对主义的哲人(thephilosopher of relativism):这位思想家首次面对完全意义上的相对主义问题,并且指出用以克服相对主义的方法。相对主义起初以历史主义形式——更确切地说是以一种已衰微的黑格尔主义形式——引起尼采的注意。通过宣称黑格尔的时代是绝对时刻、亦即有意义的时间的终点,黑格尔曾调和"对史学的发现"——即所谓洞察到个体在最极端意义上是其时代的儿子或继子,或洞察到一个人最高尚、最纯粹的思想对他所处时代的依赖——与原本意义上的哲学:作为绝对宗教的基督教已与世界完全调和;它已得到完全世俗化(secularized),或者说在后革命时代的国家(postrevolutionary State),并通过后革命时代的国家,俗世历史(saeculum)①已完全基督教化;历史作为有意义的更替已经到了其尽头;所有理论的、实践的问题在原则上都已经解决;因此历史进程明显具有理性。

尼采所面临的衰微的黑格尔主义保留了黑格尔的"乐观主义",即历史进程的可完成性。事实上,这种"乐观主义"立足于对未来无限进步的期待,或立足于对历史不可完结性的信念。在这种状况下,正像尼采所看到的,我们自己的原则(包括进步信念)会像所有更早的原则所呈现的那样都具有相对性;不仅过去的思想,我们自己的思想也必须依靠某些前提才能得到理解,这些前提对我们来说不可回避,但是我们了解到有人在诅咒这些前提消亡。历史成了这样一幅景象:表面的方面令人兴奋,严肃的方面却萎靡不振。这教诲了一个致命的(deadly)真理。它向我们表明文化有其可能,只要人们投身于他们并不质疑、无可置疑的思想、行动原则,这些原则限定了人们的视野,以使人们能够具有一种品性和风格。它同时又告诉我们,任何这样的原则都可以质疑,甚至都可以拒斥。

惟一的出路看来只是,将这种历史教训弃之不顾,自愿选择一个生机勃勃的(life-giving)幻想而非一个致命的真理,乃至编织一个神话。但这对于理智健全的人们明显不可能。只有人们认识到整个客观史学或客观知识的本质局限,真正的解决之法才会出现。客观史学足以摧毁任何思想、行动原则之客观有效性这一幻象;而它不足以启发对历史的真正理解。客观的史家不能把握过去事物的实质,因为他仅仅是一个观察者,并未致力或献身于思想、行动的实质性原则,这是因为他已认识到这样的原则并不具有客观有效性。但是,从对这一客观真理的认识中可以而且必须得出完全不同的结

---

① [译注]此拉丁语词原指世代,引申为当代、属人生活、属人历史。

论。不同时代所遵从的不同价值并不具有客观根据,也就是说它们都是人的创造物;它们的存在有赖于一个自由的属人规划,这规划塑造了令一种文化得以可能的领域。人现在必须有意识地做他过去无意识地基于某种幻想(即幻想着服从那独立于其创造行为的事物)而做的事情。这个崭新的规划———一切价值的重估——需要拒斥所有早先的价值,因为通过认识到其赖以立足的对客观有效性的主张毫无根基,这些价值也就显得毫无根基。但恰恰是对所有这些原则之起源的认识使得一个新的创造成为可能,该创造以这个认识为先决条件且与之保持一致,却不能从这个认识中演绎出来;不然此认识就不能归因于一种凭借健全理智的创造性活动。

正是以这种方法,尼采被认为把致命的相对主义真理转化成了最生机勃勃的真理。为了以所有必要的含糊方式来陈述这种情况,尼采发现生机勃勃的整全真理具有主观性或超理论性,因为它无法被超然地掌握,也因为它无法同样适用于所有人或所有时代。尼采在试图克服那些阻碍其解决问题的困难时陷入了某些困难,我们仅能在此暗示这些困难。在我印象中,尼采曾把人的创造性解释为普遍权力意志的一种特定形式,而且该解释带来了一个问题,即尼采是否没有因此而再次尝试为一种超理论教诲或教训(message)找到一个充足的理论基础呢? 换句话说,在我的印象中,尼采曾犹豫:权力意志学说是否只是他的主观规划,将来是否会为其他这样的规划所取代,或者说此学说到底是否终极真理呢? 我们在此只限于表示,尼采的思想运动可被理解为一场从历史至上性走向自然至上性的运动,这场运动完全回避理性至上性,或者说试图以肤浅与深刻之间的对立去取代主观与客观(或者习俗[the conventional]与自然[the natural])之间的对立。存在主义试图使尼采所谓对相对主义的克服免于重新陷入形而上学,或免于诉诸自然。

第三编　古典学问与现代

苏格拉底问题

刘振　译

[编者按]这篇演讲稿是施特劳斯 1970 年 4 月在圣约翰学院的安纳波利斯分部作的一次讲座,原刊 Interpretation 学刊 1995 春季号。文本依据施特劳斯的女儿(Jenny Strauss)提供的手稿,并依据演讲录音作了校订。

有人告诉我,当地的报纸宣布我今晚会就"苏格拉底诸问题"作个讲座。这是一个动人的印刷错误;因为,不止有一个苏格拉底的问题。首先,就是苏格拉底关心的问题。可是人们会说,苏格拉底关心的问题兴许根本与我们无关,它兴许无关紧要。因此——毕竟,与苏格拉底关心的问题相比,与我们的关系直接得多、紧迫得多的事情如此之多。但是,关于我们为什么应该关心苏格拉底的问题,如果我们听一听这个人的话——我这次讲座的标题就取自这个人,而且据我所知,这个词是他杜撰的——我们就会得到一个答案。在尼采最后出版的作品之一《偶像的黄昏》中,"苏格拉底问题"是一个部分的第一个十分显眼的标题。他告诉我们,苏格拉底或柏拉图是颓废者(décadents)。更确切地说,苏格拉底是一个属于平民最底层或属于贱民的颓废者。我引用一下:

在他身上一切都是夸张、滑稽演员、漫画，一切同时又是隐藏的、意味深长的、秘密的。

苏格拉底之谜是关于理性（reason）、德性与幸福的愚蠢等式——一个违背从前希腊人的所有本能（instincts）、违背希腊人那种健康高贵性情的等式。关键在于苏格拉底发现了辩证术，亦即对理由的探究，从前的高等希腊人不屑于探求和表达其行为的理由。对于他们来说，服从权威，服从诸神或自己的命令完全就是好的举止。只有那些没有任何其他办法让人听从和敬重自己的人才诉诸辩证术。这是出身低贱者对出身高贵者进行的一种报复（revenge）。"这个辩证术士让他的对手证明他不是一个傻瓜。他挑起愤怒并且制造无助。"苏格拉底之所以令人着迷，是因为他在辩证术中发现了一种新的竞技（agōn）形式；于是，他赢得了雅典的高贵青年，柏拉图首当其冲。在一个种种本能已经失去其古代威信并且正在瓦解的时代，人们需要一个非本能的僭主；这个僭主就是理性。可是，这种疗法就像疾病那样属于颓废。

在谈到从前的希腊人时，尼采也想到了哲人，前苏格拉底哲人，尤其是赫拉克利特。这并不意味着他赞同赫拉克利特。不赞同的原因之一是，尼采像所有哲人一样，缺乏所谓"历史感（historical sense）"。在任何时候，尼采都用修昔底德治疗一切柏拉图主义，因而也包括苏格拉底主义（Socratism），修昔底德有勇气抛弃幻象面对现实，在现实中而非在观念中寻找理性。在修昔底德那里，智术的（sophistic）文化亦即现实的文化得到了充分表达。

《偶像的黄昏》中谈论苏格拉底问题的这个部分，只是尼采的第一部作品《肃剧从音乐精神中诞生》（*The Birth of Tragedy out of the Spirit of Music*）的一点残留，尼采后来在某种程度上否定这部作品,原因之一是他在这部早期作品中对希腊肃剧的理解凭借的是瓦格纳(Wagner)的音乐或者说受它误导,而他逐渐发现瓦格纳是个头等的颓废者。尽管有这个以及其他缺陷,尼采的第一部作品极为清晰地划定了他未来一生的工作。所以关于这一点我再说几句。

尼采把苏格拉底渲染成"所谓世界历史唯一的转折点和漩涡"。尼采的关切不仅仅是理论上的;他关心德国的未来或欧洲的未来——一种必然超越此前已经得到实现的最高者的人类未来。人类迄今的最高峰是在古希腊肃剧尤其埃斯库罗斯肃剧中表达出来的生活方式。苏格拉底拒绝并摧毁了对于世界的"肃剧式"理解,因此,他是"古代最成问题的现象",一个高于人类的人:一个半神。简单地说,苏格拉底是第一个理论人,科学精神的化身,极端反艺术、反音乐。"在苏格拉底身上,第一次出现对自然的可理解性和对知识的普遍疗救作用的信仰。"他是理性主义者的原型,因而也是乐观主义者的原型,因为,乐观主义不仅相信此世是可能的最好世界,也相信此世是能够被造就为所有可以想象的世界中的最好世界,或者,可以凭借知识让可能的最好世界中的恶变得无害:思维不仅能够完全理解存在,而且甚至能够改正存在;科学可以引导生命;一个救场之神——为了"较高的唯我论"而得到认识和利用的自然之力——可以取代神话中活生生的诸神。理性主义是乐观主义,因为它相信理性的力量是无限的而且本质上是有益的,或者科学可以解决所有难题,解开一切锁链。理性主义是乐观主义,因为对原因的信念依赖于对结果的信念,或者,因为理性主义的前提是相信善的原初或最终的至上性。苏格拉底带来或代表的转变的全部和最终结果仅仅出现在当代西方:出现在对于普遍启蒙因而对于所有人在一个普遍社会中的此世幸福的信念之中,出现在功利主义、自由主义、民主、和平主义和社会主义之中。这些结果和对科学根本限度的洞见从根本上动摇了"苏格拉底文化":"苏格拉底式的人的时代已一去不复返"。于是,人们期盼一个超越前苏格拉底文化之顶峰的未来,期盼一种未来的哲学,这种哲学不再像迄今的所有哲学那样仅仅是理论的,而是有意识地基于意志的行动或基于决断。

尼采对苏格拉底的攻击是对理性的攻击:理性这个针对一切偏见的备受推崇的解放者证明它自身就建立在偏见之上并且是最危险的偏见:源于颓废者的偏见。换言之,尽管动辄对牺牲理智的要求感到极其愤愤不平,理性却将自身建立在牺牲理智的基础上。——作出这则批评的是一个站在所有蒙昧主义和原教旨主义对立一极的人。

因此,倘若人们忘了尼采终其一生都受苏格拉底吸引这个事实,人们就会误解我引用或提到的尼采关于苏格拉底的论断。这种吸引最精彩的证据就是《善恶的彼岸》的倒数第二则格言,这或许是尼采整个作品中最美的段落。我不敢尝试翻译它。尼采在那里没有提苏格拉底,但是苏格拉底在那里。尼采在那里说诸神也搞哲学(philosophize),由此明显地与柏拉图的《会饮》相抵触,根据《会饮》,诸神不搞哲学,不追求智慧,相反,诸神是智慧的。换言之,按照尼采的理解,这些神不是最完美的存在者(entia perfectissima)。我只再说几点。尼采对苏格拉底的严肃的反对也可以表述如下:尼采用权力意志取代了爱欲(erōs)———一种具有一个追求以外的目的的追求被一种没有这种目的的追求取代了。换言之,迄今的哲学像月亮——未来的哲学像太阳;前者是沉思的,仅仅发出借来的光,它依赖在自身之外并先于自身的创造行为;后者是创造性的,因为它源于有意识的权力意志。根据扉页上的说法,尼采的《扎拉图斯特拉如是说》是"一部既写给所有人又不写给任何人的书"；苏格拉底则与一些人交往。——我再说一点，这一点几乎同样重要。在《善恶的彼岸》的序言里，尼采在与柏拉图随之与苏格拉底争论时仿佛是顺带地说过："基督教是民众的柏拉图主义。"

海德格尔是尼采最深刻的解释者，也是他最深刻的批评者。他之所以是尼采最深刻的解释者，恰恰因为他是其最深刻的批评者。我们可以这样表达他的批评采取的方向。尼采在他的《扎拉图斯特拉》中说复仇精神催生了所有从前的哲学；然而，这种复仇精神说到底与对时间的复仇有关，因此，它是一种向着永恒、向着一个永恒的存在者摆脱时间的努力。可是尼采也教导永恒回归。对于海德格尔，不再有任何意义上的永恒，甚至也不再有任何相对意义上的恒在（sempiternity）。尽管如此，或者毋宁说正因为如此，他保留了尼采的谴责或批判——尼采把柏拉图看作后来成为现代科学因而成为现代技术的东西的始作俑者。但是，经过海德格尔对尼采的彻底转化，苏格拉底几乎完全消失。我只记得一则海德格尔关于苏格拉底的论述：他说苏格拉底在所有西方思想家中最纯粹，同时又表示这个"最纯粹"与"最伟大"差别很大。难道他没有充分意识到苏格拉底身上的奥德修斯？也许吧。但是，他显然看到了苏格拉底独特的纯粹性与他从不写作的事实之间的联系。

回到海德格尔对永恒的悄然否定，这个否定意味着思想绝不可能超越时间，超越历史；一切思想都属于、依赖于思想无法掌控的某种更根本的东西；一切思想都彻底属于一个时代、一种文化、一个民族。这当然不是海德格尔独有的看法；它产生于 19 世纪，今天已经成为许多人的一个信条。但是，海德格尔对它的思考比任何人都更彻底。让我们把这个观点称为"历史主义（historicism）"并且这样界定它：历史主义是这样一种观点，根据这种观点，一切思想都基于一些因时代而异、因文化而异的绝对预设,这些预设在它们所属的处境中或在由它们构成的处境中不受质疑,也不能受到质疑。科学的"客观性",科学可以超越或打破一切文化界限这个事实并不否定这个观点;因为,做到这一点的科学是现代西方科学,希腊科学的孩子或继子。使希腊科学成为可能的是希腊的语言,一种特殊的语言;希腊语言提出了那些使科学成为可能的洞见、预言或偏见。举一个简单的例子,科学指的是关于所有存在者的知识,这个思想在原初的希伯来语和阿拉伯语中无法表达;为了能够引进希腊科学亦即科学,中世纪的犹太哲人和阿拉伯哲人必须发明人造的语词。希腊人因而尤其是苏格拉底和柏拉图,缺少对历史的意识,缺少历史意识。关于苏格拉底和柏拉图为什么尤其对于尼采、海德格尔和这么多我们的同时代人而言变得彻底成问题,这是最通行、最温和的说法。关于苏格拉底何以成为一个问题,何以存在一个苏格拉底问题,这是最简单的解释。

这并不意味着我试图描述的反苏格拉底的立场不成问题。如果我们不假思索地接受所谓历史意识,如果历史意识的对象,大写的历史(History),已经完全被发现,它或许就不成问题。但是,历史或许是对于诸多可以另作他解的现象的一种成问题的解释,这些现象在更早的时代以不同的方式被解释,尤其是在苏格拉底及其后辈那里。我从一个简单的例子开始说明这个事实。苏格拉底的一个学生色诺芬写了一部叫作《希腊志》亦即希腊历史的史书。这部作品突然从"之后(Thereafter)"这个说法开始。这样一来,色诺芬不可能挑明这部作品的意图是什么。根据他另一部作品(《会饮》)的开篇,我们推断《希腊志》专论贤人们的严肃行为;因此,严格说来那些臭名昭著的非贤人亦即僭主的行为并不属于历史,色诺芬恰当地用题外话加以处理。更重要地,《希腊志》也尽可能以"之后"

结束——对于色诺芬，我们称为历史的东西是一系列"之后"，在每一个"之后"里统治的都是混乱。苏格拉底也是一位贤人，但他是另一种贤人；他的贤人风范在于就各种属人事物提出和回答"什么是"这个问题。但是，这些"什么是"是不可变的，绝对不处于混乱的状态之中。这样看来，这部《希腊志》仅仅是政治的历史。政治史的优先性如今仍然得到承认："史家"如今仍然意味着政治的史家，除非我们添加一个形容词，比如经济的、艺术的等等。可是尽管如此，现代史学是历史哲学（philosophy of history），或者建基于历史哲学。历史哲学始于维科（Vico）——但维科的新科学［据他所称］乃是一种自然正确学说，亦即一种政治学说。无论如何，就我们所知的形式而言，现代史学处理人的所有活动和思想，处理全部的所谓"文化"。希腊的思想中完全没有"文化"，但是有比如包括赚钱的技艺和模仿的技艺在内的各种技艺和各种意见，亦即 doxai，尤其是关于最高事物（诸神）的意见；因此，在我们所谓的"一种文化"中，这些意见是最高的东西。这些意见因民族而异，在各个民族内部或许也会经历变化。从知识的性质上看，它们的对象是被相信的东西（nomizomena），是由于被相信而存在的事物，是一些被宣称为神圣事物的夭折的推理的僵死结果。借柏拉图的一个比喻来说，它们是洞穴之顶。我们所谓的历史就是连续或同时存在的诸多洞穴。这些洞穴、这些洞顶就是礼法（nomōi），而礼法被理解为自然（phusei）的对立面。在现代世纪中出现了一种以贬低自然为基础的新的自然正当学说（doctrine）；霍布斯的自然状态是最著名的例子。自然在这里只是一个否定的标准：一个人们应该脱离的东西。在这个基础上，理性法或道德法［正如它们的名称那样］不再是自然法：自然绝对不是标准。这是历史意识的必要条件，尽管不是充分条件。根据这个从前的观点，可以这样描述历史意识本身的特性：作为历史意识的对象,历史是一系列 nomoi[礼法]序列,自然则被理解为众多礼法中的一种礼法(one nomos)——礼法已经将自然并入其中。海德格尔试图主张,自然不是与生长(phuein)而是与光(phaosphōs)相关——在他看来,"生长"首先是所有人根植于人类的某个过去、某个传统之中并且创造性地转化这个传统。亦参尼采的《善恶的彼岸》格言188。

让我换个多少有所区别的方式重述这个问题如下。人类以族群(ethnē)构成自然(phusei)。其中一部分原因直接源于自然(phusis)(不同种族、地表的大小和结构),一部分原因源于礼法(nomos)(各种习惯和语言)。每个哲人本质上都属于这个或那个族群,但是作为一个哲人他必须超越族群。犹太教、基督教和伊斯兰教以多少有所区别的方式追求一种神迹式的消除或克服所有人的根本特殊性(particularism)的前景。现时代借助征服自然和普遍承认一种纯粹的 理性[法](nomos)设想一种非神迹的克服,结果只剩下语言的差异,即使斯大林也承认其重要性。为了反抗这种似乎使人的生活丧失了深度的扁平化,哲人们开始宁要特殊的东西(本土的、暂存的东西),不要任何普遍的东西,而非仅仅接受特殊的东西。我用一个或许是最著名的例子来解释:他们用英国人的权利取代了人的权利。

根据历史主义,每个人本质上完全属于一个历史的世界,而且他不能恰如另一个历史世界[过去或现在]理解自己一样理解它——他的理解必然与它理解自身不同。比它理解自己更好地理解它显然根本不可能,只有头脑十分简单的人类学家才相信这一点。可是,海德格尔将从前的所有哲人和从前的所有哲学思想描述成"对存在(Sein)的遗忘",对于根基之根基的遗忘:这意味着他在这个关键层面宣称,他对从前的哲人理解比他们自己理解得更好。

这个困难并不特别为海德格尔所有。本质上它属于所有形式的历史主义。因为,历史主义必须断言,它是一种超越从前一切洞见的洞见,因为它宣称要揭示从前一切洞见的真正性质:它要把它们放在属于它们的恰当位置上,如果可以讲得这么简单的话。同时,历史主义断言,各种洞见都是各时代或各时期的应变量(function of times or periods);因此它暗中主张,这个绝对洞见——历史主义者的洞见——属于绝对的时代,属于历史中的绝对时刻;但是,它必须彻底避免对我们的时代或任何时代作出这样的宣称;因为那相当于终结历史,亦即终结有意义的时间(参黑格尔、马克思、尼采)。换言之:历史过程不是理性的;每个时代都有它的绝对预设;根据兰克(Ranke)的原则,所有时代都同样接近上帝;但是,历史主义揭示了这个事实,亦即这个真正绝对的预设。

对于所有时代,历史主义者的洞见都正确,因为,如果未来某个时代遗忘了这个洞见,这仅仅意味着堕入一种人类过去一直生活于其中的遗忘。历史主义是永恒的真理。

这当然不可能。根据海德格尔,不存在任何永恒真理:永恒真理以人类的永恒性或恒在性为前提(《存在与时间》227 – 230;《形而上学导论》64)。海德格尔知道人类不是永恒的或恒在的。对于海德格尔,这则知识,关于人类有其起源的知识,一个宇宙论的洞见,即使不是唯一的根基,难道不是至少具有根基性?

据说,一切存在者尤其是人的唯一根基是存在(Sein)。除了海德格尔,在每一个作家那里"存在(Sein)"都会被译作"存在(being)";但是对于海德格尔,一切都取决于被看作动名词的存在与被看作分词的存在之间的彻底区分,而动名词与分词在英语中不可区分。因此,我会在一次性把它们译作希腊语、拉丁语和法语之后使用德文词:存在(Sein)是 einai、esse、être;存在者(Seiendes)是 on、 ens、étant。存在不是存在者；但是，在对存在者的一切理解中，我们都暗中预设我们理解存在。人们倾向于说，用柏拉图的话说存在者只是通过分有存在才存在，但是按照这种柏拉图式的理解，存在就会成为一个存在者。

海德格尔的存在是什么意思？人们可以先［至少我可以先］以如下方式理解它。不能借助存在者解释存在。举个例子，不能以因果的方式解释因果性（causality）→存在取代了范畴［当然是康德意义上的范畴］。这个变化是必然的，因为范畴、范畴体系、诸多绝对预设因时代而异；这种变化不是进步，也不是理性的——不能借助或基于一个特殊的范畴体系解释范畴的变化；可是，倘若变化之中不存在某种持续的东西，我们就不能谈论变化；承担这种最根本的变化［根本的思想］中的持续的东西的就是存在：如他所说，存在在不同时代"给出"或"发出"关于存在因而关于"一切事物"的不同理解。

如果这表明存在源于推论，仅仅源于推论，就会是误导。但是，我们借助对存在的经验对存在有所知；可是这种经验以一次跳跃为前提；从前的哲人没有作出这种跳跃，因此，他们的思想以遗忘存在为特征。他们仅仅想到和思考存在者。可是，除非以对存在的某种意识为基础，他们不可能想到并且思考存在者。但是，他们从来不留意这一点——这种失败不是由于他们自己疏忽大意，而是由于存在本身。

存在的钥匙是一种特殊形式的存在，人的存在。人是筹划（project）：每个人通过践行自由，通过他对一种确定的生存理想的选择，通过他的筹划（或没能力筹划）而成为他所是的东西（确切地说是他所是的人）。但人是有限的：他的基本选择的范围受到不由他选择的处境限制：人是一个被抛（thrown）在某处的筹划（geworfener Entwurf）。对存在的经验所借助的跳跃首先是对被抛、对有限性的意识－接受,是对有关凭栏和支撑的每一个念头的放弃。(生存必须被理解为依靠[insistence]的对立面。)从前的哲学尤其希腊哲学之所以是对存在的遗忘,因为它并不以那种经验为基础。希腊哲学受到一种存在观念的引导,根据这种观念,存在意味着"在手边(at hand)"、在场,因此最高意义上的存在就意味着永远在场、永远存在。与此相应,他们和他们的后辈将灵魂理解为实体,理解为一个东西——而不是一个自我(self),即便真是自我,即便是本真的而非浮躁浅薄的自我,即基于对作为被抛的筹划的意识 – 接受的自我。离开筹划,离开一种生存理想和为之献身,就不可能有任何不流于浮躁浅薄的人的生活。"生存理想",[这]取代了"关于美好生活的高贵意见";但是,意见指向知识,而"生存理想"则意味着在这方面根本不可能有知识,只有筹划、决断——它远远高于知识,亦即关于"什么是"的知识。

　　一切存在者尤其人的根基都是存在——这个根基之根基与人同在,因此也不是永恒或恒在的。但是倘若如此,存在就不可能是人的全部根基:与人的本质截然不同的人的出现,就会需要一个不同于存在的根基。换句话说,存在不是那个东西(the That)的根基。但是,那个东西,恰恰那个东西,难道不是存在? 如果我们试图彻底思考任何事情,我们就会遇上实际性(facticity),不可化约的实际性。如果我们试图通过追溯其原因及其条件理解人的那个,理解人类存在这个事实,我们会发现整个努力都受到一种特定的存在理解的引导——受到一种由存在给出或发出的理解引导(by an understanding which is given or sent by Sein)。人类的各种条件照这种观点看来可以比作康德的物自体(Thing-in-itself),关于它人们什么也不能说,尤其不能说它是否包含任何恒在的(sempiternal)东西。海德格尔同样回答如下:人们不能谈论任何在时间上先于人存在的东西;因为时间只有在人存在之时才存在或发生;本真的或原初的时间只在人身上存在或出现;宇宙时间,借助计时器度量的时间是第二位的或派生的时间,因此,根基性的哲学思考不能诉诸或利用这种时间。这个观点会让人们想到中世纪的一个观点,根据这个观点,世界在时间上的有限性与上帝的永恒性和不变性是相容的,因为,时间依赖于运动,如果没有运动,就不可能有时间。但是,谈论"创世之前"并且在海德格尔的语境中谈论"人出现之前"似乎是有意义的甚至是不可避免的。

所以,似乎不能避免这个问题,人与存在出现的原因是什么,或者,从无(nothing)中将它们带来的是什么。因为,从无中(只能)产生无(ex nihilo nihil fit)。海德格尔显然质疑这一点,他说,每个作为存在者的存在者都从无中来(ex nihilo omne ens qua ens fit)。这会让人们想到《圣经》关于从无中创造的学说。但是,海德格尔没有留位置给造物主上帝(Creator-God)。这就意味着,事物从无中并通过无(ex nihilo et a nihilo)生成。海德格尔当然既没有在字面上断言也没有在字面上否定这一点。但是,难道一定要根据其字面意思来想到这一点吗?

对于从无中(只能)产生无,康德"没有在任何地方"发现"哪怕证明它的尝试"。他自己的证明确立起这个原则的必然性——但仅仅是为了使(与他所称的物自体相对的)一切可能的经验成为可能——他将先验的正当性给予从无中(只能)产生无。先验演绎反过来指向实践理性的优先性。基于同样的精神,海德格尔说,自由是根据律的本源。

与此相应,海德格尔确实谈到了人的起源,他说这是一个奥秘,引出这个明智结论的推理具有什么性质? 这个结论直接出自这样两个前提:(一)不能借助存在者解释存在——对比,不能以因果方式解释因果性——（二）人是唯一由存在构成的存在者——与存在不可分离→人分有存在的不可解释性（inexplicability）。关于它的困难：在生物学中发现的人的起源（见波特曼［Portmann］）只是例证，而非证明。

海德格尔似乎成功地在既不给物自体留后门也不需要关于自然的哲学（黑格尔）的情况下清除了自然（phusis）。人们或许会说，他做到这一点的代价是存在的不可理解性。最具才智的西方马克思主义者卢卡奇举起列宁对经验批判主义（empirio - criticism）用过的大锤谈论神秘化。由于没向海德格尔学习，卢卡奇伤到的只是他自己。他阻止自己去了解，海德格尔对当今世界的理解比马克思（座架［Gestell］——商品，物）更全面更深刻，或者说，马克思提出的主张远远超过那个声称卖掉了布鲁克林大桥的家伙的主张。在所有重要的方面，海德格尔都不比他们把事情弄得更含糊。

海德格尔试图通过反思思（thinking）的德文词深化对思之所是的理解。对于这个做法，他提出异议说，一个德文词显然属于一种特殊的语言，而思则是某种普遍的东西；因此，人们不能通过反思一种特殊语言中的一个词解释什么是思。他得出结论，这里还是有个问题。这意味着对于他来说，即使海德格尔意义上的历史主义也有个问题。对他来说，解决之道不可能在于回到超时间或永恒的东西，相反，它仅仅在于某种历史的东西：在于对人生和世界的最不相同的理解的相遇，东方与西方的相遇——相遇者当然不是两方的意见民调者（pollsters）或意见领袖，而是那些深深立足于传统的超越表面上不可逾越的鸿沟之人。倘若这一点言之有理，我们首要的任务正是我们已经着手的任务——理解西方大书的任务。

开头的时候我说苏格拉底已经成了一个问题——他所代表的东西的价值和有效性已经成了一个问题。但是，质疑苏格拉底代表的东西的价值意味着我们已经知道他代表的是什么。这第二个或首当其冲的问题指向就这个说法的另一层含义而言的苏格拉底问题,即指向历史问题。这个苏格拉底问题实际上源于如下事实,苏格拉底并不写作,所以,为了得到关于他亦即他的思想的知识,我们依靠的是那些同时作为转化者的中间人。这些中间人是阿里斯托芬、柏拉图、色诺芬和亚里士多德。要不是通过口头或书写的传闻,亚里士多德也不认识苏格拉底。事实上,他关于苏格拉底的说法是在重述色诺芬的话。阿里斯托芬、色诺芬和柏拉图认识苏格拉底本人。在这三个人当中,只有色诺芬一个人通过行动表明他想成为一个史家。这乍看之下对色诺芬有利。至于柏拉图,我记得有人说"如今我们知道"他的有些对话是早期对话,因而比晚期对话更苏格拉底。但是对于柏拉图,关于"什么是德性"这个苏格拉底式问题,苏格拉底知晓或不知晓哪些隐含意味或前提根本无关紧要:他有多么专注于苏格拉底的问题,他就有多么忘记他本人。关于柏拉图的苏格拉底,更智慧的做法是用尼采的话戏谑甚至轻浮地说,前头是柏拉图,后头是柏拉图,中间是吐火的怪兽。无论如何,柏拉图笔下的苏格拉底不如色诺芬笔下的苏格拉底那么好分辨(eusunoptos)。所以,我仅限于谈论色诺芬笔下的苏格拉底。不过,如果我们不提醒自己留意阿里斯托芬的《云》(Clouds)中的苏格拉底,这就行不通了。

这个苏格拉底明显面临当时针对哲人的两项惯常的指控:(一)他们不信诸神,尤其城邦的诸神,(二)他们把弱的论证变强,让不义的言辞(Adikos Logos)胜过正义的言辞(Dikaios Logos)。因为,他从事两种活动:(一)自然学(phusiologia),探究各种动力,尤其是产生天象的动力,(二)修辞术(rhētorikē)。这两种活动之间的关联并非显而易见,因为阿里斯托芬的苏格拉底完全是非政治的,而修辞术似乎为政治服务。可是,自然学将人从一切偏见中解放出来,尤其是将人从对城邦诸神的信仰中解放出来;这种解放不容于城邦;因此,哲人－自然学家需要用修辞术在法庭上为自己、为他的不受欢迎的行为辩护;就其让不义言辞胜过正义言辞而言,他的辩护是其技艺的最高成就。不消说,他也可以将这种技巧用于其他在某种意义上更低的目的,比如欺骗债主。阿里斯托芬笔下的苏格拉底是一个具有非凡克制力和忍耐力的人。仅仅这个事实就表明,出现在舞台上的不义言辞不是苏格拉底的不义言辞,至少不是其纯粹、终极的形式。这种不义言辞大意是说,真正的共同体是知者(the knowers)的共同体,而不是城邦,或者说,知者只对彼此有义务:无知者像疯人一样,几乎没有权利。知者与其他知者的关系比他与他的家庭更近。构成家庭的是父权和反对乱伦的禁忌——反对弑父娶母的禁忌。乱伦禁忌和异姓通婚的义务要求家庭扩展为城邦,这种扩展之所以必要,首先是因为家庭无力自保。但是,倘若没有诸神,这两项禁忌就缺乏必要的强制力。苏格拉底质疑这一切:宙斯不存在。于是,他破坏了城邦,可是他不能离开城邦生活。用正义言辞的话说,城邦养活了他。——色诺芬没有直接回应阿里斯托芬。但是,阿里斯托芬提出的这两大点经过一些变更以后成了麦勒图斯(Meletos)、安虞图斯(Anytos)和吕孔(Lykon)构织的针对苏格拉底的两点指控。所以,即使没有明说,色诺芬也在通过否定这些指控反驳阿里斯托芬。

关于不虔敬——没有自然学,只有对属人事物(tà nthrōpina)的探究——可是,苏格拉底的确用他的方式探究自然→证明诸神的存在和神意(≠城邦诸神)。

关于败坏人——苏格拉底是个完美的贤人(基于他的自制)——他甚至在可能被教的最大限度上教导美好事物——他没有

将智慧与审慎彼此（one another）——与此相应他服从法律，他甚至
将正义等同于服从法律——因此他是一个政治的人——异乎常人
的生命行不通——他甚至教导政治事务——在这种情况下，他批评
既有的政制（通过抽签选举）——但这是贤人应有的立场。可是，
他能够在言辞中用他喜欢的任何方式应付每个人，这个事实提醒我
们，据称苏格拉底有能力把较弱的言辞变强——因此，他能够吸引
克里提阿（Kritias）和阿尔喀比亚德这类有问题的贤人——不过，让
苏格拉底为他们的错误行为负责很不公平。

色诺芬的苏格拉底并不总是对美好事物采用高姿态——不过，
这样一来他就不是一个危险的颠覆者，而毋宁说是一个俗人。

比如他对友谊的态度——朋友是宙斯见证的财富——功利主
义者的、治家者的做法——将王者的技艺降到齐家的技艺。最终：
美＝好＝有用性。

可是：美好事物不止一层含义。苏格拉底把什么理解为美好事
物？关于属人事物的"什么是"（ti esti）的知识——就贤人这个说法
的一般含义而言，贤人不具备这样的知识。通过向我们展示苏格拉
底与一个贤人的一次明确的交锋（《治家者》11——在柏拉图那里
没有这类事情），色诺芬扫清了关于这一点的所有可能的混乱。这
使我们想知道苏格拉底与贤人们之间的全部差别——在《回忆苏格
拉底》专论贤人风范的一节（II 6. 35）中，色诺芬的苏格拉底告诉我
们什么是男子汉的德性：通过帮助朋友胜过朋友，通过伤害敌人胜
过敌人——但是，在谈论苏格拉底的德性时，色诺芬根本没有提到
伤害别人→男子气没有出现在色诺芬对苏格拉底德性的两次列举
之中。色诺芬谈到了苏格拉底在战斗之中的模范举动，但是，他把
这一点算作苏格拉底的正义，并且没有给出关于苏格拉底军事才能
的任何事例。对色诺芬的理解评价很低的伯奈特（Burnet）相信色

诺芬和美诺(Meno)这类人由于苏格拉底在军事上的名声而受他吸引,而我们关于这个名声所知的一切都来自柏拉图。所以,苏格拉底总是考虑人类事物的"什么是?",他是这个意义上的贤人。可是,关于这类讨论,色诺芬给出的事例极少;与处理"什么是"的对话相比,远远更多的是没有提出"什么是"问题的苏格拉底谈话,在其中苏格拉底劝勉德性或劝阻恶行。色诺芬指向了苏格拉底的生活或思想的核心,但他没有充分呈现它,或者说根本没有呈现它。

　　色诺芬笔下的苏格拉底把那些关心万物自然的人刻画成疯人:在他们当中,有些人认为存在只是一,另一些则认为有无限多存在者;他们有些认为所有存在者总是在运动,另一些则认为从来没有运动的事物;他们有些认为一切事物都有生有灭,另一些则认为没有任何东西曾经有过生灭。所以,他描述了关于万物本性的理智健全的或清醒的观点;根据这个更智慧的观点,存在许多永恒的存在者而非无限多存在者,这些存在者(≠其他存在者)从不变化,从不生成和消逝。据色诺芬在一个完全不同的语境中说,苏格拉底从未停止思考每个存在者是什么:这许多存在者就是诸多"什么是"、诸多族类(≠无限多会消逝的个体)。所以,苏格拉底确实关心万物的自然,就这一点而言他也是疯人;但他的疯癫是清醒——清醒的沉醉——色诺芬仅仅在一处说苏格拉底"有福(blessed)":当他谈到苏格拉底如何获得朋友或毋宁说好朋友之时——苏格拉底获得他们的方法是,与他们一起研习智慧的长者的作品并且一起挑出他们在其中发现的好东西——但是,关于这种幸福的活动,色诺芬没有给出任何事例。——关于苏格拉底与格劳孔(Glaukon)的谈话,色诺芬是这样引入的:苏格拉底之所以很愿意与格劳孔交往,既因为格劳孔的儿子卡尔米德(Charmides),也因为柏拉图。与此相应,接下来一节描写的是苏格拉底与卡尔米德的谈话。于是我们推想下一章会描写苏格拉底与柏拉图的谈话。可是,下一章描写的是苏格拉底与柏拉图的替身哲人阿里斯提珀斯(Aristippos)的谈话:色诺芬指向了这个顶点——与柏拉图的谈话——但它没有出现——而且这不是因为这样的对话不存在。——《回忆苏格拉底》最接近呈现苏格拉底的教诲本身的这一卷是借助这样的评述引入的,苏格拉底不用同样的方式接近所有人:他以某一种方式接近那些天性好的人,以另一种方式接近那些缺乏好天性的人;但是,这一卷中的主要对话者,色诺芬呈现的这种苏格拉底教诲的主要对象显然是一个缺乏好天性的年轻人。——最后一个例子:苏格拉底使用两种辩证术——在一种辩证术中,他将整个论证引回它的前提并澄清这个前提;真理以这种方式变得清楚。在另一种辩证术中,苏格拉底借助人们普遍承认的东西,借助人类认同的意见;他通过这种方式达到的确实不是知识或真理,而是同意或一致。奥德修斯擅长第二种言辞;不仅如此,据苏格拉底的指控者说,苏格拉底经常援引《伊利亚特》中的诗句,根据《伊利亚特》的描述,奥德修斯以不同的方式向有价值的人物和不值一提的人物说话。——只有通过遵循这些暗示,通过将它们互相联系起来,通过对它们深思熟虑并且通过总是记住它们——甚至在阅读苏格拉底如何教导一个可怜的家伙之时:这个人已经近乎绝望,因为十四个女亲戚在他家里避难,而且她们就要把他和她们自己都饿死——我想说,只有通过始终记住色诺芬的暗示,人们才能看到色诺芬眼中的真正的苏格拉底。因为,色诺芬同样并且首先把苏格拉底描述成一个无害的人,甚至对才智最平庸的人也有所裨益。他尽可能地亦即在仍然能够暗示其冲突的限度内尽可能地隐藏苏格拉底式的君子与普通君子之间的差别。

贤人最大的特征就是敬重法——敬重那种正确的法;或者,你可以说错误的法根本不是法。因此,"什么是法"(ti esti nomos)这

个问题必然出现;但是,色诺芬的苏格拉底从未提过这个问题;只有
阿尔喀比亚德提过这个问题,这个极度大胆甚至肆心的年轻人由于
提出这个问题让伟大如伯利克勒斯(Perikles)者也非常难堪。苏格
拉底不提这个问题,这表明他是多么好的一个公民。因为,法依赖
于政制,但好公民是服从法的人,不管政制如何变化。不过,根据一
种更深刻的观点,"好公民"与政制相关:一个民主制下的好公民在
寡头制下就是一个坏公民。鉴于这种复杂性,审慎的做法是不提
'什么是法'这个问题。可是,唉,提出这个问题的阿尔喀比亚德在
这么做的时候正是苏格拉底的伙伴,而且他处理问题的方式显示出
苏格拉底式的训练。色诺芬几乎公开承认苏格拉底颠覆了父系的
权威。至于乱伦,色诺芬的苏格拉底断言神法禁止乱伦,因为亲子
乱伦会自动受到后代有缺陷的惩罚,好的后代只能来自同时正值壮
年的父母。苏格拉底的论证只字不提兄妹乱伦。尤其是,对亲子乱
伦的惩罚与人们在娶年轻妻子的老年丈夫身上看到的"惩罚"没有
区别。在这一点上,色诺芬笔下的苏格拉底非常接近《云》中的苏
格拉底。

　　《云》中的苏格拉底教导修辞术的全能,但是,戏剧情节否定了
他的这种教导。色诺芬笔下的苏格拉底可以在言辞中自如地应付
所有人——这意味着他不能在行动中自如地应付所有人。且不说
他的控告者们,最大的例证就是克姗提佩(Xanthippe)。不过,色诺
芬笔下的苏格拉底(≠《云》中的苏格拉底)意识到言辞的根本限
度。色诺芬还这样来说明这一点。他的战斗同志普罗克塞诺斯
(Proxenos)有能力统治贤人,可他统治不了认为他天真的其他人;
他没能力让一般战士感到惧怕;他没能力施行惩罚;他是高尔吉亚
的学生。然而,苏格拉底的学生色诺芬既有能力统治贤人,也有能
力统治非贤人;他既擅长行动又擅长言辞。

我们从亚里士多德那里看到,智术师们将政治技艺等同于或几乎等同于修辞术。我们推断,苏格拉底反对智术师的原因还在于或尤其因为他意识到修辞术的根本限度。顺便提一句,在这个重要方面马基雅维利与智术师完全不同,而是与苏格拉底一致;他延续、修改、败坏了这个苏格拉底传统;他与这个传统的纽带是色诺芬,他提到色诺芬的次数多于他提到柏拉图、亚里士多德和西塞罗的总和。这是人们必须比在通常情况下更留意色诺芬的一个额外的原因。

这个讲座由两个异质的部分构成——它们显然只是因为"苏格拉底诸问题"这个肯定有些含混的标题才被放在一起:苏格拉底问题既是哲学问题也是历史问题。在哲学问题与历史问题之间作出区分不可避免,但区分不是彻底分离(separation):不下决心思考历史问题就无法探究哲学问题,不下决心内在地思考哲学问题就无法探究历史问题。

苏格拉底与政治学问的起源

肖涧 译

[中译编者按]1958 年 10 月 27 日至 11 月 7 日,施特劳斯在芝加哥大学做了六次公开讲座(Public Lectures),题为"政治学问的起源与苏格拉底问题"(The Origins of Political Science and the Problem of Socrates)。本文为其中的第一讲,标题为本编者所加。

首先,请允许我向 Herman Pritchett 致谢,他是我的同事,也是我的朋友。在他说过这番话后,我感到格外欣慰,因为觉得自己不再是孤单一人。否则的话,我必须为我所做的一系列公开讲座负完全责任,现在我很高兴有人愿意和我共同承担这一责任。我也很高兴他把我介绍为真正的政治科学家,因为有人或许认为从政治科学角度来看,我这一系列讲座的不少内容都非常边缘,这一点我不能苟同。

我们所理解的政治科学是这样一种研究政治事务的学问:它并不屈从于任何权威,它也不只是政治活动的一部分,或只是政治活动的附庸。政治科学最初等同于政治哲学。政治科学与政治哲学的区分是区分一般而言的科学与哲学的结果,这一区分晚近才出现。政治哲学或政治科学最初是对最好政制或最好社会的探求,或对关于最好政制或最好社会的学说的探求。这一探求包括对所有政制的研究。

政治哲人最初指并不参加政治活动,但试图描述最好政制的那个人。因此,如果我们要追溯政治科学的起源,我们只需确认第一个试图描述最好政制又不参加政治活动的人。正是亚里士多德本人告诉我们这个人。他的名字是米利都的希朴达摩（Hippodamus from Miletus）。希朴达摩的最好政制有三个主要特征。他的市民主体由三部分组成：手艺人、农民和武士；属于他的城邦的土地由三部分组成：神圣的、公共的和属于每个人的；法律也由三部分组成：关于暴行的法律、关于伤害的法律、关于杀人的法律。这个方案以表面上的简单清晰见长。但是，如亚里士多德观察到的那样，如果细想这个方案，就会发现它有很多含混不清之处。这些含混是由设计最清晰、最简单的方案的欲望引起的。希朴达摩诸多含混的具体建议中最为明显的一条是：因创造发明造福城邦的人，应从城邦中获得荣誉。亚里士多德在审视这项建议时认为，希朴达摩没有考虑到政治稳定与技术变化之间的紧张关系。在一些观察的基础之上，我们已变得更令人不快了，我们怀疑希朴达摩对清晰简单的过度关注与他对技术进步的过度关注之间是否存在联系。他的建议总的来看不仅导致含混不清，而且是永远的含混不清或永远的革命。这个不同寻常的奇思异想促使亚里士多德在描述构想它的人时，不同寻常地不惜笔墨。我引用如下：

> （他还）开创了城市的区划设计方法，并为雅典的港口完成了整齐的道路设计。这个人的生平又以怪异著称于当世，见者望之翘然，或以为矫揉：居常披发垂庸而加以修饰，以粗葛制长袍，厚实温暖，不分冬夏地穿着。他希望大家都把他看作一位能够对自然的整全给出解释的饱学之士。①

----

① ［译注］见亚里士多德《政治学》1267B25 - 29。中译参吴寿彭译本（北京：商务印书馆），并补上了吴先生漏译的最后一句。

似乎是一种特殊的对自然之为整全的解释,一种把数字"3"视作对所有事物关键的解释,促使或迫使希朴达摩把这一解释作为他最好城邦"三合一"方案的基础。看上去,希朴达摩似乎把数学物理学中精心设计的公式应用到政治事务中,以期获得最大程度的简单、清晰。然而他实际上获得的却是最大程度的含混不清,因为他没有注意到政治事务的特殊性。他没有发现政治事务乃是自成一体的。我们对政治科学之起源的探求导致了令人窘迫和多少有点令人失望的结果。希朴达摩或许是第一位政治科学家;他的思想绝不是政治科学或政治哲学的起源。我们不禁会怀疑这一结果是否是我们咎由自取?因为我们提出政治科学起源的问题,却没有提出比它更为首要的问题——为何探询这一科学的起源是恰当和必要的?

对于过去的每一次关注(如果不只是出于无所事事的好奇心),植根于对当前时代的不满。在最好的情况下,不满的原因是:没有任何当前时代是自足的。鉴于智慧的极度稀缺,任何当前时代的有智慧的人的智慧,都需要过去时代那些有智慧的人的智慧来支援。但是对当前时代的不满除了这个一般原因,可能还有更为具体或更令人苦恼的原因。让我们扫视一下政治科学的当前状况。我接下来要说的,较少关注大多数政治科学家的实际行为,而是更多关注流行的或叫得最响的方法论让他们去做的。大部分经验主义的政治科学家——至少在芝加哥大学的政治科学家——所从事的研究,从每个方法论角度来看都意义重大、颇为有用。政治哲学已经被一种非哲学的政治科学,被一种实证的政治科学所取代。这种政治科学"科学"到可以预测的程度,而根据实证主义的观点,政治哲学是不可能的。然而政治哲学提出的问题仍然具有生命力。它保留了生来就拥有的证据。我们若提醒自己注意这个证据,将不会有什么坏处。

所有政治行动都与保存或变化有关。保存意味着阻止变化向更坏的方向发展；变化意味着带来某些改进。因此，政治行动的指导思想是考虑更好或更坏的情况。但是人们在权衡更好或更坏时，不可能不考虑好或坏的问题，所有政治活动因此受到某种好或坏的观念的指导。这些观念最初出现时带有意见的特征：它们把自己表现为不容置疑，而经过反思就能证明它们其实是成问题的。由此，作为意见，它们指出关于好或坏的这些思想不再成问题。它们指向关于好或坏的知识，或更为准确地说，它们指向彻底的政治上的"好"（亦即有关好的社会的本质特征）的知识。如果所有政治行动都指涉政治哲学的基本问题，如果因此政治哲学的基本问题保留它最初的证据，那么对于思想者来说，政治哲学是一个永恒的诱惑。实证主义的政治科学确信这个基本问题不能通过理性得到回答，对它的回答只能通过情感，也就是说根本无法得到回答。政治哲学提出的基本问题因而不断危及实证主义的政治科学，因为这一基本问题既是亟待回答的，又是显而易见的。实证主义的政治科学因此被迫不断关注政治哲学，尽管这种关注带有争议或批判色彩。这种关注在任何样式或形式中所能采取的最精心的形式是：把政治哲学的历史视作对政治哲学之不可能性的详尽证明——见萨拜因（Sabine）。① 这种历史履行了它的职责：表明政治哲学不可能，或更为准确地说，表明政治哲学已过时。在非哲学的政治科学出现之前，人们曾无可厚非地投身于政治哲学研究。在人类心灵达到它目前的成熟状态之前，政治哲学曾不可避免。那么，出于所有的实际目的，以政治哲学史的形式出现的政治哲学还是必不可少。或者换句

① ［中译编者按］此人为政治思想史名家，肖公权的老师，其名作《西方政治学说史》有中译本，上下两部，北京：商务印书馆。

话说,政治哲学被政治哲学史所取代。政治哲学史自然而然地将从开端处开始,从而引发一个问题:如何确认第一个政治哲人?如果政治哲学史编撰得较为称职,它将以米利都的希朴达摩开始,并且满足于这个开端。然而,人们会怀疑这类政治哲学史是否还有任何价值。如果我们事前知道政治哲学的历史是一部有着重大错误的历史,有人将会丧失潜心钻研的必要动力。人们便没有理由在思考过去时还带着同情、热望或尊敬,也没有理由严肃认真地对待过去。

尤为重要的是,关于政治哲学之不可能性的必要和充分证据并不是由政治哲学史,而是由当前时代的逻辑提供的。因此人们开始怀疑政治科学的最新训练是否还需要对政治哲学史的研究(不管这项研究如何敷衍塞责)。他们的理由如下:政治科学家是在完全前所未有的情势(situation)下,关注当前时代的政治景象,这种前所未有的情势促使人们探索前所未有的解决方法,甚至一种全新的政治(或许是政治与心理分析的明智组合)。只有与这个完全前所未有的情势同时代的人,才能明智地考虑它。所有过去的思想家都未能明智地说出政治科学家关注的重心,即当前的政治情势。尤其因为所有早期的政治思想基本上都是不科学的;它的地位与民间传说相差无几;我们对这种政治思想知道得越少越好;所以让我们来个彻底清洗。我认为,这种说法不可取。毫无疑问,我们目前面临前所未有的政治情势。我们的政治情势,除了它是政治情势这一点,与任何早期的政治情势并无相同之处。人类依旧被划分为许多独立的政治社会,这些社会被确实无误和有时让人感到恐惧的边界分割开,不仅社会和政府依旧多种多样,政府的类型也依旧多种多样。不同的政治社会具有不同的、并不必然和谐一致的利益。政府类型的差异,由此产生的弥漫在不同社会的精神差异以及这些社会对未来的想象,都使和谐一致变得不可能。从我们对这个世界的观察来看,我们所能希冀的最好结果不过是不稳定的共存,而这种共存也只不过是我们的希冀。在那些具有决定性的方面,我们对未来完全一无所知。无论我们现在的政治情势是如何的前所未有,在这一点上它与过去所有的政治情势都是相同的。在最为重要的方面,政治行动不知其后果。我们科学的政治科学在预测后果的可靠性上,与最原始的神话学并无二致。在以往时代,人们认为冲突的后果无法预期,因为人们不可能提前知道这位或那位杰出人物还会活多久,或敌方军队在战场上的表现将会如何。现在,有人让我们相信机运是可以被控制的,或者并不会严重影响社会的主要问题。然而,据称可以控制机运的科学自身复又成为机运的集中地。现在,人类的命运比以往任何时候都更加依赖科学技术,因而更加依赖创造发明,因而更加依赖本性上不可预期的偶发事件。一个简单的前所未有的政治情势将会是:人们可以百分之百地准确预测重大政治冲突的后果及其一系列后续事件。换句话说,政治科学的成功预测必然要求重大政治冲突的消失,即事关政治利益的各种情势的消失。

不过,让我们假定,政治科学的实证观点完全合理。现在我们已经发现,这门科学还在襁褓期时,政治科学家和城邦民众对政治事务的理解就已经出现分歧。严格地说,他们不使用相同的语言。政治科学变得越"科学",城邦民众和政治哲人视角的差异就越明显,因此,就越有必要了解这种视角的差异,同时从最初的视角——普通民众本身的视角,并非专断和随意地,而是有序和负责地转化为第二位的或派生的视角——政治科学家的视角。出于这一目的,我们必须清楚了解城邦民众的视角。唯其如此,我们才能从城邦民众的角度,了解政治科学家视角的本质起源。探求这一起源最安全的经验基础是研究政治科学的历史起源,或曰研究政治科学的由来。通过这种方法,我们可以亲自发现政治科学如何从前科学所理解的政治事务中首次出现（当然以仍然原始的形式）。实证主义的政治科学并不直接从民众对政治事务的理解中产生。实证主义的政治科学借助现代政治哲学的极其复杂的转型而产生，而现代政治哲学反过来又借助古典政治哲学的极其复杂的转型而产生。如果不研究柏拉图和亚里士多德的著作，我们就不可能恰切理解实证主义的政治科学（以与仅仅使用这门科学相区别）。柏拉图和亚里士多德的著作是关于政治科学从对政治事务的前科学理解中出现的最为重要的文献。他们的著作对于理解政治科学的起源至关重要。

　　实证主义的政治科学最引人注目的特征是区分事实与价值。这种区分意味着科学或人类理性大体上只能解决关于事实的问题，不能解决关于价值的问题。在理性的法庭上，人们追逐的任何目的与其他目的一样善好。或者说，在人类理性的法庭上，所有目的都是等价的（all ends are equal）。理性只在为预设目的选择方法时发挥作用。最重要的问题——关于目的的问题，根本不在理性的考虑范围之内。一个没有亲友子嗣的单身汉（bachelor），一辈子都在尽可能地积聚最大数额的金钱（假定他通过最有效的方式实现他的追求），那他的生活方式与他国家中最伟大的慈善家或人类最伟大的慈善家的生活方式是同样理性的。否认区分正当目的与非正当目的的理性（rationality）的可能性，自然会导致否认共同的善（a common good）的可能性。其后果是，不可能把社会构想为一个能够行动的真正整体。社会被理解为一个容器或水池，个体和群体在其中行动，或社会成为个体和群体行动的合力。换句话说，政治社会作为行动的社会，即通过其政府或作为政府来行动的社会，似乎是社会的派生物。因此政治科学成为社会学的附庸。由于对目的的选择不是或不可能是理性的，从严格意义上讲，所有的行为都是非理性的。政治科学以及任何其他科学都是对非理性行为的研究，但像任何其他科学一样,政治科学是对非理性行为的理性研究。

那么让我们来看一看政治科学研究的理性。先于政治事务的科学知识的是人们大致称为政治事务的常识性知识。从实证主义的政治科学的视角看,关于政治事务的常识性知识在未经检验之前,即未经转化为科学知识之前是可疑的,它的地位与民间传说相同。其导致的结果是,大量的精力和金钱必须花费在确立至少来说每个心智健全的成年人都完全熟悉的事实上。但这一点既非全部,也非最为重要的关键点。根据最为极端(但也绝不是最无特色)的观点,任何形式的科学发现都不是决定性的。我引用如下:"经验的命题个个都是假说;没有最终命题。"而根据常识,"希特勒政权于1945年灭亡"是一个最终命题,它绝不需要进一步修正,也绝不是一个假说。如果这种类型和性质的命题都必须被理解为需要一再验证的假说,政治科学将被迫变得越来越空洞,越来越远离公民认为重要的诸多问题。但是科学不能因满足于确立它所观察到的事实而止步不前;它存在于归纳的推理,它与预测或发现原因有关。至于因果性,当今的实证主义宣扬:归纳推理的正当性仅能由它在实践中的胜利证明。换句话说,因果法则充其量不过是或然性(probability)法则。或然命题来源于观察到的事件发生的频率,并包含这样的假设:同样的频率将在未来近似地出现。但是这个假设没有理性的基础。它并不是建立在任何明显的必然之上;它仅仅是一个假设。如果假设:宇宙将在任何时刻消失,不仅消失为稀薄的空气,而且消失为绝对的虚无,假设将发生的不仅是消失为虚无,而且是通过虚无成为虚无,对这个假设我们找不出理性的反对意见。关于这个世界可能结局的真相必须适用于它的开端。由于因果关系的原则没有依据,所以没有任何事务能够阻止我们假定:这个世界从虚无中生成,并通过虚无生成。不仅在由科学从事的行为研究

中理性已然消失,而且那种研究本身的理性也变得成问题了。所有
的连贯性都被消解。人们可以认为,理性的幸存是由于矛盾原则作
为必要和普遍有效性的原则被保留。但是这一原则的身份变得全
然模糊,因为它既不是经验的,又不依靠任何协约、惯例或逻辑的建
构。因此,我们有资格说,一般而言的实证科学和具体而言的实证
主义政治科学都具有抛弃理性(reason)或逃避理性的特征。我们
很遗憾地注意到了这种对科学理性的逃避,这在某种程度上是对科
学从理性处逃逸的绝好理性回应。无论如何,我们到目前为止讨论
的对理性的抛弃,只是对一个更加广泛和深入的进程薄弱的、学院
式的(虽不至于是苍白无力的)反思,然而这一反思又并非毫无吸
引力和无关紧要,我们必须设法指出这个进程的基本特征。

　　当前的实证主义是逻辑实证主义。逻辑实证主义把它的起源
追溯到休谟,这是有一定道理的。但是它在两个决定性方面偏离了
休谟。第一个方面:它偏离了休谟的学说。逻辑实证主义是一种逻
辑学说,那也就是说它不是心理学学说。在逻辑实证主义中,对理
性的批判的增补是符号逻辑(symbolic logic)和概率(probability)理
论。在休谟学说中,那种增补是信仰和自然本能。逻辑实证主义唯
一关注的是对科学的逻辑分析。它师法康德——休谟最大的批评
者,认为科学的有效性问题与科学的心理起源问题根本不同。然而
康德有能力超越心理学,因为他认识到自己称之为先验(a priori)的
东西,通过纯粹理性起作用。因此科学对他来讲即为人类天生潜能
的实现。逻辑实证主义拒斥先验,从而不可避免地陷入心理学,因
为它无法回避这一问题:为什么有科学?建立在实证主义前提的基
础上,科学必须被理解为某种有机体的活动——一种实现这种有机
体生命重要功能的活动。简而言之,人是一种有机体,如果无法预
测未来,人就不能生活或很好地生活,而预测未来最有效的形式就

是科学。这种解释科学的方式变得极成问题。在热核武器的时代,科学与人类生存的实证关系已经丧失曾经可能具有的明显依据。此外,科学的高度发展促使工业社会的产生;工业社会的支配地位使不发达社会或前工业社会的生存处境更为艰难。谁还敢说这些社会的发展,这些社会的转型,这些社会传统生活方式的瓦解,是身处其中的人们生活或生活得更好的必然前提? 这些人不需要任何科学仍然生存,有时还幸福地生活。因此,尽管把科学溯源到某种有机体的需要是必要的,但不可能这么去做。因为就科学所能表现出的对人类生命发挥的必要作用而言,人们实际上已对科学做出了理性的价值判断,而理性价值判断又被同一思想学派斥之为不可能。

通过上面的评论,我们触及当前实证主义偏离休谟的第二个决定性方面。休谟仍然是政治哲人。他仍然教导,存在普遍的、有效的正义规则,而且这些规则可以恰当地称之为自然法(natural law)。这意味着,在他的当代追随者看来,他的思想先于对文化多样性或历史变化重要性的发现。众所周知,证明理性的价值判断或普遍有效的价值判断不可能的最流行论调来源于这样的多样性和变化的事实。所有的当代思想,通过有时被称之为"对历史的发现"的事物,与休谟的思想分道扬镳。这一决定性变化的通俗表达是一个老生常谈的命题:人不是在真空中思考。据说所有的思想本质上都依赖于其自身出现时的具体历史条件。这不仅适用于思想的内容,也适用于思想的特点。人文科学自身必须被理解为一个历史现象。它不是所有人不可或缺的事物,而是某一特定历史类型的人不可或缺的事物。因此,对科学的逻辑分析或者心理学,都不能提供对科学的完整理解。由对科学的逻辑分析提出的科学的前提,或科学的本质特征,它们的依据或意义要归因于历史,因为可能成为思想对象的每个事物本身就依赖思想的结构或者依赖（如果你想要这样理解的话）逻辑建构的结构。最基础的科学将是历史心理学。但是这一科学不能在史学之外拥有地盘。它本身就是历史的。历史必须被构想为一个过程，这一过程原则上没有尽头，它的道路也无法预期。历史过程没有终结，也不是理性的。一般而言的科学和基础科学（具体而言即历史心理学）在这一过程的范围之内。历史过程仰赖的诸前提并非对人之为人明白无误，这些前提由历史强加于特定的人或特定的历史类型。

第一个从对历史的发现中作出上述结论的人是尼采。因此他必然面临下述基本难题：这门基础科学（历史心理学）作为科学应该是客观的，但是由于它带有明显的史学特征，它只能是主观的。说尼采从未解决这个问题很容易。最为重要的是，我们应该注意到，他和他同时代人的区别在于这个事实：在别人看到有理由自满之处，他看到的却是深渊。他以无与伦比的明晰透彻，洞见 20 世纪的问题，因为他比（至少在两次世界大战前的）任何人，都更为清楚地诊断了现代性的危机。同时，他意识到克服这一危机或为了人类未来的必要（尽管不是最充分的）理由（reason），是对起源的回归。尼采把现代性视为朝向一个目标（或目标规划）的运动，人类很有可能实现这一目标，然而却必须付出沉重代价——人的最极端堕落。在查拉图斯特拉关于末人的演讲中，尼采最为有力地描述了这一目标。末人是已经获得幸福的人。他的生命中不再有苦难、不幸、不可解之谜、冲突和不平等，因此他远离所有的重大使命、所有的英雄主义、所有的献身精神。这种生命最具特色的近似条件是我们有资格称之为心理分析和镇静剂的事物的可获取性。尼采确信这样的生命是无政府主义、社会主义和共产主义有意或无意的目标,而民主与自由不过是通向共产主义的道路上半途搭建的房屋。他认为,人类可能的人道(humanit)与伟大,要求冲突或苦难的永存;因此我们必须放弃从此世生命的恶之中获得救赎的欲望,遑论从来世的生命中获得救赎的渴望。

现代方案的成败在科学,在认为科学能够从原则上解决所有谜团和释放所有禁锢的信念。科学成为最典型的理性活动,现代方案显得像是理性主义的最后形式,是下述信仰的最后形式:理性拥有无限能力,它的本质特征是造福人类。理性主义是乐观的。乐观主义最初源自这样的学说:现实世界是可能存在的最好世界,因为没有任何现存事物其实存的充足理由不能被给予。乐观主义最后演变为这样的学说:现实世界能够而且将要被人类改造为可能想象的最好世界,它是自由王国,远离任何压迫、匮乏、无知和自我主义,是人间天国。对这种学说的反动是自称为悲观主义的学说,即认为这个世界必然是恶,生命的本质是盲目的意志,拯救存在于否定世界或生命。从政治上讲,这意味着对左派无神论(共产主义)的回应,是一种右派的无神论,是带有政治意味的非政治无神论,是尼采的老师叔本华的悲观主义。叔本华的悲观主义没能让尼采感到满足,因为叔本华受制于自己的前提,被迫把对生命或世界的否定,或他称之为圣徒性(saintliness)的东西,理解为关于生命和世界的作品或产品。如果世界和生命是成圣和拯救的原因,它们就不能被正当地否定。叔本华的悲观主义不能让尼采满足的深层原因是:正在迫近的 20 世纪的危机似乎要求一种反向立场(counter position):这种立场跟正在其途中的共产主义相比,一样尚武,一样准备为了荣耀的未来不惜牺牲一切。叔本华消极的悲观主义不得不让位于尼采积极的悲观主义。正是在尼采的思想中对理性的攻击(逃避理性在其中只是一种苍白反映)完成了它极端不妥协的形式。

在《肃剧在音乐精神中的诞生》一书中,尼采首次提出他的思想。这本书基于这样的前提:希腊文化是所有文化的最高形式,而希腊肃剧尤其埃斯库罗斯和索福克勒斯的肃剧,是高山之巅。肃剧的衰落始于欧里庇得斯。此处,在对古希腊遗产的倾慕中,我们面临一个奇怪的自相矛盾。传统把对索福克勒斯的高度推崇与对苏格拉底的高度推崇联系在一起,因为这一传统信仰真、善、美的和谐。但是根据最清楚的证据(并非不重要的德尔菲神谕为其中之一),苏格拉底并非与索福克勒斯,而是与欧里庇得斯相契。在最高的古典肃剧和苏格拉底之间有一道不可逾越的鸿沟。苏格拉底并不理解古典肃剧。苏格拉底通过他对欧里庇得斯和其他人的影响摧毁了古典肃剧。为了实现这一最高的摧毁行为,苏格拉底必须拥有一种真正的魔力(demonic power),他必须成为半神(demi-god)。不是他的知识,而是他的本能促使他把知识(而非本能)视作最高之物,让他偏爱知识和洞见的清晰、批判的觉醒、辩证法的严密,胜过本能、占卜(divining)和创造力。作为一位天才,乃至批判思想的化身,苏格拉底是非神秘主义者(non-mystic)与非艺术家(non-artistic)的典型。苏格拉底对知识的赞扬意味着整全可以被理解,关于整全的知识是治疗所有恶的药方,美德即知识,作为知识的美德即幸福。这种乐观主义导致肃剧的死亡。苏格拉底是理论人(theoretical man)的原型和始祖,对理论人而言,科学(对真理的追求)不是某种工作或某项职业,它是一种生活方式,能够让理论人直面生存与死亡。因此,苏格拉底不仅是古代最成问题的现象,也是"人类历史中的一个转折点和旋涡"。

尼采用他那尖利和年轻的嗓音,宣告苏格拉底为理性主义(或对理性的信仰)的创始人,并且宣告自己在理性主义中看到人类历史上最为致命的困境。尼采的说法有点难以自圆其说,如果我们可以做一个假设,我们不见得会被他驳倒。这个假设尼采从未做过,甚至也从未提及,但苏格拉底做了,他假定整全的可理解性(the intelligibility of the whole)的论点如下:理解某事物意味着根据目的来理解它。如果理性主义隐含着假定善的最初或最终的至尊地位,那么理性主义确实是乐观主义。如果理性主义要求目的论式地理解整全,那么理性主义确实是乐观主义。有大量证据表明,苏格拉底开创了哲学目的论。

根据传统,并不是米利都的希朴达摩,而是苏格拉底创立了政治哲学。用西塞罗的话说(他的这段话常常被引用):

> 由于前苏格拉底哲学关注数和运动,探究事物来自何处、去向何方,苏格拉底是第一个将哲学从天上唤到尘世之人,他甚至把哲学引入家庭,迫使哲学追问生活与习俗,追问好与坏。

换句话说,苏格拉底最早将哲学的中心主题定义为人类活动——有目的的活动,并因此把目的理解为通向整全的关键。

我已试图说明为何我们研究政治科学的起源是必要的。这意味着(如当前所示),我们研究苏格拉底问题是必要的。我以几句简短的话作结。苏格拉底问题最终关系到苏格拉底立场的价值问题。但它首先是一个更为技术化的问题,一个纯粹的历史问题。苏格拉底不着一字,我们仅从与他差不多同时代的四个人身上了解到他。阿里斯托芬的戏剧《云》、色诺芬的苏格拉底作品、柏拉图的对话以及亚里士多德的一些评论是最为主要和重要的来源。在这四种来源中,色诺芬的苏格拉底作品初看最为重要,因为色诺芬是四人中唯一既是苏格拉底的同时代人,而且又以行动显示出撰写历史

的才华和意愿——他写出了修昔底德《伯罗奔半岛战争志》的著名
续篇。但我的讨论并不以对色诺芬的分析开始，而是遵从时间顺
序，因为我们所完全掌握的最早关于苏格拉底的言论是阿里斯托芬
的谐剧——《云》。下次讲座我将主要讨论阿里斯托芬的《云》。

论古典政治哲学

曹聪　译

下面这些评论尤其意在探讨古典政治哲学的某些独特品质,这些品质正面临重大危险,即我们时代那些最有影响力的学派忽视或不够重视这些品质。这些评论并不打算勾勒出一种对古典政治哲学的恰切解释。如果这些评论指出了——在我看来——能够令我们最终达到那种解释的惟一路径,那么这些评论就算达成了其目的。

古典政治哲学与政治生活直接相关,这一事实刻画了古典政治哲学的品性。只有在古典哲人们完成了其工作之后,政治哲学才得以名副其实地"建立起来(established)",①并由此与政治生活形成一定距离。从那时起,政治哲人们同政治生活的关系,以及政治哲人们对政治生活的领会,就取决于一种袭传(inherited)政治哲学的存在:从那时起,政治哲学就以一个政治哲学传统作为中介同政治生活联系在一起。政治哲学的这个传统,作为一种传统,认为政治哲学理所当然地具有必要性和可能性。这个源自古典希腊的传统在16、17世纪遭到否弃,让位于一种新的政治哲学。但是,这场"革命"并未重建与政治生活之间最初存在的直接关联:新的政治哲学

---

① [译注]established 还指成为既定的,即习俗的、袭传的,与自然的(natural)相对。

与政治生活联系在一起,凭借的中介是政治哲学或政治科学具有袭传性的一般观念,以及一个新的科学概念。现代政治哲人试图用他们所认为的真正教诲和正确方法,取代传统政治哲学的教诲和方法;他们想当然地认为,政治哲学本身有必要而且有可能。现在,政治科学可能相信,通过拒斥或摆脱政治哲学,自己就能够以最直接的方式与政治生活相关联;而事实上,它与政治生活相关,凭借的中介是现代自然科学(或者说对现代自然科学的反应),以及大量袭传自哲学传统(尽管这传统遭到忽视或轻视)的基本概念。

正是与政治生活的直接相关性,决定了古典政治哲学的取向和视界。相应地,立足于这种哲学并恪守其取向和视界的那个传统,曾在一定程度上恪守那种直接相关性。这一点上的根本变化肇始于现代早期的新政治哲学,并在如今的政治科学中达到极限。古典政治哲学和如今政治科学之间最显著的差异在于,后者根本不再关注前者的主导性问题:最佳政治秩序问题。另一方面,现代政治科学全神贯注于一类对古典政治哲学而言远远不那么重要的问题:方法问题。这两个不同点必须追溯到相同的原因:古典政治哲学与当今政治科学分别与政治生活之间相关性的直接程度有所不同。

古典政治哲学试图借以达到其目的的方式包括,接受在政治生活中所做的那些基本区分(这里严格界定的意义与取向是,这些区分的确可以在政治生活中做出),彻底思考并尽可能完美地理解这些区分。古典政治哲学并不源自如下基本区分,诸如"自然国家"与"公民国家","事实"与"价值","现实"与"意识形态","世界"与不同社会的"诸世界",或是"我(I)、我自己(Me)、您(Thou)与我们(We)"之间的区分——这些区分远离政治生活本身,甚至不为其所知,它们只产生于哲学反思或科学反思。古典政治哲学也并不试图将秩序引入政治"事实"的混沌之中,只有对那些从外在于政治生活的视角(该视角属于一种本质上并非政治生活要素的科学)来理解政治生活的人而言,这种混沌才存在。与之相反,古典政治哲学谨慎甚至严苛地因循着对于政治生活及其种种目标而言固有的、自然的脉络(articulation)。

古典政治哲学的首要问题和用以表述这些问题的术语,都不具有特定的哲学性或科学性;它们就是议事会(assemblies)、委员会(councils)、社团、内阁提出的问题,至少对于一切心智健全的成年人而言,表述这些问题的术语浅近易懂,均取自日常经验和习惯用法。这些问题具有一种自然等级制(natural hierarchy),它为政治生活,由此也为政治哲学提供其基本取向。人们禁不住要在次要的、较重要的和至关重要的问题之间做出区分,在暂时的问题和永恒存在于政治共同体的问题之间做出区分;富有智性的人们会富有智性地对待这些区分。

同样,可以说古典政治哲学的方法也为政治生活本身所呈现。政治生活的特征就是持对立主张的人们之间的冲突。那些提出一个主张的人通常相信,他们所主张的对他们有益。在许多情形下他们相信,而且在大多数情形下他们声称,他们所主张的对整个共同体有益。实际上在一切情形下,种种主张以正义为名提出,有时出于真诚之心,有时则不怎么真诚。因而这些对立的主张都立足于关乎善或正义的意见。为了证明其立场,对立各方都深入论证。这种冲突呼唤仲裁,呼唤一种富有智性的裁决,这裁决将赋予各方其真正应得的东西。做出这样一个裁决所需的某些材料,由对立各方自己提供,而这种片面的材料的不足之处——一种明显因其派别来源而产生的不足之处——意味着,要弥补这种不足,得靠公断者。最好的公断者就是政治哲人。① 他尝试解决那些最为重要而且永远重要的政治争议。

政治哲人不应是个"激进的"党徒,亦即不应较仲裁而言更为醉心在内战中得胜,这一关于政治哲人的职责的观点也具有政治性起源:好公民有责任平息内乱(civil strife),并通过劝谕使公民之间达成一致。② 政治哲人首先以好公民的身份出场,他能以最好的方式、在最高的层面践行好公民的职责。为了践行其职责,他必须提出种种秘而不宣的问题,也就是在政治舞台上永远不会提出的问题;但在这么做的时候,他并未放弃自己的基本取向,亦即内在于政治生活的取向。只有此基本取向遭到抛弃时,只有政治生活所做的基本区分仅仅被视为"主观的"或"不科学的"并因此而遭受冷遇时,如何接近从而理解政事这一问题(也就是方法问题)才会成为一个根本问题,才会确然成为惟一(the)根本问题。

事实的确如此:政治生活首先关注人们偶然归属的个别共同体,并且甚至尤其关注个体的处境,而政治哲学则首先关注一切政治共同体的本质性事物。然而,由前哲学方法到哲学方法,有一条

---

① 留意亚里士多德的处理,参其《政治学》,1280a7 - 1284b34,1297a6 - 7;以及柏拉图,《书简八》,354a1 - 5,352c8 以下,和《法义》,627d11 - 628a4。

② 参色诺芬,《回忆苏格拉底》(*Memorabilia*),4.6.14 - 15 以及上下文;亦参亚里士多德,《雅典政制》,28.5;以及休谟的评论(其论文"论原始契约"[Of the Original Contract];[译注]见英文影印本《休谟政治论文集》[*Hume: Political Essays*],Knud Haakonssen 编,北京:中国政法大学出版社,2003):"然而哲人们已然投奔了一个党派(假如这在术语上并无矛盾)……"古典政治哲人和当今政治科学家之间的区别呈现于 Macaulay 对 William Temple 爵士的评论:"Temple 不是个调解人。他只是个中立者。"对观托克维尔,《论美国的民主》(*De la démocratie en Amérique*,绪论结尾;[译注]以下引文原为法文,中译文参考董果良译,北京:商务印书馆,1991,上册,页 18):"我在写作本书时,既未想为任何政党服务,也未想攻击它们。"

笔直的、几乎从未间断过的道路。政治生活需要各种技能(skills)，尤其需要一种看上去最为高超的技能，以便一个人能够治理好其整个政治共同体的诸事务。"政治科学"原本意指的东西正是这种技能，即卓越的治邦者或政治家所拥有的技艺(art)、明智、实践智慧和独到见解，而不是师生授受的关于种种政治问题的"一套真命题"。一个拥有"政治科学"的人不仅能够适当地处理他自身的共同体中大量不同的情势；原则上，他甚至能够管理好任何其他政治共同体的事务，无论是"希腊的"还是"蛮族的"。尽管整个政治生活本质上是这个或那个政治共同体的生活，但"政治科学"——它本质上属于政治生活——本质上"可通用(transferable)"于不同的共同体。一个像忒米斯托克勒斯(Themistocles)这样的人不只在雅典得到人们的仰慕和倾听，而且在他不得不从雅典逃到蛮族之后亦然；这样一个人受人仰慕，是因为无论到何处，他都能提出合乎情理的政治建议。①

　　"政治科学"原本如是设定这项技能：一个人能够凭此技能以行事(deed)和言辞(speech)管理好诸政治共同体的事务。言说的技能比行动的技能更为重要，因为一切合乎情理的行动都来自深思熟虑，而深思熟虑的要素就是言辞。相应地，最先变成教育主题的那部分政治技能就是公开言说的技能。"政治科学"在一个更严格的意义上，亦即作为一门本质上可教的技能，首先体现为修辞术，或体现为修辞术的一部分。修辞术教师不必然是一个政治家或治邦

---

　　①　色诺芬，《回忆苏格拉底》，3.6.2；修昔底德，《战争志》，1.138。亦参柏拉图，《吕西斯》(*Lysis*)，209d5 - 210b2，和《王制》(*Republic*)，494c7 - d1。《默涅克塞诺斯》(*Menexenus*)的意图之一就在于阐明政治科学的"通用"性：一个禀赋绝佳的异乡女子能像 Pericles 那样(甚或比他更能)创作出一篇至为肃穆的演说辞，并代表雅典城邦发表之。

者;然而,他是政治家或治邦者的老师。由于他的学徒分属极为不同的政治共同体,故他教诲的内容不可能只关乎任何个别政治共同体的特定方面。若"政治科学"成为修辞家努力的一个结果,那么它比作为卓越治邦者或政治家之技能的"政治科学"更"普遍",甚至更"可通用":尽管异乡人(strangers)成为治邦者或政治智囊(advisers)只是特例,异方人担任修辞术教师却是惯例。①

古典政治哲学反对将政治科学等同于修辞术;古典政治哲学主张,修辞术充其量只是政治科学的一个工具。但是,古典政治哲学并未缩减修辞家们业已达到的普遍性程度。与之相反,在作为言辞技能的这部分政治技能升级为一门独特学科之后,古典哲人们要想应对这一挑战,就只能尽可能地(或在必要的范围内)将整个"政治科学"提升到一门独特学科的地位。这一做法使得古典政治哲人们成了严格、终极意义上的政治科学的建立者。并且,古典政治哲人这么做所采取的方式取决于政治领域的自然脉络。

"政治科学"作为卓越治邦者或政治家的技能,取决于正确处理个别处境;政治科学的直接"产物"即得到有效传达的命令、法令或谏言,它们都意在处理个别事件。然而,政治生活懂得一种尚且更高的政治理解,此种理解并不专注于个别事件,而关注一切事件(即关乎每个特定主题),此种理解的直接"产物"——律法和制度——意在成为永恒。真正的立法者们———如现代人所谓"宪法之父"——可以说构建了某种永恒秩序,在这个秩序中卓越治邦者和政治家得以正确处理变幻莫测的情势。尽管卓越治邦者的确可

---

① 柏拉图,《普罗塔戈拉》,319a1－2,和《蒂迈欧》,19e;亚里士多德,《尼各马可伦理学》,1181a12以下,和《政治学》1264b33－34,1299a1－2;Isocrates,《致尼科莱斯或塞浦路斯人》(*Nicocles or The Cyprians*),9;西塞罗,《论演说家》(*De oratore*),3.57。

以在迥异的律法与制度的秩序下成功地行事,但其成就的价值最终决定于他所献身的事业的价值;这一事业并非他的杰作,而是那个或那些为其共同体创立律法与制度的人的杰作。于是,立法技能是政治生活所熟悉的最"像建筑术的"政治技能。①。

每个立法者首先关注的都是其自身为之立法的个别共同体,但是,他不得不提出某些涉及整个立法行为的问题。这些最基础、最普遍的政治问题自然适合作为最"像建筑术的"、真正"像建筑术的"政治知识的论题:亦即作为那种作为政治哲人之目标的政治科学的论题。这种政治科学作为知识,或许能够被某个人用来教育立法者们。已然达到自身目标的政治哲人正是立法者们的老师。②政治哲人的知识在最高层面上"可通用"。柏拉图在关于立法的对话中,通过引入作为立法者之师并装扮成异方人的哲人,证明了这个亲眼所见(ad oculos)。③ 他通过将政治科学比作医学——这在柏拉图著述中经常出现——而更为明晰地阐释了这一点。

---

① 亚里士多德,《尼各马可伦理学》,1141b24 - 29(对观 1137b13);柏拉图,《高尔吉亚》,464b7 - 8,和《米诺斯》,320c1 - 5;西塞罗,《论职责》(Offices),1. 75 - 76。卢梭仍持这一古典观点,或毋宁说是恢复了此观点,他对此作出如下表述:"但是,如果说一个伟大的国君真是一个罕见的人物,那么一个伟大的立法者又该怎样呢? 前者只不过是遵循着后者所规划的模型而已"(《社会契约论》,2.7;[译注]原引文为法文,中译文引自何兆武译本[北京:商务印书馆,2005,页 50])。

② 参柏拉图,《法义》,630b8 - c4,631d - 632d,与亚里士多德,《尼各马可伦理学》,1180a33 以下,1109b34 以下,以及《政治学》,1297b37 - 38;参 Isocrates,《致尼科莱斯》,6,以及德斯鸠,《论法的精神》,卷 29 开头。关于政治技能与严格意义上的政治科学的区别,参阿奎那对亚里士多德《伦理学》(6.7)的评论,以及阿尔法拉比,《学科举隅》(Enumeration of Sciences),章 5。

③ 更不用强调,《政治学》和《居鲁士的教育》的作者们在写作各自作品时本就是"异方人"。参《政治学》,1273b27 - 32。

　　正是由于成了立法者之师，政治哲人就成了最佳公断者。共同体内发生的一切政治冲突，即便并非出自、也至少关乎最根本的政治争议：即哪一类人应该统治共同体这一争议。对此争议的正确处理看来是卓越立法行动的基础。

　　古典政治哲学和政治生活直接相关，因为它的主导性论题就是前哲学的政治生活中发生的现实政治争议。由于一切政治争议都以政治共同体的存在为先决条件，故古典著作首先关注的并非如下问题：是否有或是否应该有一个政治共同体，为何有或为何应该有一个政治共同体；因而，关于政治共同体的本性和目的的问题就不是古典政治哲学的主导性问题。与之类似，质疑特定共同体生存和独立的可欲性或必要性，通常意味着犯叛国罪；换言之，对外政策的最终目的本质上无可争议。因此，古典政治哲学并非由政治共同体的外部关系问题来主导。它首先关注政治共同体的内部结构，因为这一内部结构本质上是那些本质上涉及内战危险的政治争议之论题。①

　　共同体内争夺政治权力的集团之间的现实冲突，自然就引出了如下问题：哪个集团应该统治，或什么样的折中方案会成为最佳解决办法——也就是说，什么样的政治秩序会是最佳秩序。要么对立的集团仅仅是同一类人分化出的小派系（例如诸贵族党派，或诸对立王朝各自的拥护者们），要么对立的集团每一方代表特定的一类人。只有在后一种情况下，政治斗争才算碰触到了政治生活的根本；那么，从日常政治生活出发，对于每个人来说变得显而易见的是，关于哪类人拥有决定性发言权（say）的问题，乃是最根本政治争议的主题。

---

① 亚里士多德，《政治学》，1300b36－39；卢梭，《社会契约论》，2.9。

这一争议迫切的关注点是对既定政治共同体而言的最佳政治秩序,然而对这个迫切问题的每个解答,都暗含着对最佳政治秩序本身这个普遍性问题的解答。无需哲人努力揭示这个暗示,因为政治争议自然倾向于用普遍性术语来表达自身。一个反对以色列王政的人禁不住运用反对王政本身的论证;一个替雅典民主制辩护的人禁不住要相应地运用支持民主制本身的论证。比如对于巴比伦而言,君主制是最好的政治秩序;某些人面对这一事实的自然反应是,这恰恰说明了巴比伦的低劣,而不是最佳政治秩序的问题没意义。

古典哲人所思索的那些主张统治权的集团或[人的]类型包括,"好人"(品性优秀之人)、富人、贤良方正之人和杂众(multitude)或贫乏的公民;和别处一样,处于希腊城邦政治剧场前台的正是富人和穷人之间的斗争。基于优秀品性,基于人的美德,基于"德性"而主张统治权,看来最少引发争议:骁勇善战的将军、正直公平的法官、智慧无私的治安执法官(magistrates),通常更受人拥戴。这样,"贤良政制"(最佳之人的统治)被视为所有好人对于最佳政治秩序这一自然问题的自然回答。正如杰斐逊(Thomas Jefferson)所说,"这种政府形式最好:它为大多数人切实地提供了一个纯正的选举机制,以便令天性最佳[之人]([the]natural aristoi)出任公职"。①

该如何理解"好人",也要从政治生活中探求:好人是这样的人,他们愿意而且能够把公共利益置于其私人利益及其欲望对象之上;或者说由于在任何处境中都能够分辨出怎么做才算高贵或正确,故他们行事只出于行为本身的正确和高贵,而非出于不可告人的(ulterior)理由。大体上也可以认识到,这个回答又引出了一些大约在政治上至

---

① 1813 年 10 月 28 日致 John Adams 的信。

关重要的更深的问题:那些普遍认为可欲的结果,可以为品性不坚(dubious character)之人所达到,或者说可以通过歪门邪道来达到;"正义"和"有用"并不可简单地等同;德性会逐渐败坏。①

于是,古典政治哲学的主导性问题,它所给出的典型解答,以及它对种种可怕反驳之意义(bearing)的洞见,都属于前哲学的政治生活,或者说先于政治哲学。政治哲学要想超越前哲学的政治知识,就得试图充分理解这些前哲学洞见所暗示的东西,尤其得主张这些洞见是次好的(the second of them),以反对坏人或疑惑之人发起的多少"有点儿智术性的(sophiscated)"攻击。

当前哲学的答案被接受之后,最有利于"最佳之人的统治"的"质料(materials)"与制度便成了最紧迫的问题。只有首先解答这个问题,并因此而设计出一幅最佳政体(polity)的"蓝图",政治哲人才会变成立法者的导师。立法者所针对的人民的性情、传统、疆域的性质、经济状况诸如此类的因素严苛地制约着立法者关于制度与律法的抉择。立法者对这一律法或那一律法的选择,通常是立法者所意欲者与现实环境所容许者之间的折中。为了富有智性地达成这一折中,立法者首先必须清楚自己所意欲者,或毋宁说必须清楚那些本身最可欲的东西。政治哲人之能够解答这一问题,因为在沉思方面他不受任何一种特殊环境局限,他可以自由选择可能存在的最有利的条件——不论是种族的、气候的、经济的还是其他——然后权衡什么样的律法和制度在这些条件下更合适。② 这样,政治哲人要想跨越那些本身最可欲的东西和那些在既定环境之下可能的

---

① 参亚里士多德,《尼各马可伦理学》,1094b18 以下;色诺芬,《回忆苏格拉底》,4.2.32 以下。

② 参亚里士多德,《政治学》,1265a17 以下,1325b33 – 40;柏拉图,《法义》,857e8 – 858c3;西塞罗,《论共和国》(Republic),1.33。

东西之间的鸿沟，就得讨论在各种不利条件下什么样的政体和律法最佳，甚至还得讨论何种律法和手段适于维持任何一种政体——即便此政体存在缺陷。由此，通过在政治科学的这个"规范的"根基之上树立一个"现实的"框架（或者采用更恰切的其他某种表达），通过以政治病理学（pathology）和政治治疗学（therapeutics）来补救政治生理学（physiology），政治哲人既不取消、也不限定，而是坚持自己的观点，即最佳政体的问题必然是主导性问题。①

　　古典哲人把最佳政治秩序理解为在一切时空都最佳的政治秩序。② 这并不意味着他把这个秩序设想为必然有益于每个共同体，设想为"一个适于一切时空的完美解决方案"：一个既定共同体也许如此粗陋或如此败坏，以致只有一种非常低劣的秩序能"维持它的运转"。但是，这的确意味着，在任何时空实现的政治秩序之善，只能根据绝对最佳的政治秩序来评判。那么，"最佳政治秩序"并非本质上就是希腊的秩序：正如将政治科学比作医学，这一秩序同健康状况一样，本质上都并非希腊的。但是，正如一个民族的成员比其他民族的成员更可能体魄强健，一个民族也可能在天性上比其他民族更适于拥有（has a greater natural fitness for）政治美德。

　　尽管亚里士多德断言，与北方民族和亚洲民族相比，希腊人生来就更适于拥有政治美德，但他当然并不认为，政治美德等同于（或源于）作为希腊人所应有的品性（quality）；否则，他决不会赞美迦太基的制度，一如赞美最负盛名的希腊诸城邦的制度。《王制》（*Republic*）中苏格拉底问格劳孔，格劳孔正在创建的城邦是否是一个希腊城邦，格劳孔特地作出肯定的回答，他们二人都只认为，希腊

---

① 参柏拉图，《法义》，739b8 以下；亚里士多德，《政治学》，卷4开头。
② 亚里士多德，《尼各马可伦理学》，1135a4－5。

人建造的城邦当然是一座希腊城邦。兜这么一圈的意图——或毋宁说苏格拉底问题的意图——在于引导尚武的格劳孔服从于某一种关乎战事的节制：由于普遍禁止战争并不可行，故至少希腊人之间的战事应当限制在一定范围之内。格劳孔建造的一座完美城邦将是一座希腊城邦，这并不暗示任何完美城邦必然是希腊城邦：苏格拉底认为，也许完美城邦根本不在当时希腊的任何地方，而在当时"某个野蛮之地"。① 色诺芬甚而至于将波斯人居鲁士（Cyrus）描述成真正（the）完美的统治者，还暗示居鲁士在波斯接受的教育甚至比斯巴达的教育更优越；色诺芬认为，亚美尼亚人（Armenians）当中绝非不可能出现一个与苏格拉底地位相当的人。②

由于直接关涉政治生活，古典政治哲学本质上是"实践的"；另一方面，现代政治哲学往往自称政治"理论"，这绝非偶然。③ 古典政治哲学首要关注的不是描述或理解政治生活，而是正确引导政治生活。黑格尔要求政治哲学保持克制，不要按照一个国家应该成为的样子去建构这个国家，即不要教导这个国家应该如何，而必须尽力把当下的、现实的国家理解为本质上具有理性的某种东西；他的这种要求无异于否定古典政治哲学的存在理由（raison d'être）。与

----

① 柏拉图，《王制》，427c2 – 3，470e4 以下，499c7 – 9；《法义》，739c3（对观《王制》，373e，和《斐多》，66c5 – 7），《泰阿泰德》，175a1 – 5，《治邦者》（*Politicus*），262c8 – 263a1，《克拉提洛斯》（*Cratylus*），390a，《斐多》，78a3 – 5，《法义》，656d –657b，799a 以下；《米诺斯》，316d。

② 《居鲁士的教育》，1. 1 – 2，3. 1. 38 – 40；对观 2. 2. 26。

③ 黑格尔，《哲学史讲演录》（*Vorlesungen über die Geschichte der Philosophie*，Michelet-Glockner 编），1：291："一直到最近，我们所见到的还不是真正的思辨性的实践哲学"（［译注］引文原为德文，中译文引自贺麟、王太庆译本，北京：商务印书馆，1983，卷一，页 248）。亦参谢林，《基础性研究》（*Studium Generale*，Glockner 编），页 94 – 95。

当今的政治科学或其著名解释相反,古典政治哲学追求实践目标,受"价值判断"引导,并以"价值判断"为旨归。以一种克制"价值判断"的纯粹描述性或分析性的政治科学,取代对最佳政治秩序的求索,这一努力在古典著作看来荒谬不堪,无异于企图以一座充满鞋业学徒所做之鞋的展览馆去取代做鞋技艺(亦即取代优良且合脚的鞋),也无异于设想一种拒绝区分健康与病态的医学。

因为政治争议关乎"善的事物"和"正义的事物",古典政治哲学自然受关于"善"和"正义"的思索所引导。尽管比起我们时代的教条化怀疑论者们,古典政治哲学更懂得他们所遭遇的严峻的理论反驳,但古典政治哲学的出发点仍是日常生活中所做的道德区分。勇敢与怯懦,正义与不义,友善与自私,温和与残酷,文雅与粗鄙,诸如此类的区分在实践之中(也即在多数情况之下)都清楚易懂,而且对于指导我们的生活至关重要:这充分解释了何以要根据[上述道德区分]来思考诸根本政治问题。

就这些道德区分关乎政治而言,它们无法得到"证明",也远非全然清晰,而且面临严肃的理论质疑。因此,古典政治哲学只限于对某些人言说,这些人因其自然性情和教养而视那些道德区分为理所当然。至于那些对道德区分及其重要性毫无"品味(taste)"的人们,古典政治哲学明白,也许能够令他们沉默,但无法真正说服他们:即便苏格拉底也不能使迈雷图斯(Meletus)和卡里克勒斯(Callicles)①这样的人回心转意(尽管能令其沉默),并且苏格拉底通过求助"神话(myths)"而承认论证在这方面的局限性。

古典哲人的政治教诲与其理论教诲不同,前者首先并非对所有

---

① [译注]Meletus 见于《游叙弗伦》,Callicles 见于《高尔吉亚》。

富有智性之人言说,而是对所有正派之人言说。① 如果一种政治教诲既对正派之人言说,又对非正派之人言说,那么此教诲在他们看来一开始就是非政治的教诲,亦即在政治意义上或社会意义上不负责任的教诲;因为,如果政治共同体的福祉的确要求其成员受正派思索或道德思索所引导,那么这个政治共同体就无法容忍如下这种政治科学:此政治科学在道德上"中立",因而倾向于放松那些受其影响的人们心中原本持守的诸道德原则。换言之,即便当人们谈及正当(right)时只是在考虑自己的利益,同样确凿的是,克制(reserve)②是政治人的根本,当这个人不再克制时,他就不再是政治人,或者说他就不再言说政治人的语言。

于是,古典政治哲学对待政事的态度总是③类似于启蒙后的(enlightened)治邦者,而不同于像动物学家毫不掺杂感情地看待大鱼吃小鱼那样看待政事的超然旁观者,不同于基于操控或调节、而非基于教育或解放来思考的社会"工程师",也不同于自信能预知未来的先知。

简言之,古典政治哲学根源于这个事实:在政治共同体中,不同团体之间争权引发的争议塑造着政治生活。古典政治哲学的目的就是解决某些政治争议,这些争议在好公民(而非党徒)的精神中具有一种根本性和典型性;古典政治哲学追求一种最符合人类美德之要求的秩序。古典政治哲学的主导性论题就是最根本的政治争议性论题,这论题得到理解的方式或依据就是,在前哲学的政治生活中来理解。

---

① 参亚里士多德,《尼各马可伦理学》,1095b4 – 6,1140b13 – 18;西塞罗,《论律法》(*Laws*),1. 37 – 39。

② [译注]有常见表达法 to reserve some right[保留某权利]。right 作不可数名词时指正义、正当,作可数名词时指权利。

③ [译注]此处以及下文某些陈述古典政治哲学状况的句子都用的是过去时。

为了履行职责,哲人必须提出一个隐秘的问题,一个从未在政治舞台上提出过的问题。这个问题如此简朴、基本、毫不起眼,以致最初人们甚至无法理解,就像柏拉图对话中描述的诸多场合之所示。这个尤其具有哲学性的问题就是,德性是什么?拥有什么样的德性——人人都主动承认拥有此德性,而无法回答的论争又会令人人转而缄默——才能赋予一个人以至高统治权?根据这个问题,关于德性的普遍意见一开始就表现为,无意识地尝试回答一个无意识的问题。如果更深入地检审就会看到,这些意见的根本缺陷尤其为如下事实所更深刻地揭示:某些普遍意见与其他同样普遍的意见相矛盾。为了达成一致,哲人被迫保留一部分普遍意见,并放弃另一部分与之抵牾的意见;这样,他被迫采纳的就是一个不再为人们普遍持有的观点,一个真正悖谬的观点,一个为人们普遍视为"荒诞"或"可笑"的观点。

还不只如此呢!哲人最终被迫超越的不仅是日常意见、政治意见的维度,而且是政治生活本身的维度;因为他变得认识到,政治生活的终极目标不能为政治生活所达到,而只能为一种致力于沉思或曰哲学的生活所达到。这一发现对于政治哲学而言至关重要,因为它划定了政治生活的界限,划定了整个政治行动与整个政治构想的界限。更进一步,这个发现还暗示着,政治哲学的最高主题是哲学生活:哲学——不是作为一种教诲或一个知识体系,而是作为一种生活方式——可以说解决了那个维系政治生活的问题。最后,政治哲学转化成了一门不再关注普通意义上的政事的学问:苏格拉底将他的追问称为对"真正政治技能"的求索,亚里士多德将他关于德性和相关主题的讨论称为"一类政治科学"。①

---

① 柏拉图,《高尔吉亚》,521d7;亚里士多德,《尼各马可伦理学》,1094b11,1130b26 – 29(《修辞学》,1356a25 以下)。

古典政治哲学与现代政治哲学的差异莫大于此：哲学生活或"智慧之人（the wise）"的生活——亦即古典政治哲学的最高论题——在现时代已经几乎完全不再是一个政治哲学论题。然而，就连古典政治哲学的终极措施，无论在普遍意见看来多么荒谬，也曾为前哲学的政治生活所"预示（divined）"：完全投身政治生活的人有时曾被公众视为"好事者"，与他们奔忙不息的习性形成对比的是那些"只在意自身事务"的人们更淡泊的生活所具有的更高尚的品质和更非凡的自由。①

古典政治哲学与前哲学的政治生活之间直接相关，并非源于古典哲学或科学不发达的品性，而是源于成熟的反思。这一反思为亚里士多德对政治哲学的描述——"关乎人事的哲学"——所概括。这一描述提醒我们注意某种几乎最重大的困境，只有克服了这个困境，哲人才能严肃地关注政事，亦即关注人事。"人事"有别于"神性事物"或"自然事物"，后两者被视为在地位上绝对优先于前者。②这样一来，哲学原本最为关注的是自然事物。于是，哲学运思最初只是消极地、偶然地涉及政事。作为政治哲学奠基者的苏格拉底本人，在转向政治哲学之前，以哲人的身份闻名于世。哲人们面对的状况就是，他们也许不会再次下降到政治生活的"洞穴"中，而是会在洞穴外

---

① 亚里士多德，《尼各马可伦理学》，1142a1 – 2（对观 1177a25 以下），和《形而上学》，982b25 – 28；柏拉图，《王制》，620c4 – 7,549c2 以下，和《泰阿泰德》，172c8 以下，173c8 以下。亦参色诺芬，《回忆苏格拉底》，1. 2. 47 以下，2. 9. 1。

② 亚里士多德，《尼各马可伦理学》，1181b15,1141a20 – b9,1155b2 以下，1177b30 以下。比较柏拉图《法义》804b5 – c1 中哲人和立法者之间的争执与柏拉图《美诺》94e3 – 4 和《苏格拉底的申辩》23a6 – 7（还有《王制》517d4 – 5,《泰阿泰德》175c5,《治邦者》267e9 以下）。亦对观色诺芬，《回忆苏格拉底》，1. 1. 11 – 16,和塞涅卡，《自然问题》（*Naturales Questiones*），1,开头。

驻足于他们所认为的"福人岛"——亦即在洞穴外沉思真理。①

但是,哲学作为一种从意见上升到科学的尝试,必然与作为其本质出发点的意见领域相关,因而也与政治领域相关。因此,一旦哲学开始反思自身的行为,政治领域就必定进而成为带有哲学旨趣的关注焦点。为了充分理解自己的目的与本性,哲学必须理解自己的本质出发点,因而也必须理解政事的本性。

同其他已经开始意识到哲学可能性的人们一样,哲人们迟早会陷入惊异(wonder):为什么要哲学?为什么人的生活需要哲学?关于整全之本性的意见应该为关于整全之本性的真知所取代,这一立场为什么好,又为什么对?既然人的生活是群居生活,或者更确切地讲是政治生活,那么"为什么要哲学"这一问题就意味着:为什么政治生活需要哲学?这一追问把哲学传唤到政治共同体的法庭前:它要哲学在政治上负责。正如柏拉图的完美城邦一旦建成,就不再允许哲人一心投身于沉思,这里的问题一旦提出,就不再许可哲人完全无视政治生活。通过证明政治共同体的福祉根本上取决于学习哲学,柏拉图的《王制》作为一个整体,一如其他古典哲人的政治著作,可以被绝佳地描述为一次对哲学提出政治辩护的尝试。这样一个辩护显得愈发紧迫,因为哲学的意义从未得到广泛理解,而且许多本意良好的公民由此而猜疑并憎恨哲学。② 苏格拉底本人就成了公众对哲学的偏见的牺牲品。

在政治共同体的法庭前为哲学辩护,意味着基于政治共同体来为哲学辩护,亦即其所凭借的论据并不诉诸哲人本身,而是

---

① 柏拉图,《王制》,519b7 – d7;对观 521b7 – 10。

② 柏拉图,《王制》520b2 – 3,494a4 – 10,《斐多》,64b,《苏格拉底的申辩》,23d1 – 7。对观西塞罗,《图斯库卢姆清谈录》(*Tusculanae disputationes*),2.1.4,《论职责》,2.1.2,以及普鲁塔克,《尼西阿斯》(*Nicias*),23。

诉诸公民本身。为了向公民证明哲学可被允许、可被欲求，甚或必不可少，哲人不得不仿效奥德修斯，从普遍同意的前提出发，或从普遍接受的意见出发：①他不得不视人的具体情况（ad hominem）②进行论证，或者说"辩证地"进行论证。从这种观点看来，在"政治哲学"这个短语中，形容词"政治的"所表达的与其说是一个论题，不如说是一种处理方式；③从这个观点出发，我认为，"政治哲学"首先并非意味着对于政治的哲学处理，而是意味着对哲学的政治性处理、公众性（popular）处理，或者说对哲学的政治性引介——即力图引导有资质的（qualified）公民（甚或其有资质的儿子们）从政治生活走向哲学生活。"政治哲学"的这层深意与其普通含义若合符节，因为在这两种情形下，"政治哲学"的顶峰都是对哲学生活的赞美。无论如何，哲人之所以必须理解政事，恰如在政治生活中理解政事一般，归根结底是因为哲人意欲在政治共同体的法庭面前因而也在政治商讨的层面上为哲学辩护。

　　于是，哲人的政治哲学就从他对政事的理解起步，这种理解对前哲学的政治生活而言自然而然。起初，由于某一种惯常态度或行动方式受到普遍赞赏，便完全有理由把这一态度或行动方式视为一

---

①　色诺芬，《回忆苏格拉底》，4. 6. 15。

②　［中译编者注］这个拉丁短语的直译是针对人（单数），而且是针对普通人，作为习语则强调对人不对事。

③　亚里士多德，《政治学》，1275b25（对观 J. F. Gronovius 对格劳修斯《战争与和平法》[De jure belli ac Pacis，导言，§44] 的注解），和《尼各马可伦理学》，1171a15 – 20；珀律比俄斯（Polybius），《罗马兴志》（The Histories），5. 33. 5；亦参洛克，《人类知性论》（Essay Concerning Human Understanding），3. 9. 3，22。尤其注意"政治的德性"这一表述中"政治的"的贬义用法：柏拉图，《斐多》，82a10 以下，《王制》，430c3 – 5，亚里士多德，《尼各马可伦理学》，1116a17 以下。

种德性。但是由于提出了关键性问题"德性是什么",哲人很快被迫(或能够)超越前哲学的理解维度。尝试回答这个问题,导致在如下二者之间作出一种决定性区分:普遍受到赞赏的那些值得赞赏的态度,以及普遍受到赞赏的那些不值得赞赏的态度;此外还导致认识到不为前哲学生活所知的某一种不同德性之间的等级制。对普遍为人接受的观点的这样一种哲学批判导致:例如亚里士多德就从其德性清单(list)上删去了虔敬和耻感,①而且其德性清单以勇气和节制(两种离理智最远的德性)为开头,接下来是有胸襟(liberality)、大度(magnanimity)以及关于个人事务的诸德性(the virtues of private relations),再接着是正义,最后以诸智识德性(the dianoetic virtues)为旨归。② 此外,只有通过回答政事的本性这一问题,才能充分阐释关于作为一个整体的道德—政治领域种种限度的洞见。这个问题划定了政治哲学作为一门实践学问的限度:虽然政治哲学自身本质上具有实践性,但对于那些其目的不再是指导行动而只是如其所是地理解事物的其他人来说,这个问题充当了一个入门的契机。③

---

① 亚里士多德,《优台谟伦理学》,1221a1 以下。
② 亚里士多德,《尼各马可伦理学》,1117b23 以下,和《修辞学》,1.5.6。亦参柏拉图,《法义》,630c 以下,963e,和《斐德若》,247d5–7;色诺芬,《回忆苏格拉底》,4.8.11(对观其《苏格拉底的申辩》,14–16);阿奎那,《神学大全》,2.2,qu.129art.2,qu.58art.12。
③ 参亚里士多德,《政治学》,1258b8 以下,1279b11 以下,1299a28 以下。

迫害与写作艺术

刘锋 译

> 恶经常被证明能起到解放心灵的作用——这是历史上最令人羞耻、同时也最没有疑问的事实之一。
>
> ——勒基（W. E. H. Lecky）

一

大约一个世纪以来，众多的国家实际上一直享有公开讨论的充分自由。不过，在这些国家，这种自由现在受到了压制，取而代之的是一种强制：人们的言论必须与政府认为合宜，或政府严肃持有的观点相一致。有鉴于此，花一点功夫简要考察一下这种强制或迫害对思想及行动的影响，是完全值得的。①

许多人，或许年轻一代的大部分人，②都把政府倡导的观点当

---

① 写作就是行动。［译按：原文为拉丁语］参见布莱克斯通（Sir William Blackstone），《注疏》（*Commentaries*），第四卷第六章。参较马基雅维里：《李维史论》（*Discorsi*），III，6（*I Classici del giglio*，页 424 – 426）；笛卡儿：《方法谈》（*Discours de la méthode*），VI 开头。

② "苏格拉底：你看你有没有办法使他们相信这个故事？格劳孔：不，这些人是永远不会相信这个故事的。不过，我看他们的下一代会相信的，后代的后代子子孙孙迟早总会相信的。苏格拉底：……我想我是理解你的意思的。"柏拉图，《王制》，415c6 – d5。

作真实的观点予以接受,即使不是马上接受,至少过一段时间也会接受。他们是怎样相信的呢? 时间因素又是在何处参入进来的呢? 他们并非受到强制而不得不相信,因为强制不能使人确信一个观点。强制只能平息矛盾,从而为信念铺平道路。在许多情况下,所谓的思想自由都等同于一种选择能力,甚至实际上就由这种能力所构成:拥有思想自由意味着能够在少数身为公共演说家或作家的人的两个或多个不同观点之间进行选择。① 如果妨碍了这种选择,许多人所能保有的唯一一种思想独立性就不复存在了,而这也是唯一具有政治重要性的思想自由。因此,所谓"马的逻辑"(logica equina)之所以至为有效,迫害是一个不可缺少的条件。按照搭乘马车上天的巴门尼德的观点,或按照《格列佛游记》中慧骃国(Houyhnhnms)马民们的观点,我们不能谈论,或者说不能合理地谈论"不存在的事物"。也就是说,谎言是不可思议的。这一逻辑并不为马民或搭乘马车上天的哲人所独有;事实上,它以略为变化的形式决定了许多普通人的思想。普通人当然承认,人会说谎,而且事实上的确要说谎,但他们又会补充说,谎言不能长久,经不起重复——更不用说不断地重复——的考验,因此,一个被不断重复却从未遇到驳难的陈述必定是真的。按照另外一种论证,一句话如果出自普通人之口,可能是一句谎言,但如果出自一个负责任、受尊敬的人之口,尤其是出自一个位高责重的人之口,其真理性在道德上就是确然无疑的。这两个省略三段论引出了一个结论:一句话若被政府首脑不断重复,且从未遇到驳难,其真理性就绝对不容置疑。

这意味着,在有关的国家,如果一个人的思想不遵循"马的逻

---

① "理性不过是选择",这是密尔顿《论出版自由》(*Areopagitica*)的核心论题。

辑"规则,换句话说,如果一个人能够进行真正的独立思考,那就无法迫使他接受政府倡导的观点。这样看来,迫害无法阻止独立思考,甚至无法阻止独立思想的表达,因为一个人可以安然无恙地将自己知道的真理告知厚道、可靠的熟人,更准确地说,告知明白事理的朋友。无论在两千年前,还是在今天,情况都同样如此。①迫害甚至不能阻止异端真理的公开表达,因为只要一个有独立思想的人虑事周全,他就可以不受伤害地公开表达自己的观点。倘若他能够采取字里行间的写作方式,他甚至能够以出版物的形式发表观点,而不会给自己带来任何危险。

"采取字里行间的写作方式"(writing between the lines)——这一表达式标明了本文的论题,因为迫害对著述活动的影响恰恰在于,它迫使所有持异端观点的作家运用一种独特的写作技巧,我们在谈及"采取字里行间的写作方式"时所想到的就是这样一种技巧。这一表达式明显是隐喻性的,只要用非隐喻的语言来转述它的意思,我们就会发现一个未知领域(terra incognita)。迄今为止,这个领域的众多问题还从来没有被探讨过,它为饶有趣味,甚至十分重要的研究提供了广阔的空间。可以说,引导着这一领域的探索者的几乎全部预备性工作就埋藏在古代修辞家的著述里。这样说是有道理的,完全不用担心有人指责我们严重地夸大其辞。

回到当前的主题,我们来看一个简单的例子。我有理由相信,这个例子离实际情况并不像初看上去那么遥远。我们可以很容易地想象出一位生活在极权国家的历史学家,他也许是这个国家唯一政党的一名广受尊敬的党员,从来没有人怀疑过他。这个国家的政府倡导一种对宗教史的特定解释,而这位历史学家在从事研究的过

---

① 柏拉图,《王制》,450 d3 – e1。

程中,很有可能对政府倡导的这种解释的合理性产生怀疑。没有人
会阻止他猛烈抨击他心目中的自由观点。当然,他在抨击自由观点
前不得不对它加以陈述;他会以一种平静、低调,甚至有些乏味的方
式来陈述自由观点,而这种陈述方式似乎是完全自然的;他会使用
许多专门术语,给出大量引文,过分看重一些无关紧要的细节;他把
注意力完全集中于学究们的琐屑争吵,似乎忘记了人类的圣战。他
只在触及争论的核心时才以简洁、活泼的文风写下三四个句子,而
这种文风恰恰容易引起喜欢思索的年轻人的注意。这一核心段落
陈述了对手的论据,清晰、有说服力、不留情面,即便在自由主义的
全盛时期,也没有人像这样陈述过这些论据,因为在自由主义大获
全胜,因而接近于休眠状态时,自由信条往往会生出一些赘疣,而这
位历史学家在陈述自由信条时,默不作声地省去了所有多余的蠢
话。他的一位明白事理的年轻读者第一次瞥见了禁果。对自由信
条的抨击——这是作品的主干——恶毒地引申了圣书或执政党的
书中那些最恶毒的话语。这个聪明的年轻人,因为年轻的缘故,在
此之前一直被那些极端的话语所吸引,现在则只有厌恶的感觉,在
偷吃禁果以后,甚至觉得那些话语无聊透顶。他把历史学家的书读
了第二遍,又读了第三遍,这时他注意到历史学家对从权威的书中
摘出的引文所作的刻意安排,从中觉察到一些新的重要信息,可以
补充出现于十分短小的第一部分中间的那几个简洁陈述。

由此可见,迫害产生出一种独特的写作技巧,从而产生出一种
独特的著述类型:只要涉及至关重要的问题,真理就毫无例外地透
过字里行间呈现出来。这种著述不是写给所有读者的,其针对范围
仅限于值得信赖的聪明读者。它具有私下交流的全部优点,同时免
于私下交流最大的弊端:在私下交流中,惟有作者的熟人才能读到
它。它又具有公共交流的全部优点,同时免于公共交流最大的弊

端：作者有可能被处以极刑。通过自己的著作对少数人说话，同时又对绝大多数读者三缄其口，这真是一个奇迹。一个人何以能做到这一点呢？使这种著述成为可能的那个事实可用一个公理来表示：没有思想的人都是粗心的读者，有思想的人才是细心的读者。因此，如果一位作者只想对有思想的人说话，他在写书时就只需做到这一点：只让那些非常细心的读者觉察到书中的意义。但是，有人会反驳说，也许会有一些聪明人，一些细心的读者，他们并不值得信赖，一旦找出作者，就会向当局告发他。事实上，倘若苏格拉底的格言（美德即知识，因而有思想的人本身就值得信赖，而不会是残忍无道的）是完全错误的，这种著述就根本不可能出现。

另外一个公理只有在迫害不能超越法律程序时才有意义。这个公理就是，一位普通智力的作者要比最聪明的审查官更聪明，因为论证负担完全在审查官一方：审查官（或检察官）必须证明，作者持有或发表了异端观点。为了做到这一点，审查官就必须证明，作品的某些文学性瑕疵不是偶然的，相反，作者故意用了一种特定的含混说法，或故意写下了一个糟糕的句子。也就是说，审查官必须证明，作者十分聪明，是一个好作者，因为一个故意在写作中犯下大错的人必定掌握了写作的艺术。最重要的是，审查官还必须证明，作者在写下那些令其显得有罪的句子时处于自己通常的能力水平。智者千虑，必有一失，审查官又如何能够证明这一点呢？

二

在过去，独立思想遭到压制的情况屡见不鲜。有理由假定，在以往的各个时期,能够独立思考的人从比例上说与今日一样多,其中至少有一些人既有领悟力,又十分谨慎。于是,我们就会问,昔日某些最伟大的作家是否透过字里行间来表达他们对当时最重要的问题的看法,从而利用文学技巧使自己免遭迫害?

受某些习惯的制约,我们难以考虑到这种可能性,更难以考虑到与之相关的各种问题。这些习惯乃源于历史研究比较晚近的进展,或与之相联系。初看上去,历史研究之所以有这样的进展,是因为人们普遍接受并偶尔运用了如下几项原则。按照这些原则的要求,对过去的每个时期都必须按其本身来理解,而不能按外在于它的标准来评判;对每个作家都必须尽量按其本身来解释,若用一个具有一定重要性的词语来解释一个作家,这个词语就必须能够从字面上转译成该作家的语言,它是该作家使用过的,或是当时的通用词语;对一个作家观点的描述最终须得到作家本人的明确陈述的证实,只有这样的描述才能被当作真实的描述予以接受。这些原则中的最后一项具有决定性的意义:它似乎先验地将昔日作家那些仅仅透过字里行间暗示出的观点从人类知识领域中排除出去。如果一位作家在每个书页上不厌其烦地明确断定甲是乙,同时又在字里行间暗示甲不是乙,现代历史学家仍会要求人们提供明确的证据来证明该作家确实相信甲不是乙。这样的证据根本不可能找到,于是现代历史学家就在辩论中获胜了:他把透过字里行间进行的解读一概贬为任意的猜想,要是他很懒的话,他就干脆把这种解读当作直觉知识加以接受。

对这些原则的运用产生了重要后果。直到今人记忆所及的年代,许多人都牢记博丹、霍布斯、伯克、孔多塞和其他人的著名论断,相信近代政治思想与中世纪和古代政治思想在基本概念方面存在着差异。现在这一代学者接受了当代最负盛名的历史学家之一的教导:"至少从二世纪律法家到法国大革命时期的理论家,政治思想史是连续不断的。它在形式上有变化,在内容上有变更,但其基本概念则一成不变。"①直到十九世纪中叶,人们一直认为阿威罗伊敌视所有的宗教。在勒南(Renan)成功抨击了今日所谓的中世纪神话后,当今的学者又认为阿威罗伊是一个忠诚甚至笃信宗教的穆斯林。② 以前的作家相信,"取消宗教和巫术思想"是希腊医学家的典型态度。一位比较晚近的作家则断言:"作为科学家,希波克拉底式的医学家……信奉超自然教条。"③莱辛是历史上最深刻的人文主义者之一,他异常罕见地集学术、审美趣味和哲学于一身。莱辛确信,有些真理不应也不能宣示出来。他认为,"所有古代哲人"都对他们的显白教诲和隐微教诲进行了区分。伟大的神学家施莱尔马赫曾以异常有力的论据断言,柏拉图的教诲只有一个。在此之后,关于古代哲人隐微写作的问题实际上就被缩小了,仅仅限于亚里士多德"显白言辞"的意义。在这方面,当今最出类拔萃的人文主义者之一断言,将一种隐秘教诲归于亚里士多德,这"显然是一个很晚

---

① 卡莱尔(A. J. Carlyle),《西方中世纪政治理论史》(*A History of Mediaeval Political Theory in the West*),I(第二版,伦敦,1927),页 2。

② 勒南(Ernest Renan),《阿威罗伊与阿威罗伊主义》(*Averroès et l'Averroïsme*, 第三版,巴黎,1866),页 292 以下。戈捷(Léon Gauthier),《伊本·鲁世德(阿威罗伊)关于宗教与哲学的关系的理论》(*La théorie d'Ibn Rochd [Averroès] sur les rapports de la religion et de la philosophie*,巴黎,1909),页 126 以下,页 177 以下。参较同一作者的《伊斯兰教经院哲学与基督教经院哲学》(*Scolastique musulmane et scolastique chrétienne*),*Revue d'Histoire de la Philosophie*, II(1928),页 221 以下,页 333 以下。

③ 艾德尔斯坦(Ludwig Edelstein),《希腊医学及其与宗教和巫术的关系》(*Greek Medicine in its Relation to Religion and Magic*),*Bulletin of the Institute of the History of Medicine*,V(1937),页 201、211。

的发明,源于新毕达哥拉斯主义的精神"。① 按照吉本(Gibbon)的
看法,优西比乌斯(Eusebius)"间接地承认,他讲述了全部有助于增
进荣耀的事情,同时略去了全部有可能使宗教蒙羞的事情"。当今
一位历史学家认为,"吉本断言《教会史》(Ecclesiastical History)极不
公平,这本身就是一个带有偏见的判断"。② 直到十九世纪末,许多
哲人和神学家都相信霍布斯是一个无神论者,而时至今日,许多历
史学家都暗中或明确否定了这一观点。有一位现代思想家,他虽然
感到霍布斯严格说来算不上一个虔诚信奉宗教的人,但却在霍布斯
著作中发现了新康德主义宗教哲学的轮廓。③ 孟德斯鸠本人以及
他的一些同时代人相信《论法的精神》有很好的、甚至绝佳的构思。
拉布莱耶(Édouard Laboulaye)仍然认为,《论法的精神》在构思上有
一些表面的含糊之处,还有其他一些表面的文学性瑕疵,这都要归
因于审查或迫害。但是,当今最出色的政治思想史家之一则断言,

---

① 莱辛,《恩斯特与法尔克》(Ernst und Falk),第二篇对话;《莱布尼茨论
永罚》(Leibniz von den ewigen Strafen),《著作集》(Werke, Petersen and
v. Olshausen 版),XXI,页147。施莱尔马赫,《柏拉图著作集》(Platons Werke,柏
林,1804),第一卷,1,页12–20。耶格(Werner Jaeger),《亚里士多德》(Aristotle,伦敦,1934),页33。另参见格朗特(Sir Alexander Grant),《亚里士多德的伦
理学》(The Ethics of Aristotle,伦敦,1874),I,398 页以下;策勒(Eduard Zeller),
《亚里士多德与早期逍遥学派》(Aristotle and the Earlier Peripatetics,伦敦,
1897),I,页120 以下。

② 肖特韦尔(James T. Shotwell),《史学史》,I(纽约,1939),页356 以下。

③ 滕尼斯(Ferdinand Tönnies),《霍布斯》(Thomas Hobbes,第三版,斯图
加特,1925),页148;卡特林(George E. G. Catlin),《霍布斯》(Thomas Hobbes,
牛津,1922),页25;赫尼希斯瓦尔德(Richard Hönigswald),《霍布斯与国家哲
学》(Hobbes und die Staatsphilosophie,慕尼黑,1924),页176 以下;施特劳斯,
《斯宾诺莎的宗教批判》(Die Religionskritik Spinozas,柏林,1930),页80;卢比恩
斯基(Z. Lubienski),《霍布斯伦理—政治体系的基础》(Die Grundlagen des
ethisch–politischen Systems von Hobbes,慕尼黑,1932),页213 以下。

"实际上,主题并没有太多的连贯性,书中充斥着大量不相关的内容","孟德斯鸠的《论法的精神》不能说有什么结构安排"。①

　　这里的几个例子并不完全是随意挑选的,它们表明,旧观点和新观点的典型区别并不全由历史精确性的提高所致,同样也因为思想气候发生了更加根本的变化。理性主义传统曾是旧观点的公分母,在十九世纪的实证主义中仍有相当大的影响。然而,在过去几十年,越来越多的人要么进一步改造了这一传统,要么就彻底否定了它。这一变化是否——又在多大程度上——必须被视为一种进步或退步,只有哲人才能回答这个问题。

---

　　①　萨拜因(George H. Sabine),《政治理论史》(*A History of Political Theory*,纽约,1937),页 556、551。梅内克(Friedrich Meinecke),《历史主义的兴起》(*Die Entstehung des Historismus*,慕尼黑,1936),页 139 以下,页 151 注释 1。拉布莱耶,《〈论法的精神〉引言》(Introduction à l'Esprit des Lois),《孟德斯鸠全集》(*Oeuvres complètes de Montesquieu*,巴黎,1876),第三卷,页 xviii 以下。拉布莱耶在这个语境中引用了达朗贝尔《孟德斯鸠颂词》(Éloge de Montesquieu)中一段重要的话。另参见贝尔托里尼(Bertolini)《对〈论法的精神〉的经过推理的分析》(Analyse raisonnée de l'Esprit des Lois),上引书,页 6、14,页 23 以下,页 34,页 60 以下。达朗贝尔、贝尔托里尼和拉布莱耶的评论实际上只是对孟德斯鸠自己的一些提示的解释。例如,孟德斯鸠在序言中说,"如果有人想探寻作者的意图,他就只能在本书的构思中很好地发现它。"[译按:原文为法语](另参见第十一卷结尾,以及爱尔维修的两封来信,上引书,第六卷,页 314、320)。达朗贝尔说,"一个人可以在这样的著作中留下一些晦涩之处,这种晦涩与秩序的缺乏是一回事。有的地方或许对普通读者来说十分晦涩,但对作者心目中的读者来说就不是这样了,况且蓄意造成的晦涩根本就算不上晦涩。孟德斯鸠有时需要阐述某些重要的真理,但如果直截了当地将这些真理和盘托出,就有可能造成危害,没有什么好结果,于是他就谨慎地将它们掩盖起来。通过这种无害的手法,他向那些会因为真理而受到伤害的人掩盖了真理,同时又把真理传达给智者。"[译按:原文为法语]同样,"雄辩家"色诺芬的一些同时代人也相信,"写得漂亮、有条不紊的东西实际上写得并不漂亮,也并不有条不紊"(《狩猎》,13.6)。

　　一项更为适度的责任落到了历史学家身上。他将仅仅且正确地提出如下要求:不管思想气候已经或将要发生怎样的变化,历史精确性的传统还是应该延续下去。相应地,他不会接受那种把过去最重要的事实先验地排除在人类知识之外的人为的精确性标准,而是要让自己的研究所遵循的确定性准则适应于研究主题的性质。然后,他会遵循类似这样的规则:如果采取字里行间阅读法要比不采取字里行间阅读法更不精确,那就必须严格禁用这种方法。字里行间阅读法的出发点是,必须精确考虑作者的明确陈述,只有在这种情况下,采取这种方法才是正当的。我们必须完全理解一个陈述的语境以及整部作品的文学特性和构思,然后才能合理地宣称,对这个陈述的解释是充分甚或正确的。我们需要首先按一个段落本来的样子来理解它,除非我们充分考虑到这种理解方式的全部合理的可能性(其中一种可能性就是,这个段落或许是反讽的),否则,我们就无权删除这个段落,或订正其原文。如果一位写作艺术的大师犯了一些连聪明的中学生都会觉得丢脸的错误,那就有理由假定,这些错误是有意犯下的,尤其当这位作者——不管多么偶然地——讨论了在写作中故意犯错的可能性时,情况就更是如此。如果没有证据在先,在解释一部戏剧或一篇对话时就不能把作者的观点等同于戏剧或对话中一个或多个角色的观点,也不能把作者的观点等同于所有角色或富有吸引力的角色所赞同的观点。一个作者的真实观点未必就是他在最大多数段落中表达的观点。总而言之,精确性不能混同于只顾细节,不顾全面。真正注重精确性的历史学家会坦然接受一个事实:在辩论中取胜,或向每个人证明自己是对的,这完全不同于理解昔日伟大作家的思想。

　　既然如此,就必须认为,字里行间阅读法很可能不会让所有学者达成完全一致。但是，如果有人据此反对字里行间阅读法本身，那就可以这样来反驳：目前通行的各种方法也并没有让学者们在非常重要的问题上达成普遍甚或广泛的一致。上个世纪的学者往往诉诸一位作者的著作甚或思想的起源来解决文学问题。他们认为，一本书内部或同一作者两本书之间的矛盾或分歧证明作者的思想发生了变化。如果矛盾超过了一定的限度，他们有时就在毫无外证的情况下断定，这些著作中的某一部必定是伪作。这种方法近来名声不好，现在许多学者倾向于对文学传统持更加保守的态度，不太容易被单纯的内证所打动。然而，传统论者与高派考据家（higher critics）之间的冲突远未平息下来。在一些重要情形下，传统论者让我们看到，高派考据家根本就没能证明他们的假设。但是，即便高派考据家的全部答案最终被证明是错误的，导致他们远离传统、诱使他们尝试新方法的那些问题也常常表明，他们意识到某些特定的困难，而这些困难尚未打搅典型的传统论者的酣睡。要充分回答这些问题中最严肃的问题，就需要对昔日伟大作家的文学技巧进行有条理的反思。这样做的缘由在于这里所涉及的文学问题的典型性质：构思的模糊性、一部著作内部或同一作者两部或多部著作之间的矛盾、重要论证环节的省略，如此等等。这种反思必定超越现代美学甚至传统诗学的疆界，我相信，它将迫使学者们考虑迫害现象——这只是个时间早晚的问题。在此不妨提到一个情况，这一情况其实不过是同一事实的另外一个方面。我们有时观察到两种解释的冲突：一种是对昔日某个伟大作家的传统的、表面的和编注性的解释，另一种是对该作家的更有灵性、更深入和专论性的解释。两种解释都得到了该作家明确陈述的证实，就此而言都同样精确。但是，现在只有少数人会考虑到这样一种可能性：传统解释或许反映了作者的显白教诲，而专论性解释则驻留在作者的显白教诲和隐微教诲的中途。

现代历史研究兴起时,迫害主要存于人们微弱的记忆中,而不是一种强烈的体验。在过去,解释者往往透过伟大作家的字里行间进行解读,其着眼点主要落在这些作家的根本意图上,至于这些作家最经常地重复的观点,则并不那么重要。历史研究抵制甚或摧毁了这种解释倾向。在这个历史主义的时代,若想恢复早先的方法,就会遇到一个问题:字里行间阅读法有正当与非正当之别,区分的标准是什么? 如果迫害与字里行间的写作方式之间确实存在着必然的关联,那就有一个不可缺少的负面标准:有关的书必定是在一个盛行迫害的时代写成的,也就是说,是在一个利用法律或惯例推行某种正统的政治观点或其他正统观点的时期写成的。此外还有一个正面标准:如果一个有才能、头脑清晰、完全了解正统观点及其全部枝节的作家偷偷地、附带地反驳了这一观点的一个必然前提或结论,而他在其他所有地方一直都明确承认或坚持该前提或结论,我们就可以合理地推测,他反对正统思想体系本身。遇到这种情况,我们就必须再度研究这位作家的整部著作,而且研究的细致程度比先前要高得多,天真成分要少得多。在某些情况下,我们甚至拥有明确的证据,证明这位作者仅在字里行间暗示出他对最重要的问题的看法。但是,这样的陈述通常并不出现在序言里,也不出现在其他某个非常醒目的地方。如果把目光仅仅盯住过去三百年流行起来的对迫害的认识和对言论自由、坦诚的态度,这些陈述中的一些甚至根本就不会被注意到,至于理解就更谈不上了。

三

迫害这个概念涵括了多种多样的现象,从最残忍的类型(如西班牙宗教裁判所)到最温和的类型(如社会排斥),应有尽有。在这两个极端之间,存在着一些从文学史或思想史的角度来看非常重要的类型。例如,在公元前五世纪和四世纪的雅典、中世纪早期的某些伊斯兰国家、十七世纪的荷兰和英国、十八世纪的法国和德国,就出现过这样的迫害——尽管这些时期都相对比较自由。但是,只要看看阿那克萨哥拉、普罗塔戈拉、苏格拉底、柏拉图、色诺芬、亚里士多德、阿维森纳、阿威罗伊、迈蒙尼德、格劳秀斯、笛卡儿、霍布斯、斯宾诺莎、洛克、培尔、沃尔弗、孟德斯鸠、伏尔泰、莱辛和康德①的传记,在某些情况下,甚至只要看看他们书的扉页,就可以发现,他们在一生的至少某个时期目睹或遭遇了一种比社会排斥更实在的迫害。我们也不能忽略了一个事实:宗教迫害与对自由研究的迫害不是一回事。在有的时期、有的国家,一切类型或至少是多种类型的崇拜活动都受到许可,但自由研究却遭到禁止。② 遗憾的是,所有的权威学者都未能充分强调这一事实。

---

① 康德的个案是独一无二的。沃恩(C. E. Vaughan)是一个不太喜欢怀疑,也不喜欢任何其他类型的怀疑主义的历史学家,但就连他在谈到康德时也说,"我们几乎要怀疑康德是在戏弄他的读者,他对大革命怀有一种隐秘的同情。"参见《政治哲学史研究》(*Studies in the History of Political Philosophy*,曼彻斯特,1939),II,页83。

② 参见赖马鲁斯(H. S. Reimarus),"片断",《论对自然神论者的容忍》(Von Duldung der Deisten),莱辛《著作集》(*Werke*, Petersen and v. Olshausen版),XXII,页38以下。

人们对公开讨论的自由持什么样的态度,关键取决于他们如何看待大众教育及其限度。一般说来,前现代哲人在这一点上要比现代哲人更为谨慎。大约十七世纪中叶以后,越来越多曾受过迫害的异端哲人出版自己的著作,不仅是为了传达个人的思想,而且因为他们想要促成迫害现象的消灭。他们相信,压制自由研究,压制自由研究成果的发表,这只是一个偶然现象,是政治体(body politic)结构不健全的结果,普遍黑暗的王国将被普遍光明的共和国取而代之。他们期待着有那么一天,随着大众教育的发达,完全的言论自由有可能得到实现——为了更好地说明问题,不妨夸张一点说:他们期待着有那么一天,任何人都不会因为听到真理而受到伤害。①他们把自己的观点隐藏起来,但有一个限度:只要能尽量保护自己免遭迫害就足够了。他们如果做得比这更微妙的话,就达不到启迪越来越多不具哲人潜质的人的目的了。因此,透过字里行间阅读他们的书相对比较容易。② 但是,先前有一种类型的作家则持根本不同的态度。他们相信,“智者”与“俗众”之间有一道鸿沟,这是人类

---

① 这个极端的目标除了能在最平静的情况下达到外,是否还能在别的情况下达到呢? 在我们这个时代,这个问题由麦克利什(Archibald MacLeish)在《战后作家与战前读者》(Post - War Writers and Pre - War Readers,*Journal of Adult Education*,vol. 12,June,1940)中提了出来。麦克利什是这样说的:“完全的表白、极度的绝望、极端的怀疑,这些都属于奢侈享受。也许,作家们若不是生活在最有秩序、最安定的年代里,就应该放弃这种享受。我不知道。”

② 在此,我特别想到霍布斯,他对前面勾勒的发展过程的意义是怎么评价也不嫌过分的。滕尼斯清楚地认识到这一点,他特别强调了他的主人公的两句格言:“俗众会慢慢受到教育的”,“哲学为了获得发展,就应该是自由的,既不受恐惧、也不受羞耻感的妨碍”。[译按:原文为拉丁语](滕尼斯,上引书,iv 页,页 195)霍布斯还说,“对思想学说的压制只能使人联合起来,只能激怒人,也就是说,只能增强那些已经相信这些思想学说的人的怨恨和力量。”见《英语著作集》(*English Works*,Molesworth 版),VI,页 242。在《论自由和必然性》

本性的一个根本事实,不管大众教育取得怎样的进展,都不会对它有丝毫影响:哲学或科学根本上是"少数人"的特权。这些作家还确信,哲学本身受到大多数人的怀疑和敌视。① 即便并没有什么特定的政治势力让他们感到惧怕,那些从这一假定出发的人还是会被迫得出一个结论:公开传播哲学真理或科学真理是不可能的,也是不可欲的,不仅暂时如此,而且永远如此。他们必须对除哲人之外的所有人隐瞒自己的观点。有两种办法可以让他们做到这一点:要么只对一群精心挑选的弟子进行口头教导,要么通过"简略的暗示"就最重要的主题写些东西。②

所有具备阅读能力的人当然都有机会接触到各种著作。因此,选择第二种方式的哲人就只能阐述适合于不懂哲学的多数人的意见:严格说来,他的全部著作都不能不具有显白性质。这些意见不会在所有方面都与真理相一致。作为一个对"灵魂中的谎言"深恶痛绝的哲人,他清楚地知道如下事实:这些意见只是"貌似可能的虚构故事",或"高贵的谎言",或"有一定几率的意见"。他不会在这

(*Of Liberty and Necessity*,伦敦,1654,页35 以下)中,霍布斯对纽卡斯尔侯爵写道:"我必须承认,如果我们在考虑绝大部分人类时着眼于他们实际是怎样的,而不着眼于他们应该是怎样的……我就必须承认,关于这个问题的争论只会伤害而不会增益他们的虔敬。因此,倘若主教大人(布拉姆霍尔主教)不希望得到这个答案的话,我就不会把它写下来了。我把这个答案写下来,只是希望大人您和主教大人不要把它泄露出去。"

① 西塞罗,《图斯库卢姆谈话录》,II,4。柏拉图,《斐多》,64 b;《王制》,520 b2 - 3 和 494 a4 - 10。

② 柏拉图,《蒂迈欧》,28 c3 - 5;《第七封信》,332 d6 - 7,341 c4 - e3 和 344 d4 - e2。前面提到的那种观点可与民主信条相调和,这一点已由斯宾诺莎作了十分清楚的说明。斯宾诺莎不仅拥护自由主义,而且拥护民主制(《政治论》,XI,2,Bruder 版)。参见斯宾诺莎:《知性改进论》,14 和 17,以及《神学—政治论》,V 35 - 39,XIV 20 和 XV 结尾。

一点上自欺欺人。这样一位哲人会让他那些懂哲学的读者从诗性
或辩证的表述中把真理剥离出来。但是,倘若他明确指出他的哪些
陈述是高贵的谎言,哪些是更高贵的谎言,他就难以达到自己的目
的了。事实上,他只需要让一批懂哲学的读者注意到,他并不反对
说一些高贵的谎言、讲一些貌似真理的故事,他就为他们做了几乎
已超过足够限度的事情了。至少从文学史家的观点来看,典型的前
现代哲人(很难把他们与前现代诗人区别开来)与典型的现代哲人
最显著的区别就在于,他们对"高贵的(或正当的)谎言"、"虔诚的
欺瞒"、"迂回方法"(ductus obliquus)①或"真理的节约"持完全不同
的态度。一个伟人居然会故意欺骗他的大多数读者——每个正派
的现代读者哪怕只是听到这样的暗示,就一定会惊讶不已。② 不
过,诚如一位自由神学家曾讲过的,足智多谋的奥德修斯的这些模
仿者只不过比我们更诚实:我们说"考虑一个人的社会责任",按他
们的说法则是"高贵地说谎"。

　　一本显白的书因此就含有两种教诲:一种是具有教谕性质的大
众教诲,处在前台;另一种是关于最重要的问题的哲学教诲,仅仅透
过字里行间暗示出来。这并不是要否认某些伟大作家会把某个名
声不好的人物当作传声筒,公开表达某些重要的真理,但这样一来,
他们实际上就表明了自己多么强烈地反对把这些真理直接宣示出
来。昔日最伟大的著述中出现如此多有趣的魔鬼、疯子、乞丐、智术

---

　　① 托马斯·莫尔,《乌托邦》,第一卷后一部分。
　　② 对奥古斯丁所说的"大问题、秘密讨论、有学识者之间的轮番辩论"
[译按:原文为拉丁语]的相当广泛的讨论,可见于格劳秀斯的《论战争法与和
平法》(De Jure Belli ac Pacis),Ⅲ,第一章,§7ff,尤其是§17,3。除其他人的著
作外,参见帕斯卡尔,《致外省人书简》(Provinciales)第九、第十封信;泰勒(Jer-
emy Taylor),《怀疑者的向导》,第三卷,第二章,规则5。

师、醉汉、享乐主义者、小丑,是很有道理的。不过,这些书的真正读者对象既不是不懂哲学的大多数人,也不是完美的哲人本身,而是那些有可能成为哲人的青年:必须一步一步地让潜在的哲人远离大众观点。出于所有实际的、政治的目的,大众观点对真理来说是不可缺少的,而真理则是纯粹理论性的,引导着真理的是大众教诲表述方式的某些明显让人困惑的特征:晦涩的构思、矛盾、笔名、对过去陈述的不精确的复述、怪异的表达式,等等。这些特征不会打搅那些只见树木、不见森林的人的酣睡,但对那些能够见到森林的人来说,它们则是具有唤醒作用的绊脚石。这种类型的所有书之所以存在,乃出于成熟的哲人对他的族类中的"小狗"①的爱,与此同时,他也希望得到他们的爱:所有显白著述均为"缘于爱的书写言辞"。

显白著述预设了一个事实:存在着一些任何正派的人都不会公开宣示的基本真理,因为它们会对许多人造成伤害,而这些人在受到伤害后,自然又容易去伤害宣示不愉快真理的人。换句话说,显白著述有一个预设前提:研究自由和发表全部研究成果的自由并没有作为一项基本权利得到保证。因此,从根本上说,这种著述是与一个不自由的社会联系在一起的。这样,人们就完全有理由提出一个问题:在一个真正自由的社会里,显白著述又有什么用呢? 答案很简单。在柏拉图的《会饮》中,阿尔喀比亚德斯——雅典之子,如整个雅典一样直言不讳——将苏格拉底及其言辞比作外表丑陋不堪、里面却藏有美丽无比的神物形象的雕塑。昔日伟大作家的著作甚至外表都很美。不过,这种可见的美与藏于深处的珍宝的美相比还只能算是奇丑无比。只有通过漫长、艰难、却总是愉快的努力,才

---

①　试比较柏拉图的《王制》,539 a5 - d1 和《苏格拉底的申辩》,23 c2 - 8。

能把这些珍宝发掘出来。我相信,哲人们在倡导教育时心里所想的正是这种总是很艰难,却又总是很愉快的工作。他们感到,教育为一个一向紧迫的问题——一个典型的政治问题——提供了唯一的答案,这个问题就是,如何将并非压迫的秩序与并非放纵的自由协调起来。

第四编　现代教育的危机

马基雅维利

张觅 译

人们经常不以"德性"（virtue）一词本身来谈及德性，而代之以"生命的品质"（the quality of life）或"伟大的社会"（the great society）或"伦理的"（ethical）甚或"正直的"（square）。但是我们知道什么是德性吗？苏格拉底得出了这样的结论：对一个人来说，每天都进行关于德性的言谈乃是最大的善（the greatest good）——（人们）显然未曾找到一个关于德性的令人完全满意的定义。然而，如果我们要寻找这一真正至关重要的问题的最为详尽以及最少含混的答案，我们应该求教于亚里士多德的《伦理学》（*Ethics*）。在那里，我们读到，除了别的（德性）以外，存在一种最高（of the first order）的德性叫作宽宏大度（magnanimity）——即一种通过理解自身的配得而为自己索要极高荣誉的习性（habit）。我们同样在那里读到，羞耻感并非一种德性：它适合于年轻人——他们因为不成熟而忍不住要犯错，但不适合于成熟与有教养者——他们总是做正确与适当之事。这一切的奇妙之处在于，我们从一个截然不同的来源接受到一种截然不同的信息。当先知以赛亚接受神召时，他被自己的无价值感压倒："我是嘴唇不洁的人，又住在嘴唇不洁的民中。"这等于是对宽宏大度的不言明的谴责，对羞耻感的不言明的辩护。其理由可见于以下语境："圣哉！圣哉！圣哉！万主之主耶和华。"一般来说,对亚里士多德与希腊人而言,不存在神圣的神祇。谁正确,希腊人抑或犹太人?雅典抑或耶路撒冷?而为了发现谁是正确的又该如何着手?我们难道不应承认人类智慧无法解决这一问题,而每一项答案都建基于信仰的行为之上?但是这难道不是构成了雅典完全与最终的失败?因为一种建立在信仰之上的哲学就不再是哲学了。也许正是这一未解决的冲突曾经防止西方思想陷入停滞。也许正是这一冲突处于某种思想的底端,这一思想确实是哲学的,但不复是希腊的:[这就是]现代哲学。正是在理解现代哲学的尝试中,我们与马基雅维利相遇。

马基雅维利是唯一一位这样的政治思想家,他的名字被普遍地用来指称一种政治(a kind of politics),这种政治独立于他的影响而存在并得到延续,这种政治仅仅受对利害的考量的指引,它为达目的无所不用,不论公正还是下作、残酷还是恶毒——它的目的在于对某人的国家或祖国的强化——但也用祖国服务于政客、政治家或其政党的自我扩张。但如果这一现象与政治社会本身自古并存,为什么它却在马基雅维利之后得到命名?而马基雅维利的思考与写作不过是不久前的事——约 500 年前。马基雅维利第一个在扉页上有其名字的书中为这种政治公开辩护。马基雅维利使其变得可以得到公开辩护。这意味着马基雅维利的成就,不论其令人憎恶或是值得赞赏,不能仅就政治本身或政治史来理解——比如说就意大利文艺复兴而言,而只能就政治思想、政治哲学以及政治哲学史来理解。

马基雅维利看似与先前所有的政治哲人决裂,有一些有力的证据支持这一观点。然而,他篇幅最大的政治著作表面上寻求的是古代罗马共和国的重生。马基雅维利绝非一个极端的改革者,他是某些古老和被遗忘的事物的恢复者。

为了找到方向,让我们首先将目光投向两位"后马基雅维利"(post‒Machiavellian)思想家:霍布斯与斯宾诺莎。霍布斯将自己的政治哲学视作完全崭新的东西。不仅如此,他还否认在他的著作之前存在过任何名副其实的政治哲学或政治科学。他将自己视作真正的政治哲学的创建者,政治哲学真正的创建者。霍布斯当然知道,自苏格拉底开始,就存在着一种自称为真的政治学说。但按照霍布斯的说法,这一学说与其说是科学,不如说是一种梦想。他将苏格拉底及其继承者看作是无政府主义者(anarchists),因为他们允许转离地上的律法(the law of the land),实在的律法,转而诉诸一种更高的律法,即自然法(the natural law),他们因此鼓励了一种与公民社会(civil society)完全不相容的混乱。另一方面,按照霍布斯的看法,更高的律法——自然法——有且仅有这样一种要求:对至高力量的绝对服从。不难表明,这一论证的路线被霍布斯本人的教诲所反驳,但无论如何这尚未触及事物的根本。霍布斯对所有早前的政治哲学的严肃反驳在以下陈述中表现得最为清晰:"那些就正义与政策问题大体上写过东西的人,确实都相互攻讦与自相矛盾。为了将这一学说简化为理性的规则与确定性,只有首先将此类原则视作基础,此外别无他途——因为不去怀疑的激情也许并不寻求取代,然后在此基础上逐步根据自然法建立事实的真理(迄今为止它只被建立在空中),直至其整体不能被推翻。"政治教诲的合理性在于它可以为激情所接受,可以为激情所同意。必须作为合理的政治教诲的基础的激情是对暴死的恐惧。初看起来,似乎存在着它的替换物,慷慨大方(generosity)的激情,这是"一种在看似无需打破(某人的诺言)时的荣耀与骄傲",但这种慷慨大方"过于罕有,难以被指望,特别是在财富、领导权或者感官快乐的追求者那里(尤其罕有),而这类追求者恰恰是人类中的大多数。"霍布斯试图(将教诲)

建立在最为普通的基础之上,无可否认,这一基础较为低下,但却具有更为牢固的优势,而传统教诲却建基于空中。相应地,在这一新的基础之上,道德的地位必须被降低,道德不过是由恐惧激发(fear-inspired)的平静(peaceableness)。道德律(the moral law)或自然法被理解为自然的权利(the right of nature)、自我保存的权利的派生物。基本的道德事实是一种权利,而非义务。这一崭新的精神成为现时代的精神,也包括我们自己的时代。这一精神得到了保存,尽管霍布斯的学说被其伟大的继承者做了重要的修改。洛克将自我保存扩展为舒适的自我保存,并由此为一味追求物质占有(acquisitive)的社会铺置了理论基础。传统观点认为正义的社会是一个正义的人在其中进行统治的社会,与此相反,康德断言:"说起来也许不好听,建立国家(正义的社会秩序)的问题,即使对一个魔鬼的民族而言也是可解决的,只要他们有感觉(have sense)",即,只要他们精于算计。我们在马克思的教诲中辨识出这一思想,因为他所寄予厚望的无产阶级显然不是天使。尽管霍布斯所引起的革命已决定性地由马基雅维利做好了准备,但霍布斯却没有提及马基雅维利。这一事实要进一步考查。

霍布斯在某种程度上是斯宾诺莎的老师。尽管如此,斯宾诺莎还是以对那些(the)哲人们的攻击开启了他的《政治论》(Political Treatise)的写作。他说,那些哲人们将激情看作恶。通过嘲弄或谴责激情,哲人们赞美并表明了他们对一种并不存在的人类天性(自然)的信仰。他们不以人实际是什么而以他们希望人成为什么来设想人。因此,他们的政治教诲是全然无用的。politici[政治人]的情形与此截然不同。他们从经验中学得,只要人类存在,恶就会存在。因此,他们的政治教诲非常有价值,而斯宾诺莎将自己的教诲建立在他们的教诲之上。这些 politici[政治人]中最伟大的正是那位最为敏锐的佛罗伦萨人,马基雅维利。斯宾诺莎亲自接过了马基雅维利对传统政治哲学更为温和的攻击,并将其转化为霍布斯式的更少保留的语言。关于"只要人类存在,恶就会存在"这个句子,斯宾诺莎正是心照不宣地借自塔西佗。在斯宾诺莎的口中,它等于是一种对弥赛亚时代信仰的无条件拒斥。弥赛亚时代的到临需要神的干预或者一个奇迹,但按照斯宾诺莎的说法,奇迹是不可能的。

斯宾诺莎《政治论》的引言显然模仿了马基雅维利《君主论》(*Prince*)的第15章。在那里,马基雅维利写道:

> 因为我知道有许多人已经写过文章(关于君主应该如何统治),现在我也写起文章来,特别是当我讨论这个问题的时候,我的观点与别人的不同,因此,我恐怕会被人认为倨傲自大。可是,因为我的目的是写一些东西,即对于那些通晓它的人是有用的东西,我觉得最好论述一下事物实际上的真实情况,而不是论述对事物的想象。许多人曾经想象那些从来没有人见过也从来没有人真正获知的共和国和君主国确实存在。可是人们实际上怎样生活同人们应当怎样生活,其距离是如此之大,以致一个人要是为了应该怎样办而把实际上是怎么回事置诸脑后,那么他不但不能保存自己,反而会导致自我毁灭。因为一个人如果在一切事情上都想发誓以善良自持,那么,他厕身于许多不善良的人当中定会遭到毁灭。所以,一个君主若要保存自己,就必须学会如何变得不良好,并且学会视情况需要而使用或不使用良善。①

---

① [译按]据潘汉典中译《君主论》,商务印书馆,2005,页73。有改动。

如果某人将自己的方向确定为人应该如何生活,确定为德性,那他就抵达了想象的王国或共和国。古典哲人正是这样做的。他们因此抵达了《王制》(*Republic*)与《政治学》(*Politics*)中的最佳政制。但是,当谈及想象的王国时,马基雅维利所想到的不仅仅是哲人们,他同时想到了上帝之国(the kingdom of God)。从他的观点看,上帝之国是空想者的一种奇思异想,因为正如他的学生斯宾诺莎所说,只有在正义之人进行统治的地方,正义本身才会获得统治权。但在哲人们那里,他们将最佳政制的实现视作可能(possible),但又极度地不大可能(improbable)。按照柏拉图的看法,它的实现严格地依赖于一种巧合,一种最不大可能的巧合:哲学与政治权力的巧合。最佳政制的实现依赖于偶然,依赖于 Fortuna[机运],也就是说依赖于某种本质上超出人类控制的东西。然而,按照马基雅维利的看法,Fortuna[机运]是一个女人,就此而言,她必须遭受敲打和锤击,以使她(被人)控制。Fortuna[机运]可以被某类适当的人征服。在对 Fortuna[机运]的这一姿态与多数人实际上如何生活的取向之间存在着一种联系:通过降低政治卓越性的标准,人们保证了唯一一种原则上可能的政治秩序的实现。在"后马基雅维利"的说法中,正确类型的理想必然会变成现实,理想与现实必然会聚合到一起。这一思考方式已经取得了惊人的成功,如果今天有人仍坚持认为理想的实现不存在保证,那他肯定害怕被称作一个犬儒主义者。

马基雅维利关心人实际如何生活,并不仅仅是为了描述它,毋宁说,他的意图是以人实际如何生活的知识为基础,而去教导君主应该如何统治,甚而教导他们应该如何生活。因此,似乎可以说,他重写了亚里士多德的《伦理学》。在某种程度上,马基雅维利承认传统教诲是真实的,人们不得不过一种亚里士多德意义上的德性的生活。但他否认德性的生活就是幸福的生活或将导致幸福。"如果慷慨（liberality）是以你被迫使用它的方式得到了使用，它就会伤害你，而如果你合乎德性地并以人们应该使用它的方式使用它"，君主就会毁灭自己，或者被迫严苛地统治其臣民以获得必需的金钱。吝啬，作为慷慨的反面，是"一种使君主有能力统治的恶"。君主应该变得慷慨，因为这会提高他的声望，不过，所使用的应是他人的财产。类似的考虑同样适用于仁慈与其反面残酷。这将马基雅维利导向了这样的问题：对君主而言，受人爱戴是否比被人畏惧更好，或者恰恰相反？同时被人爱戴与畏惧是（极其）困难的。既然君主必须作出选择，他应该选择被人畏惧而非受人爱戴，因为一个人是否被爱取决于他人，而被人畏惧则取决于自己。但是君主必须避免被人憎恨，只要他不觊觎臣民的财产与妻女——特别是他们的财产，人们是如此爱自己的财产，以至于他们对父亲被杀的怨恨要少于丢失财产的怨恨——他就能够避免被憎恨。在战争中，残酷的名声不会造成任何危害。汉尼拔（Hannibal）就是最佳的例子，他总是得到士兵毫无保留的服从，不管胜利还是失败之后，他都无需与兵变做斗争。"除了非人的残酷之外，这不可能缘于任何别的原因，他无数的德性连同他的残酷，使他在士兵眼中总是既可敬又可怕，而如果缺少了残酷，他其余的德性就将不起作用。对此缺乏思考的作家们，一方面赞扬他的行动，另一方面却谴责他采取行动的主要原因。"我们注意到，非人的残酷是汉尼拔的一种德性。切萨雷·博尔贾（Cesare Borgia）对罗马涅（Romagna）的平定提供了另一个残酷被"运用有方"（well used）的例子。为了平定那个国家，他任命了"一个残酷与迅捷之人"雷米罗·德·奥尔科（Ramirro d'Orco）为首领，并授之以全权。雷米罗马上成功地获得了最大的声望。继而切萨雷认为，如此过度的一种权力已经不再必要并有可能使他遭受憎恨,他知道雷米罗所实施的严厉措施已经引起了不少憎恨。因此,切萨雷希望表明,如果有任何残酷罪行被犯下,这并不是由他的行为而是由他的部下(雷米罗)的严酷天性所引起的。因此,某日早上,他在主城广场之上将雷米罗劈成两段,在其身旁还放置着一块木头与一把血淋淋的刀子。这一凶残的景象使民众既满足又震惊。

这样,马基雅维利的全新的"应该"就要求根据环境的需要,而同时对德性和恶德(vice)作出明智与有力的运用。在马基雅维利所定义的德性一词的意义中(in his meaning of the word),德性与恶德之间的明智交替本身就是 virtú[德性]。马基雅维利既按照传统意义又按照他自己的意义使用"德性"一词,他以此自娱,而且我相信,他也娱乐了某些他的读者。马基雅维利偶然会在 virtú[德性]与 bonta[善行]之间作出区分。这种区分在某种程度上已经由西塞罗做好了准备,西塞罗表明,人们因其谦逊(modesty)、节制(temperance),并首先是因其正义(justice)与持守信念(keeping of faith)而被称作"善",并以此与勇气(courage)和智慧(wisdom)相区别。德性之间的这一西塞罗式区分使我们想起柏拉图的《王制》,在那里,节制与正义被描述为要求所有人都具备的德性,而勇气与智慧只要求部分人具备。马基雅维利在善(goodness)与其他德性之间所作的区分,最终转变为善行与德性(本身)之间的对立:德性为统治者与士兵所需要,而善则是从事和平工作的民众的需要或特点,结果善就变得意味着"出于恐惧"(fear – bred)而对统治的服从,甚至意味着某种卑劣。

在《君主论》的好些段落中,马基雅维利以正派之人一向谈论道德的方式论及道德。他在第 19 章中解决了这一矛盾,在那里他讨论了自哲人皇帝马可·奥勒留(Marcus Aurelius)直至马克西穆斯(Maximinus)的罗马诸皇帝。其高潮是他对塞维鲁斯(Severus)的讨论。塞维鲁斯是最为残酷与贪婪的皇帝之一。然而,在他身上具有如此伟大的德性,以至于他总是可以适当得体地进行统治,因为他深谙如何使用兼具狐狸与狮子品性的人——这两种品性君主必须模仿。一位新王国中的新君主,不能模仿好皇帝马可·奥勒留的行为,他也没有必要去跟随塞维鲁斯的行为,然而,他应该从塞维鲁斯那里汲取建立自己的国家所必须的部分,从马可·奥勒留那里汲取对维护一个已经牢固建立的国家来说恰如其分并增添其荣耀的部分。《君主论》的主要论题是一个全新国家中的全新君主,即奠基者。而奠基者的典型正是极端聪明而又犯下罪行的塞维鲁斯。这意味着,与奥古斯丁所言相反,正义绝非 fundamentum regnorum[国家之根基],正义的基础是不义,道德的基础是不道德,正当性的基础是非正当性或革命,自由的基础是僭政。在开端处,只存在着恐怖,而不存在和谐或爱——当然,在那种仅为其自身之故、仅谋求其自身的永存的恐怖,与那种在某种程度上将自身限制在为与人类境况相匹配的人性与自由奠定基础的恐怖之间,存在着巨大的差别。但这一差别在《君主论》中充其量只是得到了暗示。

　　《君主论》的最后一章给出了令人鼓舞的信息,此章是写给一位意大利君主洛伦佐·德·梅迪奇(Lorenzo de' Medici)的一份劝告书,它劝告洛伦佐将意大利从蛮族——即法国人、西班牙人与德国人——手中解放出来。马基雅维利告诉洛伦佐,解放意大利并非十分困难。他给出的理由之一是"上帝成就的没有先例的非凡事件可见于:大海自动分开,云彩为你指路,磐石流出甘泉,吗哪自天上降",这些绝无实例的事件恰恰实有先例——这就是随着以色列人从埃及人的奴役中获得解放而出现的种种奇迹。马基雅维利所暗示的似乎是,意大利正是洛伦佐的应许之地。但是,这里存在着一个难题:那位将以色列人带出奴役之所、领向应许之地的摩西并没有到达那块土地,他死在了应许之地的边境之上。马基雅维利由此暗中预言洛伦佐将无法解放意大利,原因之一在于洛伦佐缺乏完成这项伟大事业所需要的非凡 virtú[德性]。但是,这些绝无先例的非凡事件之"没有先例"还在于,关于这些事件,除了马基雅维利所断言的之外,我们对它们一无所知。所有这些非凡事件都发生在西奈山的启示之前。那么,马基雅维利所预言的就是:一个新的启示即将来临,而这个新启示就是一个新十诫(a new Decalogue)。这一新启示的提供者当然不会是平庸的洛伦佐,而是一个新摩西。这个新摩西就是马基雅维利自己,而那新十诫则是对全新国家中的全新君主的全新教诲。不错,摩西是一个武装的先知,而马基雅维利则属于那些必然会走向灭亡的未武装的先知。而为了找到这一难题的解决办法,我们必须转向马基雅维利的另一伟大著作:《论李维的前十书》(*Discourses on the First Ten Books of Livy*,[译按]以下简称《论李维》)。

然而,如果我们为了找到这一《君主论》中未解决的难题的答案,而从《君主论》转向《论李维》,那么我们就是"才脱龙潭又入虎穴"。因为《论李维》远比《君主论》更难以理解。为了表明这一点,不先让读者产生一种特定的困惑是不可能的,但这种困惑正是理解的开端。

就让我们从真正的开端即"献辞"开始。《君主论》是敬献给马基雅维利的主人洛伦佐·德·梅迪奇的。马基雅维利自比为身处最卑位之人,因为身居低位而如此折服于他的主人洛伦佐的庄严,以致他认为《君主论》配不上洛伦佐的威仪,尽管这是他最珍爱的。马基雅维利以如下评论推荐自己的这一著作:这卷书册篇幅精简,可以使它敬献的对象(the addressee)在最短的时间内理解它,尽管它包含了作者多年来历尽艰危所逐渐知道和理解的一切事物。《论李维》是题献给马基雅维利的两位年轻朋友的，正是他们促使他写成此书。同时，此书也是马基雅维利对他的这两位朋友表示感激的一种象征。马基雅维利将《君主论》呈现给他的主人，以期能从他那里获得恩惠。然而他不知道洛伦佐是否会对《君主论》报以任何关注——他说不定会更喜欢收受良骑骏马。与此相一致，马基雅维利在《论李维》的献辞中贬损了他在《君主论》的献辞中所遵从的礼俗——将著作题献给君主：《论李维》并非题献给（实际的）君主，而是题献给了配当君主之人。洛伦佐是否配当君主则尚存疑问。

两部著作之间的这些差异可以用以下事实来说明：在《君主论》中马基雅维利避免使用他在《论李维》中使用的特定术语。《君主论》并未提及良心（conscience）、共同的善（common good）、僭主（tyrants）（君主与僭主之间的区分）以及天国（heaven），同样，在《君主论》中，"我们"从不意味着"我们基督徒们"。在此有人也许会指出，在两部著作中，马基雅维利都未提及此岸与彼岸、此生与来世之间的区分，也未提及魔鬼或地狱，总之，在这两部著作中，他从未提及灵魂。

现在让我们进入《论李维》的文本。《论李维》的内容是什么？这是一部什么类型的著作？《君主论》则不存在此类疑问。《君主论》是君主们的一面镜子，而君主镜鉴乃是一种传统文体。与此相应，《君主论》的各章标题皆为拉丁文。这绝非要否认——毋宁说反倒强调了——《君主论》在传统的伪装下传播革命性教诲的事实。而这种传统的伪装在《论李维》中却消失了。尽管该书所处理的是古代罗马这一古代与传统的主题，但它的篇章标题却都不是拉丁文的。此外，《君主论》差不多可算容易理解，因为它有一个尚为清晰的写作计划。然而，《论李维》的写作计划则极端模糊，以致人们不禁会好奇它是否有任何计划。此外,《论李维》以致力于论述李维的前十书的面貌出现。李维的前十书上始自罗马的开端,下迄第一次布匿战争前夕——即未腐败的罗马共和国的顶峰,在罗马向外征服意大利本土之前。但是在某种程度上,马基雅维利在《论李维》中处理了李维著作所涵盖的整个罗马史:李维的著作由 142 卷构成,而《论李维》由 142 章构成。李维的著作直书至奥古斯都皇帝时代,即基督教的开端时代。无论如何,规模超过《君主论》四倍之巨的《论李维》,看来似乎比《君主论》全面得多。马基雅维利只将一个主题明确排除在《论李维》的处理之外:"使自己成为一种涉及众多事物的新事物的领袖有多么危险,而掌控它并使它完善,在它完善之后维持它有多么困难。这对于讨论而言是一项过于冗长而崇高的事物,因此,我将保留它,以在一个更为适当的地方讨论它。"然而,马基雅维利在《君主论》中恰恰明确讨论了这一冗长又崇高的事物:"人们必须考虑到,没有什么比使自己成为引入新秩序的领袖这件事更难以掌控、更无成功的把握、更为险象环生。"的确,马基雅维利在此未谈及"维持"(maintaining)。正如我们在《论李维》中学到的,这样的一种维持最好由民众(the people)去实行,而新方式与新秩序的引入则最好由君主实行。基于这一点,人们也许会得出结论:作为与《君主论》的差别,《论李维》的特殊主题是人民——这一结论绝不算荒谬,但对于人们理解这部著作而言,则是很不充分的。

《论李维》的特质也许可以通过另一类型的难题的两个实例而得到进一步说明。在卷二第 13 章中,马基雅维利断言并在某种意义上证明了,从低下或卑贱之位上升至尊贵之位的人,与其说靠的是强力,不如说靠的是欺骗。这正是罗马共和国在其开端时的所作所为。然而,在谈及罗马共和国之前,马基雅维利提到了四位从卑下之位上升至高位的君主。他最为广泛谈及的是波斯帝国的奠基者居鲁士(Cyrus)。居鲁士的例子居于中心。他通过欺骗自己的舅舅米底亚王攫取权力。但是，如果他起初就是米底亚王的外甥，又怎么能被说成是起于卑位呢？为了自圆其说，马基雅维利接下来提到了乔万·伽列佐(Giovan Galeazzo)，他通过欺骗而从叔叔贝纳博(Bernabo)那里篡取了国家与权力。由此，伽列佐同样起初就是在位君主的侄子，而不能被说成是起于卑位。那么，马基雅维利以如此谜一般的方式讲述，他表明了什么呢？卷三第48章中写道：如果有人看到敌人犯下了巨大的错误，他必须相信在这错误之下掩藏着欺骗，这是在此章标题中所说的。而在正文中，马基雅维利走得更远，他说"在这错误之下总是掩藏着欺骗"。然而，马基雅维利旋即就在中心事例中展现了罗马人曾经因为士气低落犯过一个巨大的错误，也就是说，其背后没有掩藏欺骗。

我们如何处理在《论李维》中所遇到的困难呢？让我们回到它的书名上来：论李维的前十书。它的书名从字面上看并不准确，但说这一著作主要由对李维的前十书的讨论构成则是可靠的。此外，我们已注意到《论李维》缺少一个清晰的写作计划。也许，如果我们认真对待此书致力于对李维的探讨这一事实，它的写作计划就会变得清晰起来；也许，马基雅维利通过追随李维本人的写作次序，以此来追随李维。再者，这并不完全真实，但倘若巧妙地理解它，它倒不失为真实。马基雅维利使用或不使用李维，乃是理解这一著作的钥匙。马基雅维利以多种不同方式使用李维：有时他会不明言地使用一个李维的故事，有时他会提及"这一文本"(this text)，有时他会提及李维的名字，有时他会在提及或不提及李维名字的情况下(以拉丁文)引用李维。马基雅维利使用与不使用李维也许可以用下述事实加以说明：在前十章中他未引用李维，在接下来的五章中引用了李维,在接下来的二十四章中又未引用李维。理解这些事实背后的原因乃是理解《论李维》的关键。

我无法在我所能支配的篇幅中就这一问题给出结论性的论述,但我将通过选取以下五个章节或者说准章节(quasi - chapter)来处理这一问题:卷一前言、卷二前言、卷二第 1 章、卷一第 26 章以及卷二第 5 章。

在卷一前言中,马基雅维利使我们得知他发现了新方式与新秩序,他走了一条未有前人足迹的道路。他将自己的成就比作对未知水域和大陆的发现:他以道德—政治世界中的哥伦布自居。激发马基雅维利这样做的是他一贯具有的自然渴望(natural desire),他渴望做那些在他看来能给每个人带来共同利益的事情。因此,他勇敢地面对那些他知道正在前方等候着他的危险。这些危险是什么?就对未知海域及大陆的发现而言,危险在于对它们的寻找,一旦你发现了未知的陆地并开始返乡,你就安全了。然而,就对新方式与新秩序的发现而言,危险正在于你发现了它们,即,使它们广为人知的过程。因为,正如我们已从马基雅维利那里得知,使自己成为某种对多数人产生重大影响的新事物的领袖是危险的。

令我们大感惊讶的是,马基雅维利旋即将这些新方式与新秩序等同于古代的方式与秩序:他的发现只不过是[对它们的]重新发现。他谈到了当代人对古代雕塑残片的关切,这些残片获得了极高的声誉并被当代雕塑家奉为典范。而最令人惊异的是,没有人打算模仿古代王国与共和国那些最有德性的行为,其可悲的后果便是古代德性的痕迹已经不再存留。当今的律师从古代律师那里学得他们的技巧;当今的医生(physicians)将他们的判断建立在古代医生的经验之上。然而,在政治与军事事务上,当今的君主与共和国却并不求助于古代的楷模。与其说,这缘于当今的宗教使世界导向孱弱,或者说缘于骄奢淫逸(ambitious leisure)对许多基督教国家与城市造成的恶果,不如说,这缘于[人们]对历史特别是李维的历史理解得不充分。这一切的后果是,马基雅维利的同时代人相信,效法古人不仅困难,而且是不可能的。但这明显是荒谬的,[因为]自然秩序(the natural order),包括人的天性[自然],与古代并无不同。

我们现在理解了为什么对新方式与新秩序的发现——它们仅是对古代方式与秩序的重新发现——是危险的。这一重新发现导致了当代人应模仿古人德性的要求,因此它与当今的宗教背道而驰:正是这一宗教教导人们,对古代德性的模仿是不可能的,这是一种道德上的不可能(morally impossible),因为异教的德性只不过是辉煌的恶德。在《论李维》中,马基雅维利需要实现的将不仅仅是在违反基督教标准的情况下展现古代德性,而是使得它得以重新成为风俗(re-habilitation)。这并未解决新方式与新秩序的发现只是古代方式与秩序的重新发现这一困难。

然而,以下这点是清晰的:马基雅维利不能视古人的优越性为理所当然,他必须证实它。因此,他必须首先在古代的仰慕者与贬损者之间找到一个共同的基础。这一共同基础便是对古代的尊敬,不论是圣经的古代还是异教的古代。马基雅维利从"好的是古老的,因而最好的是最为古老的"这一不明言的前提出发。因此,他首先被引向在最遥远的古代繁荣兴盛的古代埃及。但是,这并无多大裨益,因为关于古代埃及人们所知甚微。因此,马基雅维利不得不满足于为人们充分了解并同时属于他自己的那个最古老的国家——古代罗马。然而,古代罗马并非在每一个重要方面都理所当然地值得赞美。一个有力的实例可以被用来并已经被用来显明,斯巴达优越于罗马。因此,马基雅维利必须确立起古代罗马的权威。

而他为此所使用的一般方式,则让我们想起神学家从前针对不信教者而确立起圣经权威的那种方式。但古代罗马并不像圣经那样是一本书。然而,通过确立古代罗马的权威,马基雅维利确立起它最重要的史家李维的权威,并由此而确立起该书(李维著作)的权威性。李维的历史是马基雅维利的圣经。与此相应的结果便是,在确立起罗马的权威之前,马基雅维利不能开始使用李维。

马基雅维利在论述罗马宗教的章节中(卷一 11 至 15 章)开始引用李维。在前一章中,他曾将凯撒(Caesar)作为僭政的建立者而与作为自由城市的建立者的罗慕洛斯(Romulus)进行了比较。凯撒的荣耀归因于作家们,他们之所以颂扬凯撒是因为他们的判断已为凯撒非凡的成功——即为历代皇帝的统治奠定基础——所败坏。罗马皇帝们不允许作家自由评说凯撒。但自由的作家们懂得如何规避这种限制:他们谴责凯撒不幸的预兆喀提林(Cataline),①他们颂扬凯撒的敌人布鲁图斯(Brutus)。但并非所有皇帝都是坏的。从内尔瓦(Nerva)至马可·奥勒留时代便是黄金时代,那时每一个人都可以由其所愿而持有并为任意一种观点辩护。所谓的黄金时代正是那些思想及其表达不受权威限制的时代。这些评论正是马基雅维利对罗马宗教的论述的导言。在那里,他将异教看作至少是与圣经宗教平等的宗教。所有宗教的原则都是权威,而这恰恰是马基雅维利此前所怀疑过的。但对罗马统治阶层而言,宗教并非一种权威,他们将宗教用于他们的政治目的,并且是以最令人钦佩的方式做到这点的。对古代罗马宗教的赞扬暗示了——而且不仅仅暗示了——对当代罗马宗教的一种批评。马基雅维利之所以赞扬古代罗马宗教,其原因与那些在罗马皇帝的权威统治下的自由作家赞

---

① [译按]指喀提林的阴谋行为是凯撒颠覆共和行为的预演。

扬布鲁图斯的原因如出一辙：他不能公开责难统治着自己的基督教权威。因此，如果李维的史书是马基雅维利的圣经，那它就是他的反圣经(anti - Bible)。

在马基雅维利确立起古代罗马的权威，并通过一系列实例展现其对于当代人的优越性之后，他开始暗示古代罗马所受其害的种种缺陷。也只有从这一刻开始，区别于罗马的李维——即李维的著作——成为马基雅维利唯一的权威。然而，就在临近卷一结尾处，马基雅维利在一件最为重要的事务上，公开质疑了包括李维在内的所有作家的意见。由此，他引导我们逐步认识到，为什么他重新发现的旧方式与旧秩序乃是崭新的：(1)古代罗马的方式与秩序是受环境所迫，通过试验与错误而确立起来的，它的确立并无连贯的计划，并无对那些方式与秩序的原因的理解。马基雅维利提供了这些原因，并因此能够修正某些旧方式与旧秩序。(2)那驱动旧方式与旧秩序的精神是对传统和权威的崇敬，是一种虔敬的精神，而马基雅维利则受一种完全不同的精神所驱动。卷一中的论证的发展最为清晰地表明了这点。虽然卷一以对最古远时代的最高的赞扬开始，它却结束于"非常年轻"(very young)这一语词：许多罗马人在giovanissimi[最年轻时]就建立起他们的功业(celebrated their triumphs)。

这样，我们就为理解卷二前言做好了准备。在那里，马基雅维利公开地质疑了一种有利于古代的成见："人们总是赞美古代而指责当代，但并非总是合乎情理。"事实上，世界总是保持不变的，善与恶的数量也是保持不变的。而变化的是不同的国家与民族，它们有充满德性的时候，也有充满堕落的时候。在古代，德性起初存在于亚述而最终存在于罗马。在罗马帝国毁灭之后，德性只在帝国的某些地方得以复兴，特别是在土耳其。因此，一个出生于我们时代的希腊人,如果他未成为土耳其人,那他有理由责备当代而赞扬古代。相应地,马基雅维利也就完美地证明了赞美古罗马人的时代,而责备他自己的时代是正当的:古代德性在当今罗马与意大利已经难寻踪迹。因此,他规劝年轻人,无论什么时候,只要机运(fortune)给了他们这样做的机遇,他们就应该效仿古代罗马人,也就是说,去做那些时代与机运的恶毒(malignity)阻止他们做的事情。

卷二前言的信息看起来可能稍显贫乏,至少与卷一前言相比是如此。这是由于下述事实:卷一前言是整部著作的导言,而卷二前言仅是卷二或卷二前几章的导言。在那里,马基雅维利首先与普鲁塔克(Plutarch)的一种意见进行了争论,他认为普鲁塔克是一位有分量的作家——他从未将这一称号用于李维。这一意见也为李维甚至罗马人本身所共有:这一意见认为罗马人通过机运而非德性获得了他们的帝国。在罗马的征服之前,整个欧洲被三个民族分据着,他们顽强地捍卫着他们的自由,并自由地统治着自身,也就是说,[他们奉行的]是共和政体。因此,为了征服他们,罗马需要极佳的德性。与在当代相比,这些民族在古代是自由度更大的爱者(lovers),那么,这又是如何发生的呢?按照马基雅维利的看法,这在根本上是因为古代宗教与我们的宗教的区别。我们的宗教将谦逊(humility)、卑屈(abjectness)以及对属人事物的轻视(the disparagement of the human things)置于至善(the highest good)的位置,而古代宗教则将心智的伟大、身体的强壮以及其他所有适于使人变得最为强健的事物视为至善。但是,此世与天国的解除武装(disarmament)本身,归根到底是由于罗马帝国以及所有共和制生活方式的毁灭。除了极佳的德性之外,罗马之所以伟大的第二个原因在于她在准许外乡人成为公民的问题上十分慷慨。但这样的一项政策使国家面临巨大的危险,正如雅典人特别是斯巴达人所深知的,他们害怕与新居民的混合会败坏古老的习俗。由于罗马的这一政策,众多从来不知共和生活并且对此毫不关心的人,即东方人,成了罗马公民。因此,罗马对东方的征服完成了她征服西方时所开启的东西,并且因此产生了这样的结果:一方面罗马共和国是基督教共和国的直接对立物,另一方面它又是基督教共和国的起因,甚至是其典范。

　　卷三没有前言,但其第一章发挥了前言的功能。通过这种细微的不规则处理,马基雅维利强调了《论李维》的章节数与李维史书的章节数相等这一事实,而李维的史书,正如我们之前已经注意到的,从罗马起源始,一直延伸至基督教出现的时代。卷三第一章的标题如下:“如果有人希望一个教派或共和国能够长存,他必须经常将其带回开端。”尽管标题只提及了教派与共和国,正文却处理了共和国、教派与王国。教派即宗教占据了中心位置。此世的一切都有其进程的限度——由天国所设的限度。但是,只有当它们保持良好的秩序时,它们才能达到这一限度,而这意味着它们必须经常被带回其开端,因为在它们的开端之中,它们必定曾具有某种善(goodness),否则,它们就不会获得最初的声誉,也不会获得增强。通过罗马人在被高卢人击败之后重获新生命与新德性的例子,马基雅维利首先证明了他的命题中与共和国相关的部分:罗马人由此恢复了对宗教与正义的遵奉,即恢复了对旧秩序特别是对宗教的遵奉,正是由于对宗教的疏失使罗马遭受了灾难。古代德性的恢复由对恐怖与恐惧的重新施加(reimposition)构成,正是它们曾使人在开端变得良善。马基雅维利由此解释了,在他对古代方式与秩序的恢复的关切中,什么是根本性的:人们之所以在开端时是良善的,并不是因为他们清白纯真,而是因为他们受到恐怖及恐惧的掌控——受原初的和根本的恐怖及恐惧掌控,在开端中没有爱(Love)只有恐怖(Terror)。马基雅维利全然崭新的教诲正是基于这一断言的洞见(它先于霍布斯的自然状态学说)。马基雅维利继而转向对教派的讨论,他以"我们的宗教"的实例说明自己的命题:

> 如果我们的宗教没有被圣方济各与圣多明我带回它的开端与原则,它将会彻底消亡。他们以自己的清贫和基督人生的典范,把已在人们心灵中消失的东西,重新带回他们的心灵。高级教士与宗教首领的虚伪没有毁掉我们的宗教,全赖他们这一套强大的新制度。他们生活清贫,通过忏悔与布道赢得了人民的信任,他们使人民认识到,以罪恶的语言议论罪恶,本身也是罪恶。追随他们才是美好的生活。如果高级教士犯下过失,就把他们留给上帝去惩罚。有些高级教士无恶不作,是因为他们不惧怕这种他们既看不到也不相信的惩罚。因此,那种革新,维持了并在继续维持着这种宗教。①

在这里,回到开端是通过引入新秩序获得实现的。马基雅维利在这里之所以确定地这样说,是因为他没有考虑到,圣方济各会与圣多明我会的改革等于是对原始基督教的某种简单回复,因为这些改革并未触动基督教教阶制度。但新秩序的引入在共和国中也是必需的,正如马基雅维利在《论李维》最后一章所强调

---

① [译按]译文参考了冯克利中译《论李维》,上海世纪出版集团,2006,页311,据原文有所修改。

的：古代方式与秩序的重建,在任何情况下,包括马基雅维利本身的情况,都是新方式与新秩序的引入。然而,在圣方济各会及圣多明我会的革新与共和国的革新之间存在着重大区别:共和国的革新使整个共和国,包括其领导者,都服从于原初的恐怖和恐惧,而这恰恰因其可以抵制邪恶——因为它们可见地并因此可信地惩治了邪恶。而基督教命令或者说劝告[人们]不要抵制邪恶是基于这样的前提:开端——或者说原则——是爱。这一命令或劝告只可能引向极度的混乱或者某种逃避。然而,这一前提转变成了它的极端对立物。

我们已经看到《论李维》的章节数目是富有深意而且经过慎重选择的。这也许会使我们好奇《君主论》的章节数目是否也是富含深意的。《君主论》由 26 章组成。26 是希伯来语上帝圣名——即耶和华这一神名(Tetragrammaton)——的字母数值。但马基雅维利知道这点吗? 我不知道[他是否知道]。26 等于 13 的 2 倍。13 在现在以及很长一段时期内都被认为是不幸运的数字,但在更早的时期它也被甚至主要被认为是一个幸运的数字。所以,"13 的两倍"可能既意味着幸运又意味着厄运,总之意味着运气、fortuna[机运]。有一个例子可以被用于支持这一观点:马基雅维利的神学可以用 Deus sive fortuna[机运神](以与斯宾诺莎的 Deus sive natura[自然神]相区别)这一惯用语来表述——即,神应该是受人类影响(咒语)所左右的机运。但是,为了证实这点,将会要求一项对于眼下这一场合而言"过于冗长与崇高"的论证。因此,让我们看看是否能够通过研究《论李维》第 26 章获得一些帮助。这一章的标题如下:"一个新君主,在其攫取的城市或国家中,必须使一切焕然一新。"这一章的主题因此是一个新国家中的新君主,这也正是《君主论》最为崇高的主题。在前一章的结尾处,马基雅维利曾说道,谁想要建立作家们称之为僭政的绝对权力,他就必须更新一切。由此,我们这一章(26 章)的主题就是僭政,但"僭政"这一术语从未在此章中出现:"僭政"在《论李维》第 26 章中被回避,正如它在由 26 个章节所组成的《君主论》中被回避一样。此章本身的教诲如下:一个想在自己的国家中建立绝对统治的新君主,必须使一切焕然一新;他必须以全新的名称、全新的职权以及全新的人员建立全新的行政官职;他必须使富人变穷而使穷人变富,正如大卫在其成为君王时所做的那样,qui esurientes implevit bonis,et divites dimisit inanes[叫饥饿的得饱美食,叫富足的空手离去]。总而言之,他绝不能听任国家中有任何事物保持原样,而且他的国家中不能存在任何官职或财富——其所有者不承认它们属于君主。新君主所必须使用的新方式是最为残酷与充满敌意的,不仅对一切基督教生活而言,而且甚至对一切人道的生活而言都是如此。如此,便可使每一个人都必然宁愿选择过一种私人的生活,而非选择过一种给人类带来如此巨大之毁灭的君王生活。此章中出现的拉丁文引文被转译成以下这一修改过的版本:"他叫饥饿的得饱美食,叫富足的空手离去。"这一引文构成了圣母颂歌(Magnificat)中的部分景象:童贞女玛利亚在从天使加百列那里得知她将生下一个被叫作耶稣的儿子之后所做的感恩祈祷,而那"叫饥饿的得饱美食,叫富足的空手离去"的,正是上帝自己。在这一章的语境中,这意味着上帝就是一个僭主,而那使富人变穷穷人变富的大卫王,则是一位上帝般的君王,一位君王之沿着主(the Lord)的道路行进,恰恰是因为他行进在僭主的道路上。我们必须注意到这是出现在《论李维》与《君主论》中唯一的新约引文。而这唯一的新约引文却被用来表达最可怕的渎神思想。有人也许会为马基雅维利辩护说,这一渎神思想并未直接表达,而只是暗示性地得到了表达。

但这一辩护,远远不能帮助马基雅维利,反使他的情况更糟,因为当一个人公开地发出或喷吐出一种渎神思想时,所有好人都会战栗并远离他,或者会给予他应得的惩罚,罪完全是他的。但是一种隐藏的渎神思想是如此诡诈,这不仅是因为它保护了渎神者免受按照法律程序应受的惩罚,而且首先是因为它实际上强迫听者或读者自己想到渎神思想,并由此成为渎神者的共犯。由此,通过诱使其思考禁忌或犯罪的思想,马基雅维利与他最为出类拔萃(par excellence)的读者——他称之为"年轻人"——之间建立起某种亲密关系。这样一种亲密关系似乎也由每一位起诉人或法官建立起来,为了证明罪犯有罪,他们必须思考罪犯的思想,但这种亲密关系是被罪犯所憎恶的。然而,马基雅维利却渴望它。这是他对青年的教育的重要组成部分,或用一种确立已久的说法,这是他败坏青年的重要部分。

　　如果篇幅允许,我们也许可以考虑一下《论李维》中其他章节数为 13 倍数的章节,那将是有益的。而我将只考虑其中的一章:卷二第 5 章。此章的标题如下:"教派与语言的变迁以及洪水与瘟疫,毁灭了事物的记忆。"通过与某些哲学家展开争论,通过对他们的主张提出反驳,马基雅维利开启了此章。他提到的那些哲学家说世界是永恒的。马基雅维利"相信"人们可以对他们答复如下:如果世界真如他们所声称的那般古老,那么存在超过 5000 年的记忆(即我们由于圣经而拥有的记忆)就将是合理的。马基雅维利以圣经之名反对亚里士多德。但他继续说,人们完全可以作出这种反驳,如果他没有看到许多时代的记忆被各种原因毁灭了的话——这些原因部分是出于人祸,部分是出于天灾。马基雅维利由此反驳了一种对亚里士多德的所谓的反驳,反驳了一种对最为著名的亚里士多德主义者的反圣经论证的反驳。他继续说道:出于人祸的原因是教派与语言的变迁。因为当一种新教派即一种新宗教出现时,为了获取声誉,它首要的关切便是消灭旧宗教,而当新宗教的领袖以不同的语言建立起新宗教的秩序时,他们更容易毁灭旧教派。通过考虑基督教教派对付异教教派的做法,人们便可认识到这一点,前者毁灭了后者的所有秩序与仪式,破坏了古代神学的所有记忆。诚然,它没有完全成功地毁灭关于异教中卓越人物的所作所为的知识,而这是由于它保存了拉丁语言这一事实,基督徒被迫使用拉丁语书写他们新的律法。要是他们能够以一种全新的语言书写他们的律法,就不会存留任何过往事物的记录了。人们只需读一读圣格里高利(St. Gregory)与其他基督教首领的会议记录便可看到,他们通过焚毁古代诗作与史书,通过毁坏古代的偶像并损毁所有古代的其他符号而残害古代的一切记忆的行径是多么顽固,如果他们能在这种残害中加入一种新的语言,古代的一切事物就将会在最短的时间内被遗忘。通过这些异常夸张的言论,马基雅维利勾勒了自身著作的背景,特别是勾勒了他对所珍爱的李维的恢复[工作]的背景,李维的绝大部分史书都因为"时代的恶毒"(卷一第 2 章)而佚失了。此外,马基雅维利在这里还暗中比较了基督徒与穆斯林的行为,穆斯林的新律法就是以一种全新的语言写成的。基督徒与穆斯林的区别不在于基督徒较之穆斯林对异教古代怀有更大的尊敬,而在于基督徒没有像穆斯林征服东罗马帝国那样征服西罗马帝国,因此而被迫使用了拉丁文,并在某种程度上被迫保留了异教罗马的文献,从而使其不共戴天的敌人被保存了下来。其后不久,马基雅维利说,这些教派在 5000 或 6000 年的时间内会经历两次或三次变化。他由此测定出基督教的命限:最长将是 3000 年,最短则是 1666 年。这意味着,基督教有可能在《论李维》写成 150 年之后走到它的终点。马基雅维利并非从事此类推测的第一人(参普莱通[Gemistos Plethon]①,他比马基雅维利乐观或者说有领悟力得多)。

然而,通过这一说法,马基雅维利所表达的最为重要的观点在于:所有宗教,包括基督教,其起源都在人,而非天国。具有天国起源②的毁灭事物记忆的变故是瘟疫、饥荒与洪水,天国的即是自然的,超自然者即是人类。

马基雅维利关于宗教所说的或所暗示的内容的实质,并不是原创的。正如他将"教派"一词意指宗教这一事实所表明的,他沿袭了阿维罗伊主义,即中世纪亚里士多德主义者的道路,他们作为哲人拒绝向启示宗教作出任何让步。尽管马基雅维利关于宗教的教诲的实质并非原创,但他阐述它的方式却是极富独创性的。实际上,除了民政神学(civil theology)之外,他对任何神学都概不承认,这一神学服务于国家,而且它是否能被国家利用都出于环境的需要。马基雅维利表明,如果存在一位强大且卓绝的君主(monarch),宗教是可以被摒弃的。这事实上暗示了,在共和政制中宗教是不能被摒弃的。

《论李维》的道德—政治教诲在根本上与《君主论》的教诲是相同的,但二者之间存在着一个重要的区别:《论李维》在强有力地陈述共和政制的事例的同时,也教导潜在的僭主如何破坏共和生活。然而,几乎不可怀疑的是,马基雅维利喜爱共和政体甚于专制政体,不管此专制政体是僭政的还是非僭政的。他憎

---

① [译按]Gemistos Plethon(约1355—1452/1454,原名Georgius Gemistos,因仰慕柏拉图而在自己名字中加入Plethon),拜占庭帝国的希腊学者,柏拉图思想和新柏拉图主义哲学的传播者,是希腊学问得以在西欧复兴的先驱。

② [译按]即前文所说天灾,马基雅维利由此将天国的、神圣的事物等同于自然的事物。

恶那样一种压迫,这种压迫并非服务于人类福祉,因而不服务于有效的统治,它尤其不服务于公正而又不过度的惩罚式正义。马基雅维利是一个慷慨之人,但又深知,在政治生活中被当做慷慨的事物,绝大多数时候不过是精明的算计,就此而言,这些算计理应得到赞许。在《论李维》中,马基雅维利通过赞美马库斯·卡米卢斯(M. Furius Camillus),最为清晰地表达了他的偏爱。卡米卢斯得到了李维的高度赞美,李维赞誉他为第二罗慕洛斯、罗马的第二缔造者、宗教仪式最诚心勤勉的实践者,甚至说他是最伟大的 imperatores[最高统帅],但李维这样说的意思很可能是指到那时为止的最伟大的军事将领。然而,马基雅维利却称卡米卢斯为"最审慎的罗马首领",同时赞美卡米卢斯的"善"与"德性"、人道与正直——他称之为又好又智慧,总之,赞美他是最卓越之人。马基雅维利尤其对卡米卢斯的沉着镇定印象深刻,因为他无论身处好运还是厄运时心智都能保持同一,当他从高卢人手中拯救罗马而赢得不朽荣耀时,当他被判处流放时,他都能安之若素。马基雅维利将卡米卢斯在命运的虚妄面前之所以能保持优越的原因,追溯至他关于世界的极为卓越的知识。出于对其非凡功绩的怨恨,卡米卢斯被判处流放,至于其原因,马基雅维利在一个特别的章节(卷三第23章)进行了讨论。基于李维的论述,他列举了三项理由,但是,如果我没弄错的话,李维从未同时将这三项理由作为卡米卢斯遭流放的原因而提及。事实上,马基雅维利在这里所遵照的不是李维,而是普鲁塔克。但他却作了特殊的篡改,他将[三项理由中的]中心位置分配给了下述事实:卡米卢斯曾为其凯旋战车套上四匹白马,因此,民众说他因为骄傲而希望与太阳神——或按普鲁塔克所说,希望与朱庇特(李维说:Jupiter et sol[与朱庇特和太阳神])——平起平坐。而我相信,这一相当令人震惊的 superbia[骄傲]行为,在马基雅维利眼中,正是卡米卢斯的宽宏大度(magnanimity)的一种标志。

　　正如马基雅维利所知晓的,卡米卢斯的骄傲恰恰表明,存在着一种超乎卡米卢斯的伟大之上的伟大。毕竟,卡米卢斯并非新方式与新秩序的奠基者与发现者。用某种稍稍不同的话说,卡米卢斯是一个最为庄严的罗马人,而正如马基雅维利在他的喜剧《曼陀罗》(*La Mandragola*)中最为明显地表达的,人类生活同样需要轻盈。在那里,他赞美权贵洛伦佐·梅迪奇,因他将庄重与轻盈结合于一个近乎不可能的统一体中——马基雅维利将这一统一体看成是值得赞美的,因为在从庄重到轻盈或从轻盈到庄重的转变中,人模仿了自然,[因为]自然正是易变的。

　　人们不禁想要知道,应该如何合理地评判作为整体的马基雅维利的教诲。回答这一问题的最简单的方式看上去似乎是这样的:马基雅维利最为频繁地提及与遵从的作家——当然除了李维之外——是色诺芬,但他只谈及了色诺芬的两部著作:《居鲁士的教育》(*The Education of Cyrus*)与《希耶罗》(*Hiero*)。他对色诺芬的苏格拉底作品未予关注,也就是说,他对于色诺芬道德世界中的另一极——苏格拉底——未予关注。色诺芬的一半——在色诺芬看来更好的一半——被马基雅维利隐瞒了。人们可以稳妥地说,马基雅维利所知道的,或者说他发现并因之而闻名的那些道德与政治现象,没有什么是不为色诺芬所深谙的,更不必说柏拉图与亚里士多德了。诚然,在马基雅维利那里,一切都出现在一种新的眼光中,但这并不是因为视野的扩展,而恰恰是因为视野的窄化。许多现代的关于人的发现都具有这一特征。

　　人们经常将马基雅维利与智术师进行比较。关于智术师或那些通常被称为智术师的人,马基雅维利并未说过什么。但他却在

《卡斯特鲁乔的生平》(*Life of Castruccio Castracani*)中间接地就这一主题说过一些东西。这是一本迷人的小书,包含了对一位十四世纪的雇佣兵首领或者说僭主的理想化描述。在该书结尾,马基雅维利记载了若干卡斯特鲁乔(Castruccio)说过或听过的机智妙语。几乎所有这些妙语都是马基雅维利从第欧根尼·拉尔修的《名哲言行录》(*Lives of the Famous Philosophers*)一书中借用过来的。为了使这些妙语适合于卡斯特鲁乔,马基雅维利在某些情况下对它们作了修改。在第欧根尼那里,记载着一位古代哲人说过他希望像苏格拉底那般死去,马基雅维利将此变成卡斯特鲁乔的警语,不过,卡斯特鲁乔所希望的是像凯撒那般死去。《卡斯特鲁乔的生平》所记载的大部分妙语,都来自阿里斯提波(Aristippus)与犬儒主义者第欧根尼(Diogenes the Cynic)。与阿里斯提波和第欧根尼的关联——他们并不被归为智术师——可能会带给我们有益的指引,如果我们对学者称之为马基雅维利的"思想来源"问题感兴趣的话。

在《尼各马可伦理学》(*Nicomachean Ethics*)接近结尾处,亚里士多德谈及了那种人们可能会称之为智术师的政治哲学的东西。他的主要观点是,智术师将政治等同于或几乎等同于修辞术。换言之,智术师相信或倾向于相信言辞的全能。毫无疑问,马基雅维利不能被指责为犯有这种错误。色诺芬谈到自己的好友普罗克赛弩斯(Proxenos),他在居鲁士征讨波斯王的远征中指挥过一支分遣部队,而且他是最著名的修辞学家高尔吉亚(Gorgias)的学生。色诺芬说普罗克赛弩斯生性正直,并有能力指挥贤人(gentlemen),但却不能使士兵对自己充满畏惧,他没有能力惩罚那些不是贤人的人,甚至没有能力训斥他们。但色诺芬,作为苏格拉底的学生,却被证明是一位最为成功的统帅,而这恰恰是因为他既能驾驭贤人,又能驾驭非贤人(nongentlemen)。色诺芬,这个苏格拉底的学生,对政治的苛刻与严酷,对那种超越言辞的政治的要素不抱任何幻想。在这一至关重要的方面,马基雅维利与苏格拉底结成了一条对抗智术师的共同战线。

进步还是回归?①

郭振华　译

一

本讲座的题目表明,进步已经成了一个问题——进步看来已经把我们领到深渊边沿,因此有必要思索与进步相抗衡者。比方说在我们所在的地方停下,要不然就——如果可能的话——回归。回归(return)译自希伯莱语词 t'shuvah。T'shuvah 有一个普通含义和一个突出含义。此突出含义英译作"悔改(repentance)"。悔改就是回归,即从错误的道路回归正确的道路。这暗示了我们曾走在正确的道路上,后来才转向错误的道路。原本我们就走在正确的道路上;原本并无背离或罪恶或不完美。人原本就在家里,在他的天父(Father)的寓所。由于疏离,由于罪恶的疏离,他成了一个异方人。悔改,回归,就是回家。

我提醒你们注意《以赛亚书》第一章中的几行经文:

可叹忠信的(faithful)城变为妓女。从前充满了公平(judg-

---

① ［译注］本文译注中绝大部分内容编译自施特劳斯《犹太哲学与现代性危机》(*Jewish Philosophy and the Crisis of Modernity*, Kenneth Hart Green 编, State University of New York Press, 1997)所载本文的编者注。

ment)，公义（righteousness）居在其中，现今却有凶手居住。……
因此主说，我也必复还（restore）你的审判官，像起初一样，复还你
的谋士，像起先一般。然后你必称为公义之城，忠信之邑。①

悔改就是回归；救赎就是复还。一个完美的开端——忠信的
城——之后纷至沓来的便是背叛、堕落、罪恶；而在此之后就是一个
完美的终结。但这完美的终结乃是复还那完美的开端：起初是忠信
的城，最后还是忠信的城。一开始人们并非漫游于眼前的一片森
林，不受保护亦不被引领。一开始是在伊甸园。完美一开始就存
在——在时间的开端，在最古老时代的开端。因而与此相应地，完
美得到古老时代——父、父辈之父、列祖（patriarchs）的时代——寻
求。列祖就是以西结（Ezekiel）在其幻觉中看到的神性战车。② 伟
大时代——古典时代——存在于过去：首先是荒芜时期，然后是神
殿时期。犹太人的生活就是回忆的生活。这同时也是一种期待、希
望的生活，但对救赎的希望就是复还——恢复至圆满（restituto in
integro）。"他们的儿女要如往日"（《耶利米书》，30：20）。可以说，
救赎在于最年轻的人——离过去最远、处于最远的将来的人——回
归到质朴状态。过去高于现在。因而，这种想法和对未来的希望完
全相容。但是，不论过去多么可敬，对救赎的希望——对弥赛亚
（the Messiah）③的期待——难道不是把更高的地位赋予未来而非过
去吗？

---

　　① ［译注］参圣经《以赛亚书》，1：21－26。本文圣经英译文均引自 King
James Version，相应中译文引自和合本。
　　② ［译注］参《以西结书》，1、10。对观《创世记》，1－2；《列王纪下》，2：12。
　　③ ［译注］"弥赛亚"在希伯莱文原指受膏者（膏即犹太王加冕时所受的
膏油），在后来的犹太传统中指未来统一犹太各部并带来世界和平的犹太王。

这不完全为真。依照最普遍接受的观点,弥赛亚低于摩西(Moses)。① 弥赛亚时代将见证这样一种复还:托拉得到完全实施;部分托拉的失效是因为神殿遭到毁灭。对托拉的信仰过去一向是犹太教的生活方式,然而弥赛亚主义却经常处于潜伏之中。例如,我从索勒姆得知,16世纪以前的犹太神秘论专注于开端;直到卢里亚(Isaac Luria),犹太神秘论才开始专注于未来——专注于终结。然而甚至在卢里亚这里,最后的时代只是变得与最初的时代同样重要,而非比最初的时代更重要。此外(我引用索勒姆的话),"从倾向和习惯上讲,卢里亚是个坚决的保守派。这种倾向的明显表现就是,他执意要将自己不得不说的东西与更古老的权威联系起来"。对于卢里亚而言,"拯救其实仅仅意味着恢复,使原本的整全重新成为一体,或用希伯莱语讲就是 Tikkun……对于卢里亚而言,弥赛亚的出现正是复还的持续过程的圆满结局……通向万物终结之路也是通向开端之路"(《犹太神秘主义举要》,前揭,页 256、268、274)。犹太教关注回归,而非进步。"回归"能轻易用圣经希伯莱语来表述,而"进步"则不能。用希伯莱语表述"进步",会显得有些造作,即便不算悖谬。② 即便弥赛亚主义确实意味着主要关注未来,或曰朝向未来生活,那么这也不会对如下信念产生任何影响:过去高于现

---

① [译注]作者谈到犹太教关于弥赛亚的"最广为接受的观点"时,其根基很可能是迈蒙尼德的律法书;在迈蒙尼德的各个律法书中,"最普遍接受的一种观点"常被用来权威地表述律法。可参迈蒙尼德,《密示拿托拉》(*Mishneh Torah*, Moses Hyamson 译注, New York: Philipp Feldheim, 1981),"审判官"卷(Book of Judges),"君王的律法"篇(Laws of Kings),章 11,段 1、3、4;章 12,段 1、2、4。

② [译注]作者所谓"悖谬"指的是,表述"进步"的两个希伯莱词——kidm 和 hitkadmut——都源自词根 kdm,即"居前"、"高于"。词根 kdm 的各种形式常常带有这样的意思:"古老"、"早先"、"以前"、"先前",正如 kedem 表示"古老的日子"。因此,在现代希伯莱语中,"进步"不可避免地暗示着"回归"。

在。从时间方面讲，现在比过去更接近最终的救赎；这一事实当然不意味着，从虔敬或智慧方面讲，现在高于过去，尤其高于古典的过去。

如今，t'shuvah 一词获得了一个更突出的含义。如今，t'shuvah 有时并不指发生在犹太教之中的回归，而是指某些犹太人对犹太教的回归，这些人或其父辈早已背弃作为一个整体的犹太教。对犹太教的抛弃、背弃当然不自视为背叛或离弃，不自视为偏离正道，也不自视为回归至犹太传统早已离弃的一个真理，甚至也不自视为仅仅转向某种更高者。它自视为一种进步。可以说，它向犹太传统确证，犹太教很陈旧，相当陈旧，尽管这种背弃本无可夸耀的往昔。但这种背弃认为，犹太教很古老这一事实恰恰证明了这种背弃本身的卓越性，也证明了犹太教自有其不足。因为它质疑回归这一观念暗含的前提：开端以及古老时代具有完美品性。它认定，开端极其不完美，完美只能发现于终结处——于是，从开端向终结的运转，原则上就是一种从极端不完美向完美的进步。从这种观点来看，年代久远无论如何不等于值得尊重。古代性恰应遭到鄙视，顶多鄙视中带点同情。

为了把这个问题讲得更清楚一点，我们将对比以回归观念为特征的生活与以进步观念为特征的生活。当先知们声讨其族人（their people）时，他们不会仅仅指控族人的这种或那种特定罪行或罪恶。先知们在如下事实中看到所有特定罪行的根源：族人已经背弃其上帝。先知们谴责其族人的反叛。过去，族人原本守信或忠诚；现在，族人处于反叛状态。未来，族人将回归，而且上帝将令他们复还其原来的所在。首要的、原本的或原初的是忠诚；不守信、不忠实只是派生而来。不守信或不忠实这一概念本就预设了忠实或忠诚具有原初性。原本的完美品性是罪恶的一个前提——也是罪恶思想的一个前提。谁这样理解自己，谁就渴望原本之完美，或渴望古典的过去之完美。这样的人受不了现在；他盼望未来。

另一方面，进步的人会回顾一个极端不完美的开端。这个开端就是野蛮、愚昧、原始、极度匮乏。进步的人并不觉得自己已丧失某种非常重要的东西，即便不说无比重要的东西；他丧失的只是枷锁。进步的人不会因为回忆过去而感到痛苦。回顾过去时，他为自己的成就感到自豪；他确信现在高于过去。他不满足于现在；他期待未来的进步。但是，他不仅希望或祈求更好的未来；他认为他能以自身的努力赢得这个未来。进步的人在某一个未来之中寻找完美，而这未来绝非开端，亦非开端的复还；于是，他完全朝向未来而生活。那种自视为忠诚或守信的生活，在他看来就是落后，就是处于古老偏见的咒语控制之下。别人称作反叛的东西，他称之为革命或解放。他用偏见—自由之两极对立来反对守信—反叛之两极对立。

重复一下，当代对犹太教的回归发生于对犹太教的背弃之后，这种背弃最终或从一开始就自视为超越犹太教的一种进步。这种背弃为一位孤独者以古典方式所引发——他就是斯宾诺莎。斯宾诺莎否认犹太教真理：犹太教，当然也包括圣经，是古代部落的一连串偏见和迷信习俗。从这繁多而异质的传说中，斯宾诺莎发现了某些真理元素，但他并不认为这为犹太教所特有。斯宾诺莎在异教中也发现过同样的真理元素。在阿姆斯特丹，斯宾诺莎被犹太人共同体所驱逐。他不再认为自己是个犹太人。常常有人指责斯宾诺莎对犹太教和犹太人怀有敌意。但我没有看出来斯宾诺莎反对犹太教比反对（比如）基督教更猛烈，也没有发现他对犹太人怀有敌意。关于犹太教与基督教之间的世俗冲突，斯宾诺莎持一种奇怪（可能也没那么奇怪）的中立看法。斯宾诺莎从这个中立角度看待犹太人以及犹太人的命运，由此甚至对犹太人的救赎提出了某些建议。其中有一项几乎很显白的建议。首先，斯宾诺莎断言，犹太人只在如下意义上曾受［上帝］拣选：迦南人（Canaanites）在早些时候也曾被拣选，因此犹太人同样并不永远受到拣选；然后，斯宾诺莎试图说明，可以用一种极为自然的方法解释犹太人失去国土后的生存状态。在这种语境下，斯宾诺莎作出如下评论：“若他们宗教的根基没有把他们的心智变得女里女气，我甚至绝对相信，鉴于人事易变，一旦时机降临，他们就可以恢复自己的国。”①这意味着，对神性救赎的希望毫无根据。流亡的受苦毫无意义。根本没法保证有一天会停止这种受苦。但是，若要对流亡的终结抱有合理希望，第一个前提条件就是，犹太人必须除去其宗教的根基，亦即除去犹太教的精神。因为斯宾诺莎认为，那种精神反对尚武的事业，也反对积蓄政府的能量。据我所知，这是关于犹太人问题的纯粹政治性解决方案的最早提议：以纯粹政治性解决方案取代救赎的神迹（miracle）——如果可能，人们可以仅以虔敬的一生来供奉这神迹。这是第一次暗示具有彻底政治性的锡安主义（Zionism，［译注］即“犹太复国主义”）。但是，斯宾诺莎还提示了另一个解决方案。在《神学政治论》中，他勾勒了他所谓正派社会的轮廓。按他的描绘，这种社会可被刻画为一种自由民主制。顺便提一句，斯宾诺莎可以说是鼓吹自由民主的第一位哲人。不过斯宾诺莎仍认为有必要以一种公共宗教或国家宗教为自由民主投保。而非常值得注意的是，那种宗教、那种国家宗教显然不是理性宗教，而且既非基督教亦非犹太教。它在犹太教与基督教的种种分歧方面保持中立。此外，斯宾诺莎宣

---

① 《神学政治论》，第 3 章接近末尾处。［译注］译文参考过中译本页64。

布,他已经在圣经的基础上证明,摩西律法只有在犹太王国(Jewish commonwealth)时期才有其约束力。如果有人考虑到两个事实:第一,国家宗教在犹太教与基督教的种种分歧方面保持中立,第二,摩西律法不再具有约束力;那么,这人就有权声称,斯宾诺莎为犹太人问题的另一种纯粹政治性解决方案奠定了基础:这种解决方案是政治锡安主义的对抗性方案,即同化主义(assimilationism)。

在斯宾诺莎的自由民主制中,犹太人用不着靠受洗获得完全的公民权。只要他接受放任主义的(latitudinarian)国家宗教就够了,而且他们可以由此而忘掉摩西律法。在这种中立的氛围中,流放之苦有望得到解除。斯宾诺莎仅仅提示了两种相互抗衡的古典方案,这两种方案均源于与犹太教的根本决裂。其实际后果在 19 世纪的进程中得到充分展示。但是,这两种方案经受实践检验时,都导致了某些困难。

在同化主义的前提下,犹太人的受苦——为犹太教而受苦——变得毫无意义。那种受苦仅仅是蒙昧往昔的残留,随着人类取得更长足的进步,这种残留将消失。但是,结果令人有点失望。基督教势力的衰落并没有如期引起反犹情绪的衰落。即便在犹太人的法定平等已经成为事实的地方,这种平等反而与持续存在的社会不平等形成更强烈的对比。在许多国家,法定不平等与种种更为粗鲁的社会不平等,让位于种种更为精巧的社会不平等,但社会不平等并不因此就变得不那么残酷。相反,随着社会地位的上升,敏感性与日俱增。我们的祖先能够对憎恨、鄙夷无动于衷,因为这在他们看来恰恰表明以色列被拣选。而被连根拔起的、被同化的犹太人除了其赤裸裸的自我以外,无以对抗憎恨和鄙夷。完全的社会平等看来要求作为犹太人的犹太人完全消失——这种主张一点儿也不实际,仅凭一条理由就足以推翻:纯粹的自尊。在我们背后,在我们内心有着一段不亚于世上任何其他族群的英勇（heroic）往昔，那么我们凭什么否认或遗忘这段往昔呢？（人们可以说，这段往昔甚至远远更为英勇，因为其种种主要特征不是军事荣耀与文化辉煌的光彩点缀，尽管它并不缺这些。）看来同化需要内在奴役作为外在自由的代价。或者在某种意义上换言之，同化主义似乎将犹太人引入非利士主义（philistinism，[译注]等于说庸俗主义）的泥沼，令他们浅薄地满足于最不令人满意的现在：这对于这个族群来说是一个最不光彩的终点，这个族群曾被领出为奴之家（the house of bondage），进入荒漠，并小心地避开了非利士之地："法老容百姓去的时候，非利士之地的道路虽近，上帝却不领他们从那儿走"（《出埃及记》，13：17）。非利士之地永远很近。一旦真的取得进步，在受过教育或受过一点教育的人那里，憎恨犹太人将不再表现为憎恨犹太人。这种憎恨不得不把自己打扮成反闪族主义（anti-Semitism，[译注]即反犹主义，反对亲犹太主义）——19世纪某个德国或法国学究扭扭捏捏地发明了这个词。这当然是个极不恰当的词。社会不平等持续存在、反闪族主义逐步兴起，这一切导致的震荡（尤其在德国和法国）显然为后来在德国发生的事（尤其在1933至1945年间）敲响了警钟。

有些欧洲犹太人意识到，同化根本不是解决犹太人问题的办法，并昭示另一种纯粹属人的、政治的解决办法，于是他们转向政治锡安主义。但是，政治锡安主义也面临自己的困难。纯粹政治锡安主义隐含的基本观念根本不是锡安主义。它可以满足于在世上任何地方建立一个犹太国家。政治锡安主义已经是对犹太传统的一种让步。那些谋求解决犹太人问题（而不是让犹太人消失）的人，不但必须接受一块为犹太传统所圣化的土地，而且必须接受犹太人的语言，即希伯来语。此外，他们还得被迫接受犹太文化。"文化"

锡安主义成了政治锡安主义非常有力的竞争对手。但文化锡安主义所诉诸的传统，排斥用"文化"或"文明"这样的术语来解释自身，亦即排斥把自身解释成犹太族群天才的自发产物。这种"文化"或"文明"的核心在于托拉，而托拉将自身呈现为拜上帝所赐，而非为以色列所创。因此，用纯粹属人手段解决犹太人问题，这样的尝试终归失败。结不是人打的，所以人解不开。我不相信美国经验迫使我们对上述说法加以限制。我决不会缩小如下两种民族之间的差异：一个民族孕育于自由，献身于所有人生而平等这一主张；另一些民族则属于古代世界，当然并非孕育于自由。我也对美国怀有希望和信念，但我不得不补充一点，那种希望和那种信念在品性上不同于犹太人对犹太教的希望和信念，也不同于基督徒对基督教的希望和信念。没人声称对美国的希望和信念立足于种种显白的神性约定。

由于往昔的不可抗拒的力量，这种解决犹太人问题的尝试终归失败。已经渐渐遗忘这种力量的一代人对这种力量的体验，属于通常所谓对史学的发现。这种发现发生于 19 世纪。作为一种发现，它在于认识到从前没有认识到的东西：接受过去、回归犹太传统这样的做法根本不同于仅仅将该传统延续下去。的确，犹太人过去的生活往往不仅是一个传统的延续。在许多世纪的过程中，该传统内部发生了非常巨大的变化。但同样真实的是，我们如今目睹并以某种方式参与其中的那一变化，与先前发生在犹太教内部的所有变化有质的不同。

请让我试着阐明这种不同。如今，那些回归犹太教的人并没有断言比如说斯宾诺莎完全错误。他们至少接受某种圣经批判原则，这种原则被视为斯宾诺莎的主要罪过。要言之，如今回归犹太教的人承认现代理性主义（姑且用这个含混的术语）有许多重要的洞见，这些洞见不能遭到抛弃，而它们与犹太传统格格不入。因此，他们有意识地修改犹太传统。你们只需将这种做法与 12 世纪迈蒙尼德的做法相对比,在将亚里士多德哲学引入犹太教时,迈蒙尼德不得不假设自己仅仅是在恢复以色列人自己失落了的遗产。如今这些回归传统的犹太人试图以反思的心境去做在传统上不假思索或纯朴自然地去做的那些事情。他们与其说持传统态度,不如说持史学态度。他们将过去的思想当作过去的思想来研究,因而认为按现实状况,此思想不必然对当代人有约束力。但他们之所为仍然意在一种回归——亦即意在接受犹太传统所同样接受的东西。因此,关于如下两个要素之间相对意义的疑问就产生了:新的要素和不变的要素,新要素就是如今犹太教被迫成为所谓"越界(postcritical)"之物这一事实。在决定性方面,或者仅仅在次要方面,我们比我们的祖先更为智慧吗? 在前一种情况,我们仍不得不宣称我们取得了决定性进步。但是,如果当代犹太教的"越界"特性所暗含的种种洞见仅仅具有一种次要性,那么我们正在目睹的运动确实只能说是一种回归。现在,这一回归运动也许没有取得曾经有过的效果,这只是因为,不仅在犹太人中甚至在整个西方世界,进步已经逐渐受到质疑。完全、突出意义上的"进步"一词实际上已经从严肃的文献中消失。人们越来越少地谈论"进步",越来越多地谈论"改变"。他们不再声称知道我们正在正确的方向上前进。如今,社会研究者们的一个主要论题不是进步,而是作为一种社会或历史现象的进步"信仰"或进步"观念"。大约一代人以前,关于此问题最著名的研究以《进步观念》(*The Idea of Progress*)①为题。如今的文献中,其对

---

①　[译注]J. B. Bury, London: Macmillan, 1920;中译本参《进步的观念》,范祥涛译,上海三联书店,2005。

应者则以《进步信仰》(*The Belief in Progress*)①为题。用信仰取代观念,这本身就值得注意。好了,为理解进步信仰的危机,我们必须首先搞清楚这一信仰的内容。

什么是进步?在突出的意义上,进步的先决条件是,存在某种纯然的善或者目的作为进步的目标。进步是朝向目的的转变。但是,这仅仅是进步观念的必要而非充分条件。例证之一就是黄金时代观念,它同样以纯然之善的观念为先决条件;但此处这种纯然之善、这种目的正好位于开端。人的目的(即纯然之善)要成为进步观念的基础,就必须按一种特定方式理解。我认为,人的目的应该首先以如下这样的方式理解为知性完美;知性完美在某种意义上与种种技艺或志业(crafts)相关联。关于人的开端到底是否完美,历来有很多争论,但争论双方都承认,人的开端并不具备种种技艺和志业,当然也不具备其完美状态。因此,要回答人的开端到底是否完美,取决于如何评判种种技艺和志业的价值。无论如何,进步观念的前提条件是,存在一种纯然好的生活,而且生活的开端极端不完美。与此相应,我们在希腊科学或哲学中找到了一种完全的进步意识:首先,意识到已经获得的进步;然后,不可避免地鄙视古人的低劣或虚弱;接着,关于将来的进步,亚里士多德本人注意到:"在医疗技艺之中,对健康的追求无止境,而在其他技艺之中,对其各自目的的追求也没有止境。因为诸技艺都旨在最大程度地达至其目的"(《政治学》,1257b25 – 28;[译注]参吴寿彭译本,前揭)。至少在某些方面,这里陈述了无限进步的可能性。然而,进步观念本身(the idea)不同于希腊的进步概念。完满(fullfillment)与将来的进步这二者之间的相对意义何在?关于进步的最精致的说法见于卢克莱

---

① [译注]John Baillie,London:Oxford Univ. Press,1950。

修（Lucretius）和塞涅卡（Seneca），他们清楚地指出在诸科学和技艺方面无限进步的可能性。然而，卢克莱修是个伊壁鸠鲁派，而塞涅卡是个廊下派（Stoic），这意味着他们都预先假定伊壁鸠鲁或廊下派早已解决根本问题。于是，在关键方面，看不到什么将来的进步。概言之，似乎在古典思想中，种种关键问题被认为已经得到回答，只要它们能够得到回答。据我所知，惟一的例外是柏拉图，他认为，彻底的完满——亦即完全的智慧——根本不可能，可能的只是追求智慧，这在希腊语中就意味着哲学。柏拉图还坚称，对智慧的追求没有种种特定限度，因此柏拉图的说法表明，无限的进步在原则上有其可能。

到目前为止，我一直在讨论理智进步。那么社会进步呢？二者是并行的（parallel）吗？古典著作熟悉如下观念：二者必然并行，或者说理智进步在原则上与社会进步相伴。我们在古典著作中发现这样的观念：立法技艺，即至高的社会技艺，像其他任何技艺一样在进步。亚里士多德转述了这个学说（《政治学》，1268b26 以下），然而他质疑这种解决办法，而且注意到律法与技艺或理智追求之间的根本差异。说得更概括一点或者更简单一点，他注意到社会生活的要求与理智生活的要求之间的根本差异。社会的最高要求是稳定，稳定当然有别于进步。

请允许我总结上述观点，古典进步概念显然承认，在某些次要问题上，无限理智进步在理论上有其可能。但是，我们必须马上加一句，它在实际上不可能。因为，依照某一个学派的看法，可见宇宙具有有限持存性（duration）；它已经诞生，而且将归于消亡。那些持另一种看法（即可见宇宙是永恒的）的人们——尤其亚里士多德——断言，存在着周期性大灾难将摧毁所有早先的文明。① 因此,相同进步过程的永恒重现之后总是衰落和毁灭。那么,与现代概念相比,古典概念有什么不同呢? 我认为有两点。第一,古典概念并不认为理智进步与社会进步有一种理所当然的并行关系;第二,在现代概念中,进步过程没有一个必然的终结,比如大地或乾坤的大灾难。

在关于进步的古典说法中的第一点——理智进步与社会进步之间具有理所当然的并行关系——看来,得到强调的是理智进步而非社会进步。这一基本观念可以表述为:科学或哲学专属于极少数的一群人,即他们所谓"具有优良本性"的人,或我们所谓"具有天赋"的人。他们的进步,即这些极少数人的进步,并不必然——甚至根本不会——影响整个社会。这种思想在 17 世纪遭到根本性挑战——17 世纪是现代哲学的开端,这时兴起了一个关键概念,即方法的观念。方法一出现,便拉平了心智的种种自然差异,而且原则上人人都能够学到各种方法。只有发现仍专属于少数人。但是,所有人都能得到发现的成果,尤其对方法的发现成果。而且有个很简单的证据:有些数学问题,往昔最伟大的数学天才都束手无策,然而现在的高中生都能解决;结论是,理智的水平已经得到大大提升;既然理智有可能得到提升,那么理智进步与社会进步之间就存在一种必然的并行关系。

关于第二点——世界理所当然地有不被全球大灾难打断的无

---

① ［译注］作者谈到希腊思想的某一个学派,他心里想的很可能是柏拉图。作者还谈到希腊思想的第二个学派,而且明确指出关涉亚里士多德。关于柏拉图著作中周期性的全球大灾难,见《蒂迈欧》,22b - 23c。关于亚里士多德著作中可见宇宙的永恒性,见《物理学》(Physics),251b20 以下;《形而上学》,1071b5 以下。关于亚里士多德著作中的周期性全球大灾难,见《政治学》,1269a5 - 8。

限未来——我们发现这种思想在 18 世纪得到充分发展。人类有开端,但没有终结,人类始于大约七千年前(我所指的这位思想家并不接受圣经纪年)。① 因此,既然人类只有七千岁,那么他们还处于婴儿时代。未来无边无际,看看我们在这般短暂的——与永恒相比——七千年里取得了怎样的成就吧! 关键在于:有开端,没终结。显然,上述论证以一个开端为前提条件;否则你没法理解这种无限进步。如果有人死抠字眼的话,他可以在柏拉图对话《蒂迈欧》中([译注]41a – b)找到这种观念——有开端没终结——的起源。然而,柏拉图当然承认有定期的全球大灾难。我认为,[这种观念的]渊源必须到某一种圣经解释中去找,比如我们在迈蒙尼德那里发现这种解释,即有开端——创世——但没终结,而且排除大灾难的可能性,这不是因为自然必然性,而是因为上帝跟诺亚(Noah)立了约([译注]《迷途指津》,2.27 – 28)。然而,严格按照圣经来讲,开端不可能不完美。此外,那些附加的重要概念(比如原罪的力量、对更大救赎的渴求的力量)必然抵消进步概念的效力。因而在圣经中,从开端到终结这一进程的核心并非进步。存在一个古典的过去,我们要到西奈山(Mount Sinai)或列祖或其他什么地方去找。而且很显然,如圣经中所述,这一进程的核心不是理智 – 科学的发展。因而,无限时间为无限进步提供的支撑,似乎为一份启示文献所保证,

---

① [译注]Abbé de Saint-Pierre,《关于普遍理性的持续进步的评论》(*Observations on the Continuous Progress of Universal Reason*)。引用于 J. B. Bury,《进步观念》,前揭,页 136。感谢 Ernest Fortin 帮忙指明出处。亦见 Bury 书,页 132;那里提到了这样一种正统信念,即从创世以来,人类历史的纪年表上只有"六千年"。Abbé de Saint-Pierre 反对这种信念,但 Abbé 师承的前辈却持这种信念,可参 Émeric Crucé(1590 – 1648)于 1623 所著《新齐里阿斯》(*Nouveau Cynée*,意即 New Cineas,Cineas 为古罗马政治家),该书倡导类似于现代的"进步"观念,要创造永久和平。

而这份文献谴责进步观念的其他关键要素。完全、突出意义上的进步是个混合概念。

上述困难导致进步观念在 19 世纪遭到了一次彻底修改。我举个例子：

> 不再可能去一堆现成的、教条的命题中去寻找真理……真理包含在认识过程中，从低级阶段向高级阶段发展……所有那些阶段都只是由低级到高级的无限发展进程中的有限时期……不存在终极、绝对的真理那回事，发展也没有一个终极、绝对阶段。没有什么东西永远不灭，惟独生成和毁灭的过程永远不会被打断，无限地由低级向高级上升……在这里，我们没必要考虑，这种观点是否完全跟自然科学的现状相符合，因为如今自然科学预言地球的存在可能有终结，还预言人们在地球上的居住也有某一种终结。因此，自然科学如今假设，人类历史不仅有上升过程，还有下降过程。无论如何，我们现在肯定离开始衰落的转折点还相当远……

上述论断来自马克思的朋友和合作者恩格斯。[1] 我们看到，这里放弃了彻底无限进步，不过回避如此一来造成的严重后果，其所凭借的是一种完全无法理解、完全无法证明其正当性的说法——"不必在意"。这种更晚近的进步信仰基于这一决断：干脆忘掉终结、忘掉永恒。

----

[1] 《费尔巴哈和德国古典哲学的终结》（*Ludwig Feuerbach und der Ausgang der deutschen klassischen Philosophie*，H. Hayek 编），页 6。［译注］上引文中译参考过《马克思恩格斯全集》，北京：人民出版社，1965，卷 21，页 307 – 309。

可以说，西方文明的当代危机等于是完全、突出意义上的进步观念的最高危机。我重复一下，那种观念包括以下要素：人类思想的整体发展是在进步；当然，17 世纪以来，现代思想的兴起标志着超越之前一切思想的一次彻底进步。理智进步与社会进步之间，存在一种基本且必然的并行关系。理智进步与社会进步都没有种种特定限度。无限理智进步与无限社会进步实际上都有其可能。一旦人类达到某一个发展阶段，就会存在一种牢固的下限，人将不再会陷落于其下。我相信对于我们所有人来说，这一切论点都已经变得可疑。只需提出其中一个观点（可能是最为宏大的一个），即进步观念与下列意图密不可分：征服自然，人令自身成为自然的主人以及所有者，以便消除人的财产等级（estate）。要达到这个目的，就要凭借新科学。我们都知道，新科学及其所衍生的技术取得了种种巨大成就，我们也都能看到，人的力量得到了巨大增长。与前人相比，现代人是个巨人。但是，我们同样得注意到，智慧和善没有取得相应的增进。我们不知道，现代人作为一个巨人究竟比前人更好还是更坏。更甚于此的是，现代科学的这种发展在如下观点中到达顶峰：人不能以一种负责任的方式区分善恶——即著名的"价值判断"。关于如何正确使用现代科学的巨大力量，没有什么负责任的话可讲。现代人是个瞎了眼的巨人。怀疑进步就会导致整个西方文明陷入危机，因为在 19 世纪的进程中，进步与反动之间的区分已经进一步地取代了好与坏或善与恶之间的古老区分。好与坏之间质朴、果断、永恒的区分，根本无法说服那些早已学会仅以进步与反动之区分为导向的人们，直到他们开始怀疑进步。

以进步与反动的区分取代好与坏的区分，是我前面提到过的对史学的发现的另一方面。简单说来，发现史学等于以过去或将来取代永恒——以暂时取代永恒。那么,要理解西方文明的危机,不能止步于懂得进步观念很成问题,因为进步观念只是更大的整体的一部分或一方面,我们应该毫不犹豫地将这一整体叫做现代性。什么是现代性?这个问题很复杂,没办法在这里详细讨论。然而,我愿意提出一两个还不成条理的看法。首先,有人可能记得导致西方文明当代危机的关键几步,对那些熟悉这方面问题的人,我必须为下述简要勾勒所显现的肤浅表示抱歉;但是,无论如何,我认为回忆这些东西非常重要。因此,请将下面的话看做简述,而非分析。

西方文明有两重根:圣经与希腊哲学。我们先看看这两个元素中的第一个,即圣经、圣经元素。现代理性主义排斥圣经神学,代之以理神论(deism)、泛神论、无神论之类的东西。但在这一过程中,圣经道德在某种意义上得到了保存。人们仍相信,善包括诸如正义、仁慈、爱或惠顾之类的东西;现代理性主义还引发这样一种趋势,即认为圣经道德如果与圣经神学分离,就能更好地得到保存。当然,这种趋势在 19 世纪比现在更明显;如今这种趋势已经不那么明显,因为在 1870 或 1880 年左右发生了一个关键事件:尼采的出现。尼采的批判可以浓缩为一个论点:现代人一直在设法保存圣经道德,同时抛弃圣经信仰。那根本不可能。如果圣经信仰荡然无存,那么圣经道德也将烟消云散,人们将接受一种根本不同的道德。尼采用的词是"权力意志"。尼采以一种相当微妙而高贵的方式指涉这一术语,但后人之以粗鲁而低贱的方式理解此术语,并非与尼采提出的根本转向毫无瓜葛。

至于西方文明的另一个主要组成部分,即古典元素,也就是哲学或科学的观念,也开始发生转变。在 17 世纪,一种新哲学和一种新科学开始出现。它们的主张跟所有更早的哲学和科学的主张一样,但这场 17 世纪革命带来了前所未有的东西——带大写 S 的科学(Science)。本来,这种努力意在用一种新哲学和一种新科学取代传统的哲学和科学;但是,几代人下来,似乎新哲学和新科学之中只有一部分取得了成功,而且确实取得了惊人的成功。没人能质疑这些发展(例如牛顿物理学)。但新科学或新哲学之中只有一部分取得了成功,于是在哲学与科学之间开始出现我们一切人所熟悉的明确区分。在现代哲学或科学中,科学就是成功的那部分,哲学则是不成功的那部分——亦即累赘。因此,科学在尊严上高于哲学。如你所知,结果就是,不具有这种特定科学性的所有知识都遭到鄙视。科学变成哲学的权威,正如神学在中古是哲学的权威。科学正是人对世界的自然理解之真正(the)完美状态。不过接下来,19 世纪发生了某些事情,比如非欧几何的发现及其在物理学中的运用,这就表明,不能将科学恰切地描述为人对世界的自然理解之完美典型,而只能描述为对于人对世界的自然理解的一种根本修改。换言之,科学的基础是某些基本假设,它们作为假设就不具有绝对必然性,而始终只具有假设性。尼采再次将这后果描述得再清楚不过:科学仅仅是对世界的诸多解释中的一个。对世界的科学解释当然有某些优点,但这并不赋予科学以任何最高的认知地位。我们时代有些人所表述的最终结果如你们所知:现代科学绝不高于希腊科学,正如现代诗绝不高于希腊诗。换言之,就算负有盛名的科学——现代世界中没有任何其他势力比它更为声名显赫——也不过是一种泥足巨人,只要你思索其种种根基便知。请允许我重复一下,作为科学发展之链的一个结果,一种理性道德的观念(希腊哲学的遗产)已经毫无立锥之地;据说,所有的选择最终都是非理性的或不理性的。

二

关于进步信仰的衰落,其直接原因或许可以这样讲:现代意义上的进步观念暗示,一旦人达到某一水平,包括理智水平和社会或道德水平,存在就会达到一个可靠的水平,人就不可能陷落于其下。然而,本世纪我们所不幸目睹的难以置信的野蛮化,已然经验性地驳倒这一论断。我们可以说,完全、突出意义上的进步立基于种种完全不可靠的希望。甚至在进步观念的许多批判者中,你都可以看到这一点。第一次世界大战之前,进步观念最著名的批判者之一就是法国人索雷尔(Georges Sorel),他写了一本书,即《进步幻象》(*The Delusion of Progress*)。但奇怪的是,索雷尔宣称西方世界不可能衰落,因为西方传统有生命力。我认为,我们已经都变得足够清醒以致承认,无论斯宾格勒(Spengler)那儿有什么错误(错误确实不少),其著作《西方的没落》(*The Decline of the West*)的标题(尤其英译本标题)都比延续至今的这些希望更清醒、更合理。

我们亲自目睹过而且仍在目睹的这种野蛮化绝非偶然。现代发展的目的当然是带来一个更高的文明,一个超过先前所有文明的文明。然而现代发展的效果如何,则另当别论。现代所发生的一切就是对西方文明遗产的逐步侵蚀与毁灭。有人会说,现代发展的精髓是一种特别的现实主义,即在于这样的观念:道德原则以及对道德原则的诉求——布道、训诫——都已失效,因而人们不得不寻找道德原则的替代品,这种替代品必须比失效的布道更有效。比如,这种替代品可以去制度、经济中找,很可能最重要的替代品就是所谓"历史进程",这意味着,相比于个人凭自己的努力所能做的或将

做的,历史进程在某种意义上是实现好生活的一种远远更为重要的
保证。人们已经注意到,这种改变表现于普通语言的改变,即表现
于以进步与反动的区分取代好坏之分——这暗示着,我们必须选择
并践行有助于进步、合乎历史潮流的事情,而且谁对这样的改进吹
毛求疵,谁就不正派或不道德。然而历史潮流极端含混,并因此而
不能成为一个标准,或换言之,跳上游行彩车(bandwagon)①或融入
未来的浪潮,并不比抗拒历史潮流更合理——一旦认清这些,那就
没任何标准可言。被理解为历史进程的这些事实确乎并不教给我
们任何有关价值的东西,而且放弃道德原则本身的后果就是,价值
判断开始完全失去客观依据。再说得清楚一些,野蛮残忍的价值与
文明的价值一样能够得到辩护——人们竟从诸社会科学研究中学
到这一点。

　　我前面将现代性说成某种确切因而可知的东西。不必说,此处
无法对这个现象加以分析。不过,我愿意简要列举现代性的独特要
素,至少在我看来,这些要素都非常令人震惊。但是,我必须先澄清
一点,以防遭到粗鲁的误解。一个现代现象并不为如下事实所刻
画,即这现象处于比如说 1600 年到 1952 年之间;因为种种前现代
传统毫无疑问存活了下来,而且仍在存活。不但如此,在整个现代,
从一开始就一直存在一种反对这个现代潮流的运动。有一个现象
非常著名,或许过分著名,那就是 17 世纪末的古代人与现代人之
争,其最著名的形式关涉一个相对不那么重要的问题,即 17 世纪法
国戏剧到底能否与古典戏剧相比。古代人与现代人的真正争执当
然与戏剧没多大关系,而是关乎现代科学与哲学。现代科学一开始

----

　　① [译注]bandwagon 至少有三个意思:一是马戏团吹打过市的彩车、宣
传车,二是日益壮大的政党、事业,三是潮流、时尚、倾向。

就遭到一种抵制:在代表抵制一方的最伟大的英文著作家就是斯威夫特(Swift);不过你会在 18 世纪下半叶德国古典主义中再次发现强劲的抵制;①事实上在 19 世纪,这场运动、这场抵制运动作为一场伟大的智识运动已经被逼入绝境。但是,从某方面讲,这个传统当然还在坚持。所以,在明白了我并不以现代性指涉纯粹年代性事物之后,让我来以一种纯粹列举(而非努力分析)的方式指出我所认为的现代性令人震惊的要素。

现代思想之为现代思想,其首要特征可以说是人类中心性。尽管这与如下事实恰好相矛盾,即现代科学及其哥白尼主义具有比以往思想更极端的反人类中心性;但一项更细致的研究表明这并非真相。当我提到现代思想的人类中心性时,我以其对比圣经和中古思想的神性中心性以及古典思想的乾坤中心性。看看现代哲学,你就会非常清楚地理解这一点;尽管现代哲学并没有现代科学所拥有的普遍权威性,但它是现代科学的一种良知或意识。只需瞧瞧最著名的几种现代哲学著作的标题,就能发现哲学就是或打算变成对人类心智的分析。要想容易地发现同样的特征(不过这会太累),还可以瞧瞧现代都冒出来哪些不为早先哲学所知晓的哲学科目:它们都从属于属人哲学或人类心智哲学。某种并非清楚地出现于所有场合、只会清楚地出现于某些场合的潜在观念就是,一切真理或一切意义、一切秩序、一切美都源自思想着的主体,都源于属人思想,都

---

① [译注]作者在此很可能指莱辛。参"洛维特施特劳斯通信集"(Correspondence between Karl Löwith and Leo Strauss),见 *The Independent Journal of Philosophy*,5/6(1988),页 177 – 192,尤其页 190:"请读一读斯威夫特,他是除莱辛以外现代最自由的思想家"(洛维特和施特劳斯通信中译文散见 Meier 编,《回归古典政治哲学:施特劳斯通信集》,朱雁冰等译,北京:华夏出版社,2006)。亦参施特劳斯,《犹太哲学与现代性危机》,前揭,"附录一"最后一项。

源于人。下面是一些著名说法："我们只知道我们造出来的东西"——霍布斯。"知性为自然立法"——康德。"我发现思想的单子具有自发性，前人对此知之甚少"——莱布尼茨。举一个相当简单、通俗的例子，人的某些追求以前被称为模仿性技艺，现在则被称为创造性技艺。人们不应该忘记，在古典的古代，即便无神论、唯物论思想家也确信，人屈服于某些高于自身的事物，比如整个乾坤秩序；还确信人不是一切意义的源头。

与这种人类中心论相关联的是道德导向的一场根本转变，我们可以非常清晰地在如下事实中发现这一转变：现代社会思想中发展出一种严格形式的权利概念。要言之，前现代思想强调义务，就算提到权利，也只是将其视为义务的衍生物，或实现义务的附属品。在现时代，我们发现这样一种趋势（这种趋势也没法完全说清楚，但肯定有迹可循）：将权利放在第一位，将义务放在第二位，即便义务当然很重要。这关乎另一个事实：在17世纪的关键时期，上述转变开始变得极为明显，人们懂得基本权利与一种激情不谋而合。激情在某种程度上得到解放，因为在传统观念中，激情服从于行动，而行动意味着德性。在整个17世纪所有最著名的革命思想家那里，我们都可以看到这种转变，即德性本身现在被理解为一种激情。换言之，当德性自身被理解为一种激情时，人们就放弃了如下概念：德性就是对于激情的一种控制、克服、规范、命令的态度——参考柏拉图《斐德若》中马与驾马车者的象喻。这导致另一种在稍后阶段才变得明显的转变，即自由逐渐取代德性的地位；因而在当今的思想中，你们发现，自由并非等同于放任自流（这一点并非不言而喻），自由与放任自流之间的区分带有一种异常的意义，一种极其异常的意义。好生活并不像早先观念所主张的那样在于遵循一种先在于人类意志的方案，而首先在于方案本身的创造。好生活并不同时包括一个"什么"和一个"如何",而仅仅包括一个"如何"。换言之——请允许我重复一下,我仅仅是在列举——人根本没有天性可谈。他令自身成为其所是;人的人性本身是习得的。我认为,这一点在许多方面都毫无疑问;也就是说,绝对稳定的是某些所谓的生理特征,可能还包括某些非常初级的心理特征、知觉特性等等。但是,所有有趣的事物都不是模仿一个先在于人类行动的方案,而是人类活动本身的产物。人的人性本身是习得的。

这将我引到第三点,这一点只有在 19 世纪才变得完全明朗,这一点已然构成对如下主张的一种修正:将人从超人性事物之中彻底解放出来。人们前所未有地更清楚地看到,人的自由离不开一种根本的依赖。然而,人们将这种依赖本身理解为人类自由的一个产物,并将其命名为史学。所谓对史学的发现就在于下面这种认识(或所谓的认识):人的自由根本上受限于他早先如何使用其自由,而非受限于其天性,亦非受限于自然或造物的整个秩序。我认为,这个要点变得越来越重要:重要到如今有人倾向于声称,现代思想的独特性就是"史学",这种观念在这个层面上当然全然异于古典思想乃至任何前现代思想(自然也包括圣经思想)。如果有时间,我会试图表明,恰恰就在所谓现代思想的历史化之中,现代性问题从一种技术性观点来看已经一览无余;技术性观点有一种独特的说服力,至少对某一类人而言如此。但我先说到这里。

我们所一直反思的现代性危机,暗示我们应该回归。但是,回归到什么地方?显然,回归到前现代的整全意义上的西方文明,回归到西方文明的诸原则。然而,这里有一个困难,由于西方文明有两个要素,或者说有两重根,两者在根本上不一致。就像我在别处所做的那样,我们可以将这两个要素称为耶路撒冷与雅典,或者不用隐喻来说，就是圣经与希腊哲学。如今，这种根本不一致往往受到忽视，这种忽视有某个肤浅的理由，即初看起来，整个西方历史显得一直在努力调和、综合圣经与希腊哲学。但是，一种更仔细的研究表明，西方好多世纪以来发生过且仍在发生的事情，不是实现调和，而是试图实现调和。为实现调和所做的这些努力注定失败，这是因为：西方世界的双重根各有其必不可少的一样东西，而圣经所宣称必不可少的东西（按照圣经的理解）有悖于希腊哲学所宣称必不可少的东西（按照希腊哲学的理解）。说得简单、直白一点，在希腊哲学看来必不可少的东西是自主认知的生活。圣经所谓必不可少的东西是服从之爱的生活。那些调和与综合之有其可能，是因为希腊哲学可以把服从之爱用作一种附属性功能，而圣经可以把哲学当作一个婢女；但是，每一种情况下被使用者都会反抗这种使用，因此这种冲突确实是一种根本冲突。然而，这种不一致恰以某种一致为前提条件。事实上，我们可以说，任何一种不合都以某种一致为前提条件，因为人们必然在不同意某些东西的同时，认可这些东西的重要性。但是，就目前的语境来看，这种一致比上述纯形式上的一致要深刻得多。

那么，希腊哲学与圣经的一致之处究竟在哪里呢？从消极的角度看，我们可以说，而且任何人都可以基于此立场而申说：就反对我们前面所讨论的现代性诸要素而言，圣经与希腊哲学完全一致。圣经和希腊哲学都或直接或间接地抵制现代性诸要素。但是，这种一致当然仅仅是间接的一致，而且我们最好看看这种一致在文本中的直接体现。人们可以说（这不算误解），就我们可以而且确实称之为道德的东西而言，圣经与希腊哲学相一致。如果可以这样说的话，它们都关注道德的重要性，关注道德的内容，关注道德的根本不足。它们的分歧在于用什么来补充或完成道德，或换言之，在于如何看待道德的根基。

我将首先为你们简述或提示这种一致。不过有人说,圣经道德与哲学道德之间有一种根本而绝对的对立。如果有人听到某些人这样说,他有可能会认为,希腊哲人们除了鼓吹少男恋(pederasty)以外啥也不干,而摩西除了禁止少男恋以外啥也不做。这些人肯定仅仅极为草率地读过柏拉图《会饮》的某部分或《卡尔米德》的开篇;他们不可能读过那篇柏拉图借以对人类社会作出具体规定的惟一对话,即柏拉图的《法义》;而柏拉图《法义》(835c 以下)对这个论题的说法,与摩西的说法完全一致。① 有些神学家将十诫(Decalogue)第二条——按基督徒的说法——等同于希腊哲学中的自然法,他们这么做很合情理。对于亚里士多德和摩西都同样显然的是,谋杀、偷盗、通奸等等都绝对是恶(《伦理学》,1107a9 以下)。② 希腊哲学和圣经都同意,最恰当的道德结构是父权制家庭,这种家庭是(或倾向于是)一夫一妻制,并且构成自由成年男子(尤其年长者)所主导的社会的细胞。无论圣经和哲学关于某些女人的高贵说了什么,原则上它们都坚持男性的优越地位。圣经将亚当的堕落归咎于夏娃的诱惑([译注]《创世记》,3:1 - 7)。柏拉图将最佳社会秩序的堕落归咎于对一个女人的垂涎(《王制》,549c - d)。圣经和希腊哲学所称许的社会都由自由男人组成,都拒绝崇拜任何人类。我不必征引圣经,因为我见过一位希腊作家如是说,"除了诸神,你不要将任何人尊崇为你的主人",而且对于那些声称具备神性荣耀

---

① [译注]参柏拉图,《法义》,636b - d,836c - e;《利未记》,18:22,20:13。亦参《申命记》,22:5,23:18 - 19。大约五段之前,作者还提到柏拉图关于德性特征的说法,参《斐德若》,246a - 247c。

② [译注]亦参《出埃及记》,20:13 - 14;《申命记》,5:17 - 18。

的人,他表达了一种近乎圣经式的憎恨。① 圣经和希腊哲学都同意
将最高地位赋予诸德性中的正义,而非勇气或男子气。二者都将正
义首先理解为服从律法。它们都认为,人不仅应该绝对服从民法、
刑法、宪法,还应该绝对服从道德、宗教方面的律法。用圣经的话
说,托拉指导人的整个生活。用圣经的话说,"它就是你的生活"
([译注]《申命记》,32:47),或者说"对于持守它的人们而言,它就
是生命之树"(《箴言》,3:18);用柏拉图的话说,"律法使服从它的
人蒙受神佑"(参《法义》,718b)。用亚里士多德的话综合表述,"律
法若没有下令,就是禁止"(《伦理学》,1138a8);实质上,这也是圣
经的观点,正如下面这些命令所示:"你们要吃饱"(《利未记》,25:
19,[译注]《申命记》,8:10),"要生养众多"(《创世记》,1:28)。对
这样一种律法的服从,更甚于普通的服从;这就是谦卑。毫无疑问,
最伟大的圣经先知和最守法的希腊人,都因其谦卑而受到赞扬。②
如此理解的律法与正义,是神性律法和神性正义。律法之治(The
rule of law)根本上就是上帝之治,即神权政制。人对律法的服从与
不服,都会引起神性回应。柏拉图在《法义》卷十谈到人不能摆脱
神性回应,这与《阿摩司书》和《诗篇》第139章中的某几行文字几
乎字字一致。③ 在这一语境下,有人甚至提到(我认为无需进行申

---

① [译注]此处作者很可能指希罗多德,《原史》(*Inquiries*),7.136。感谢
Bernardete指出其关联。亦参色诺芬,《残篇》,23;索福克勒斯,《安提戈涅》,
450-460;《申命记》,4:16;《出埃及记》,20:4-5。

② [译注]柏拉图,《苏格拉底的申辩》,21d,22d-e;《克力同》,50c4-
54d1。色诺芬,《回忆苏格拉底》,1.2.62-63,4.3.1-18。《民数记》,12:3;
《弥迦书》,6:8。《密示拿·父辈训篇》(*Mishna,Avot*),5:22;《巴比伦塔木德·
答刑篇》(*Babylonian Talmud,Makkot*),24a。

③ [译注]比较柏拉图,《法义》,905a;《阿摩司书》,9:1-4;《诗篇》,
139:7-12。

说)圣经一神论与希腊哲学所倾向的一神论之间存在关联,以及《创世记》第一章与柏拉图《蒂迈欧》([译注]28－38)之间存在关联。但是,圣经和希腊哲学的一致之处不仅在于它们赋予正义的地位、正义和律法之间的关系、律法的特性以及神性回应。圣经和希腊哲学还在以下方面保持一致:正义问题,以及义人受苦、坏人走运所引发的难题。柏拉图在《王制》卷二这样描述,完全正义之人遭受了最不义之人应当遭受的命运([译注]361e);人们读到这里时不可能不想到以赛亚(Isaiah)如是描述,一个从未施暴、从未行骗之人却横遭欺压、折磨,像羔羊一样被牵去宰杀(《以赛亚书》,53:7)。正如柏拉图的《王制》在结尾处将一切运势复还给正义之人,《约伯记》在结尾处也把曾经暂时丧失的一切复还给正义的约伯([译注]《王制》,611e－621d;《约伯记》,42)。

好了,在上面这一串极其概括的评论中,我悄悄用正义置换了道德,并将"正义"理解为对神性律法的服从。在我看来,神性律法这个观念似乎是圣经和希腊哲学的共同立足点。我此处所用的这个语词极容易译成希腊文,同样极容易译成圣经希伯莱文。但是,我还要更严谨一些。圣经和希腊哲学共同的立足点是神性律法问题。二者解决此问题的方式完全相反。

在讲其分歧的根源之前,我想列举圣经与希腊哲学之间根本对抗的某些后果,以便展示这种对抗。我已经指出正义在圣经和希腊哲学中的地位。我们可以将亚里士多德《伦理学》当作哲学伦理学的最佳(当然也是最易理解的)体现。亚里士多德《伦理学》关注的焦点不是一个,而是两个:其一是正义,其二是大度(magnanimity)或者说高贵的骄傲。如亚里士多德所说,正义和大度均包含所有其他德性,只是包含的方式不同。就其他所有德性引发的行动关乎其他人而言,正义包含其他所有德性;然而,就其他所有德性提高人自身而言,大度包含其他所有德性。亚里士多德的正义与圣经的正义之间存在一种密切关系,而亚里士多德的大度(指一个人惯于自称拥有伟大荣誉,而他的确配得上这些荣誉)跟圣经的关系很疏远。圣经式谦卑排斥希腊意义上的大度。大度之人与完美绅士之间存在一种密切的关系。而圣经中很少有(甚至非常少有)绅士和淑女——我希望人们不要把这个评论理解为对圣经的一个批判。[圣经中]有扫罗(Saul),他不服从神性命令,并由此而做高贵之事:他赦免了自己的兄弟亚甲王(King Agag),并只毁坏了一些微不足道的废物。他因此而见弃于上帝,亚甲也在天主面前被先知撒母耳(Samuel)劈成几截。上帝放弃扫罗,拣选了大卫(David),大卫做过一个绅士所不会去做的许多事,他是历来最大的罪人之一,但同时又是历来最大的悔改者之一。[圣经中]有一位绅士,就是约拿单(Jonathan),他太过高贵以至于不与其友大卫争夺以色列王位。[圣经中]有一位淑女,就是大卫之妻米甲(Michal),她看见大卫在天主面前又跳又唱,就在心里鄙视他并嘲笑他,以为他这样当着下等人的面又跳又唱,无耻地损害了他的君王尊严,但上帝惩罚了她,令她无法生育。圣经一方面排斥绅士概念,另一方面坚持认为人对穷人有责任,我无需详述这两方面之间的明显联系。① 希腊哲人根本不会鄙俗地崇拜财富——我必须这么说吗？如苏格拉底自己所

① [译注]关于大度之人、灵魂高迈之人与完美绅士的关系,参亚里士多德,《尼各马可伦理学》,1123a33 – 1125a35。关于 Saul 王和 Agag 王,参《撒母耳记上》,15。关于 David 王对 Uriah 和 Bathsheba 犯下的罪和悔悟,参《撒母耳记下》,11 – 12。关于 Jonathan 和 David 的友谊,参《撒母耳记上》,18 – 20,以及《撒母耳记下》,1。关于 Michal 和 David,参《撒母耳记下》,6:12 – 23。关于对穷人的责任及其原因,参《出埃及记》,22:20 – 26;《申命记》,15:7 – 11,24:14、17 – 20;《以赛亚书》,3:14 – 17,9:14 – 16,10:1 – 3,58:6 – 12;《阿摩司书》,2:6 – 7,5:11 – 12。

说,他穷极了,而且他看不出来何以一匹马没钱也很好而人却不行。① 但希腊哲人们认为,就普通人而言,德性的先决条件是一个合乎情理的经济基础。另一方面,圣经把贫乏与虔敬或正义当作同义词使用。与圣经相比,希腊哲学在这方面和其他方面就显得不怎么热心(heartless)。大度的前提是一个人确信其自身价值,是一个人通过自身努力而能够成为有德之人。如果满足这一条件,那么意识到自己的不足或缺失或罪恶,就等于当不成好人。我要再次引用亚里士多德:"羞耻感[就是对人的缺失的意识]应当为那些还没能完全成为有德之人的年轻人所具有,但对于一开始就不轻易做错事的那些成熟之人来说则不然"(《伦理学》,1128b10 以下)。或者用20 世纪一位绅士评论另一位绅士的话来说,"就凭他的性格和举止,耻辱根本是不可能的事"。② 关于人究竟能否完全变成有德之人,希腊哲人们看法不一,不过如果有人像苏格拉底那样否认这种可能性,那么他们只会以德性上稳健进步之人的自我满足与自我赏慕,替换有德之人的自我满足与自我赏慕。③ 苏格拉底并未暗示,就幸福的少数人而言,他们应该悔悟、悔改,或表达一种罪感。人之

---

① [译注]关于苏格拉底"穷极了",参柏拉图,《苏格拉底的申辩》,23b - c。关于苏格拉底说人与马之善与金钱价值的关系,见色诺芬,《齐家》,11.3 - 6。亦参施特劳斯,"自由教育与责任"(Liberal Education and Responsibility),见《古今自由主义》,前揭,页 13 - 14;施特劳斯,《色诺芬的苏格拉底言辞》(Xenophon's Socratic Discourse,Cornell University Press,1970),页 159 - 166。

② [译注]Winston Churchill,"贝尔福"(Arthur James Balfour),见氏著,《当代伟人》(Great Contemporaries),London:Thornton Butterworth,1937,页 237 - 257,尤其页 239。感谢 Laurence Berns 指明出处。

③ [译注]色诺芬,《回忆苏格拉底》,4.8.6。亦参施特劳斯,《论僭政》(On Tyranny,前揭),页 197,203 - 205;《色诺芬的苏格拉底》(Xenophon's Socrates,Cornell Univ. Press,1972),页 124 - 126。

罪(guilt)其实是肃剧的首要主题。因此,柏拉图要把肃剧驱逐出最佳城邦。(我并没有说这就是故事的全部;这仅仅是故事的一部分,你们看到,事实上德性颂歌已经取代肃剧。)而按照亚里士多德,肃剧的主人公必然是个一般人,而非最高等级的人。此外,应该注意到,创作、上演肃剧是为了令杂众受益。肃剧的功能在于激起并净化恐惧、怜悯这两种激情。①

好了,恐惧和怜悯这两种激情必然与罪感相关。当我变得有罪,当我开始意识到自己有罪,我立刻就会怜悯被自己伤害或摧残过的人,而且会恐惧对我的罪行进行报复的人。从人的角度讲,恐惧与怜悯结合于罪的现象,看来正是宗教的根源。上帝作为王者或审判者,是恐惧的对象;上帝作为所有人的父,使所有人成为兄弟,由此将怜悯神圣化。依据亚里士多德,若没有这些不得不用肃剧来净化的情感,更好的那类人就能从所有病态中解放出来,从而能全心全意地致力于高贵行动。人们经常责备希腊哲学并未严厉检审人的种种意图——这种检审的起因是圣经要求对心进行净化。"认识你自己"对希腊人而言意味着,认识到做一个人意味着什么,认识到人在宇宙中的地位,检审你的意见和偏见,而非探索你的心。如人们所说,哲学对深度的这种缺乏会一直持续,只要上帝被认为与人之善无关,或只要人之善被认为完全是他自己的事。圣经和希腊哲学其实都承认道德或正义的重要性,也都承认道德有其不足,但在什么能够完善道德这一问题上它们存在分歧。我们已经注意到,希腊哲人们以知性或沉思来完善道德,而这必然容易削弱道德命令的威严;圣经要用谦卑、罪感、悔过以及对神性恩典的信仰来完善道

---

① [译注]柏拉图,《王制》,398a1 – b3,605c2 – 608b2;亚里士多德,《论诗术》(*On Poetics*),1453a7 – 11,1449b24 – 28。

德,而这必然强化道德命令的威严。这一切体现为如下事实:沉思本质上是一种超社会或非社会的可能性,而服从和信仰本质上关乎信众共同体。我们引用犹太中古思想家哈勒维的话,"希腊人的智慧开出最美丽的花,却没有结出果实",果实在这里指行动。① 作为非社会的完美典型,沉思通常预设一个政治共同体,或曰哲人们所认为彻底好的城邦;这个论断同样适用于种种技艺,若没有技艺的帮助乃至典范作用,政治生活和哲学生活就不可能。然而,依据圣经,第一个建城者是第一个谋杀犯,他的后代则是技艺的最初发明者。圣经中的上帝只现身于沙漠,而非城邦或文明世界。圣经中的上帝惠顾牧人亚伯(Abel),而非农人该隐(Cain)。②

道德命令的力量在希腊哲学中受到削弱,因为在希腊哲学中,这种命令背后并无神性约定的支撑。比如在柏拉图看来,恶永远不会从世上消除,而在圣经看来,末日会带来完美救赎。因此,哲人生活于一个凌驾恐惧、战栗乃至希望之上的国家,而且其智慧并非像在圣经中那样发端于对上帝的畏惧,而是发端于惊异感;圣经中的人则生活在恐惧、战栗以及希望之中。这令哲人内心产生一种特别的安宁,为了在此说明这种安宁,我举一个我认为并非完全偶然的例子。先知拿单(Nathan;[译注]对观莱辛,《智慧之人拿单》[*Nathan der Weise*])严肃无情地斥责大卫王犯过一次谋杀罪和一次通奸罪。我想以此对比一位希腊诗人 – 哲人(见色诺芬,《论僭政》)的行事方式,他轻松而优雅地试图说服一位曾犯下罄竹难书的谋杀

---

① 《诗集》(*Divan*,两卷本,Heinrich B. Brody 编,Berlin,1899[卷一],1909[卷二]),2.166。[译注]亦参施特劳斯,《迫害与写作艺术》,1952,页109,注39。

② [译注]《创世记》,4:2、4、8、17、20 – 22;《出埃及记》,19 – 20。

等罪行的希腊僭主相信，如果他更通情达理，就会获得更大的快乐。① 我认为，通过其他两个典型事件或叙述，也可以说明这其中的差异。想想在亚伯拉罕（Abraham）的故事中关于献祭（Akedah）——亦即捆绑以撒（Isaac）——的叙述。要点在于，亚伯拉罕服从一个没法理解的命令；这个命令之没法理解是因为，亚伯拉罕曾得到许诺，他的名字会凭借以撒及其后代得到传扬，而现在亚伯拉罕却被要求杀掉这个儿子。然而，亚伯拉罕毫不犹豫地服从命令。希腊哲学中与此类似的，我只能想到苏格拉底的例子，他按照阿波罗的命令行事（或者至少他一直相信自己如此），而他之所为并不在于毫不犹豫地服从，而在于检审阿波罗的一句难以理解的话。②

那么，经过这些例证的解说，那个差异在于何处？诸原则清晰地体现于中古的讨论，尤其体现于神学讨论的鼎盛时期；尤其迈蒙尼德通过《迷途指津》也许成为这一根本差异的最伟大的分析者。迈蒙尼德所阐释的论题如下：哲学教诲世界具有永恒性，而圣经教诲从虚无之中造物（[译注]《迷途指津》，2.13 – 24，2.25 – 31）。必须正确理解这种冲突，因为迈蒙尼德主要思索亚里士多德，而亚里士多德教诲可见宇宙具有永恒性。但是，如果你们扩展这一点，不仅将这一点运用于这个乾坤，亦即我们现在置身其中的这个可见宇宙，而且运用于任何可能存在的乾坤或混沌，那么希腊哲学当然教诲乾坤或混沌具有永恒性；而圣经则教诲造物，这意味着从虚无之中造物。然而，问题的根本在于，只有圣经教诲神性全能，而这种神

---

① ［译注］对观《撒母耳记下》，11 – 12。亦参施特劳斯，《论僭政》（*On Tyranny*，前揭）。

② ［译注］对观《创世记》，22；柏拉图，《苏格拉底的申辩》，21a – 23c。

性全能的思想与任何形式的希腊哲学都绝对不相容。我还认为,人们可以将这一点追溯至希腊文学的开端(尽管这在技术上已经远远越出了哲学领域),即追溯至《奥德赛》中的一段(10. 302),在那儿赫耳墨斯为奥德修斯指明一种奇草,用来保护他和同伴躲过基尔克(Circe)。可以说在这个文脉中,诸神无所不能,诸神是全能的,但相当有趣的是,这个观念在这个文脉中指什么。诸神何以全能?因为他们知晓万物的本性,这当然意味着他们并非全能。他们知晓那些完全独立于他们的事物之本性,而且他们通过这种知识才能恰当地运用万物。在整个希腊思想中,我们在某种意义上发现了高于任何人格存在的一种非人格必然性;而在圣经中,第一因是一个人,如人们今天所说的那样。这与如下事实有关:上帝对人的关注绝对是——如果可以这样说——圣经上帝的本质所在;而这种关注——如果说得温和些——对每一位希腊哲人而言尚是个问题。稍稍换一种讲法,圣经强调现在所谓的宗教体验,并将其理解为真实体验;而根据希腊哲人们(比如柏拉图)的观点,宗教体验是一种成问题的解释,比如在柏拉图看来,这种成问题的解释将灵魂体验视为一种普适原则(参《法义》,10,[译注]尤其 891c – 900b)。

我们必须尽可能试着理解这种对抗。当然可以质疑我接下来要说的到底能否叫做一种对理解的尝试,因而你们也可以从比如社会科学的观点出发,把我的话当作一种论证。为了讲清楚这种对抗,有人建议我们回到圣经与希腊哲学的共同层面,回到最基本的层面,亦即具有共通性或可被假定具有共通性的层面。如何找到这一层面呢?我认为从哲学开始更为容易,最直接的理由就是,我在这里提的是一个科学或哲学问题。我们不得不在所谓概念性思维的状态中推进,当然也是在希腊哲学的状态中推进。考虑到这一事实,我愿意更确切地谈谈这一问题。圣经区别于希腊哲学之处在于，希腊哲学基于如下前提：存在像自然或诸本性这样的东西——这样的观念在圣经思想中没有对应物。应该注意到，没有指代自然的希伯莱–圣经语词，在希伯莱文里只有 teva 间接源自"自然"在希腊文中的一个同义词 charakter。① 因此，在这种观点看来，关键问题是：我们得进一步回溯，看看对自然的发现或发明背后隐藏着什么。我们得试图识别出自然的所谓前哲学对应物，而且我们由此起步，也许最终能够对我们正在分析的这种对抗进行一种纯粹历史理解。允许我插一句。哲学就是探究诸原则，严格来讲这意味着探究种种开端，探究原初事物。当然，这是哲学和神话的共同之处；我现在要表明，哲学区别于神话之处在于，当凭借自然观念来理解对种种开端的探究之时，哲学才诞生。

那么，什么是自然的前哲学对应物呢？我认为，我们可以在诸如"惯习"或"方式"这样的观念中找到这问题的答案。我脑海中浮现这个答案，完全是阅读迈蒙尼德的结果，他的确洞悉我所谈论的种种真正根源。在他伟大的律法著作《密示拿托拉》(*Mishneh Torah*)的开头，亦即在第一部分 Hilchot Yesodei ha-Torah（即"关于托拉的诸根基的律法"）第 4 章，他谈到四个要素。在引入自然这一术语之前，他先讲惯习或方式——火的惯习和土的方式；稍后，他提到水的本性。我认为，这种洞见直指问题的根源。"惯习"和"方式"这些提法是圣经观念，当然在希腊渊源中也找得到。此外，我会假定，这些观念真的具有普适性，除非有人能证明并非如此。一切时空中的人们都注意到，事物以一种有规则的形式运转，它们有运转惯习和运转方式。例如，按圣经中的说法，derech nashim[女人的方

---

① ［译注］即χᾰρακτήρ，指雕刻花纹或印章的人或工具，印纹、烙印、表象、特征、类型、典型。

式]就是月经,或按希腊的说法,boskematōn dikē[野兽的惯习]所指的无异于野兽的本性。或者再举一例,在圣经希伯莱语中,mishpat一词指一个事物的规则运转所反映出的该事物的惯习或法则。在这种情形下,显然无法区分狗的惯习与非利士人的惯习;比如说,一个非利士人以自身的方式规则地行事,一条狗也以自身的方式规则地行事。如果你认为我举的例子太过蹩脚,你还可以举狮子和希伯莱人为例。因此,事物都规则地运转,都有其惯习或方式。我还从一位印度学生那里得知,在印地语中,dharma(一般译作"宗教")指惯习或方式,还可以指诸如铁、树等事物的惯习或方式。既然人类的惯习或方式无疑地包括印度宗教,那么在派生意义上甚至最重要的意义上,惯习或方式就意味着基于宗教而存在的一切。

如果我们现在假定,"方式"观念确实是自然观念的前哲学对应物,那么我们还得马上补充这样一种显然的观点:在众多方式中有一种特别重要,那就是我们所属群体的方式——即我们的方式。我们的方式当然是正确的方式。为什么正确?答案是:因为它古老,因为它是我们自己的,或者用柏克(Edmund Burke)的漂亮表述,因为它"土生土长而且约定俗成"(《论雷吉基德和平的书信》[*Letters on a Regicide Peace*],4)。我们可将所有这些表述归于"祖传"一词。因此,按原本的观念,祖传的就等于好的。好的必然是祖传的,这意味着(由于人总是一个思想着的存在者)祖先更卓越。如果情况不是这样,那么在什么意义上祖传的就是好的呢?祖先更卓越,因此应该将祖先理解为(如果这种观念得到充分思考)诸神或诸神之子或诸神的弟子。换言之,有必要将正确的习俗视为神性律法,亦即 theos nomos。人们是否始终会达成这一结论,当然引不起我们的兴趣,因为我们承认,可能有时人们的思考并不具备足够的洞察力;但是,在他们获得足够洞察力时,他们一定会达成上述理解。

　　不幸的是，用希腊象喻来说，神性律法或 theos nomos 引出如下根本性抉择：一方面是希腊哲学的品质；另一方面是圣经的品质。那么，为什么神性律法有问题呢？答案再熟悉不过：神性律法多种多样。我们随处可见那些自称具有神性的命令，这些命令不但互不相同——技术上讲这不是难题，因为不同的神会将不同法典颁布给不同宗族——甚至相互矛盾。在每部这样的法典中，都有某些成分自称具有普适性。关于这些相互冲突的主张，只需读读希罗多德，就能得到许多绝佳的例子：某宗族火葬死者，另一宗族土葬死者。那么，选择火葬者将土葬惯习不仅视为一种不同的民俗、一种不同的文化模式，而且视为一件可憎之事。① 因此，我们可以说，不同的律法相互矛盾，这尤其体现于诸律法关于太初事物的叙述，因为我们无法想象哪部成文或不成文的早期法典会没有一个绪篇，这个绪篇不但要解释相关义务，还要提供一个关于太初事物的叙述。既然所谓神性法典各种各样、相互矛盾，那就必须超越这整个维度，必须不依赖祖传事物并找到自己的方向（bearings），或必须意识到祖传的跟好的是两种根本不同的东西，尽管偶有相契之处。

　　还有一个基本问题，那就是如何找到人在乾坤中的方向。在根本意义上，希腊人的回答是：我们基于探究来发现太初事物。我们可以注意到所谓探究的双重含义。一方面，探究意味着用自己的眼睛看，而非通过道听途说；这等于说独立观察。另一方面，探究概念的前提是，意识到人造产物与非人造产物之间存在根本差别，以致

---

　　① ［译注］希罗多德，《原史》，1. 98、216、2. 85 - 90、3. 24、38、4. 26、71 - 73、94、190、5. 4、5、8。此处所指的关键段落应该是 3. 38，在那里希罗多德提到品达的一句话："习俗是万物之王。"

不可能从人造产物抵达非人造产物,除非首先确立这样一个论证:可见的宇宙为思想着的诸存在者所创造。我认为这个意义至关重要:正是以希腊哲学原则为基础,才产生了后来著名的对上帝或诸神存在的论证。这具有绝对必然性,不仅在亚里士多德那里如此,在柏拉图那里亦然,一如你们在比如《法义》卷十所见。有一种上升始于感性知觉和以感性材料为基础的推理,或者说有一种上升在柏拉图和亚里士多德看来为某些观念所切实引导,这种上升指向上方;一切都取决于上升进程的可靠性,取决于论证。探究开端、探究太初事物,现在变成对乾坤进行哲学分析或科学分析;传统意义上的神性律法是一套发端于一个位格上帝的法典,如今其地位为一种自然秩序所取代,这种秩序甚至可以像后来那样称之为一种自然法——或至少用一个更宽泛的术语,即一种自然道德。因此,真正而严格意义上的神性律法,对于希腊哲学来说只是起点,只是具有绝对本质性的起点,而在进程中这种神性律法则遭到摒弃。如果说希腊哲学接受神性律法,那也仅仅是政治上接受,即出于教育多数人的意图,而非视其为独立存在之事物。

要想在我所提示的知性意义上理解圣经观念,人们可以说:圣经或曰圣经思想坚持这样的观念,即存在一种特定的神性律法;但它还主张,这种特定的神性律法是惟一真正的神性律法。其他那些声称具有神性起源的法典都在骗人,都是人的虚构。无论如何,既然接受一部法典,就不可能独立地质疑它,也不可能打算独立地质疑它。那么,圣经解决方案与神话解决方案之间的区别究竟是什么呢?我认为是这样:圣经的作者或作者们早就意识到神性律法的多样性问题。换句话说,他们意识到(我现在不是作为一位神学家,而是作为一位史家在发言),若一部特定律法要成为独一无二的(the)神性律法,何为其绝对必要条件。如果一个特定、偶然的宗族的一部特定、偶然的律法要成为神性律法，那么人们必须如何思索整全呢？答案是：整全必须是一个有位格的上帝；第一因必须是上帝；祂必须全能，既不受控也不可控。但是，可知就意味着可控，因此祂不应该在严格意义上可知。这样一来，用后来思想的语言来说，亦即用希腊化思想的语言来说，上帝的本质不可知；正如圣经所说，人们无法见到上帝的面容。但这还不够极端，《出埃及记》给出了神的名字，字面上译为"我应是我所应是"，这才是对此最极端的表述（［译注］3：14）。这与希腊的本质观念截然相反，在希腊人那里本质意味着，存在是其现在所是，是其过去所是，是其将来所是。但我们可以说，在［圣经］这里，核心不可接近；核心完全自由：上帝是其所应是。这是一位自由的上帝，深不可测的上帝。那么，人凭什么可以信祂呢？答案是：惟凭约定。上帝自由地约束祂自己，但一切信任都取决于信上帝之言，信上帝的应许；不存在一种必然的、因而可理知的关系；不用说，这约定也不是一个允许原本独立的参与者加入其中的自由约定；按照圣经，上帝命令人履行这个约定。

我要用如下几个要点补充这极端简略的描绘。无疑，古典时期的希腊哲人们不知道圣经，而且我认为，人们普遍承认圣经的作者们不知道希腊哲人们。但显著的事实是，如果有人稍微更悉心地同时研究希腊哲人们与圣经，他就会发现，在西方思想的两个源头那里，一方其实都预知另一方，如果可以这么说的话。甚至在亚里士多德那里你会发现，他在一些段落中所谈论的某些很粗略的希腊观念，根本上对应我们所知的在圣经中发展得更为充分的观念，例如最好不要投身于哲学对上帝的反叛。

现在，请通过对比来思索关乎决定性圣经训示的完美一致，即有关创世的第一次叙述与第二次叙述之间的一致，第二次叙述以堕

落故事为旨归（［译注］对观《创世记》，1：1－2：4a 与 2：4b－3：24
）。［《创世记》］第一章中叙述天堂的降低，［第二章］中禁止吃知识
树上知善恶的果子，此二者暗含同样的观念。因为，善恶之知当然
不等于一个特定的知识分支——正如当上帝认识所造之物时，总以
这样一句作结，"祂看着是好的"。完满之物，关于完成之物的完全
之知，就是关于善的知识，这种观念就是说对知识的欲望、渴求受到
禁止。人并未被设想为一个理论的、认知的、沉思的存在者；人被设
想为应该生活在孩子般的服从之中。不用说，后来的传统对上述说
法进行了多方面修改，但在我看来，如果我们忽视某些无关宏旨的
发展的话，就会发现根本思想一直没变。

那么，在后来的时代里，在看似已经改变的态度之下，究竟暗
藏着什么原则呢？我认为，我们可以从圣经本身进行理解。你们
回忆一下，在关于堕落的故事之后，就讲了该隐，然后谈到该隐的
谱系，城和技艺被归于这个不受欢迎的人类支裔；接下来我们发
现，对于城和技艺，还有一种非常不同的态度：想想圣城耶路撒
冷，想想比撒列（Bezalel）在装饰神殿时运用的种种技艺，诸如此
类。关于这一问题，我认为最清楚不过的讨论可发现于《撒母耳
记上》后文的讨论（关于王政，关于以色列的人世王政如何建立），
在那儿我们会看到何为圣经解决方案的基本倾向。① 根本上讲，
建立人世王政是坏事，是对上帝的一种背叛，城邦、技艺、知识都
是对上帝的背叛。但是，靠神性旨意，这些源于人类背叛的东西
也可能致力于事奉上帝，从而可能变得神圣。而且我认为，关于

————————

① ［译注］关于堕落，参《创世记》，3。关于该隐和亚伯，参《创世记》，4：
1－15。关于该隐的谱系，参《创世记》，4：17－24。关于耶路撒冷，可参《以赛
亚书》，2：1－4,66：20。关于 Bezalel，参《出埃及记》，35－39。关于王政，参《撒
母耳记上》，8,10,12。

人类知识的问题，圣经的解决方案是这样：当且仅当人类知识致
力于服侍上帝时，它才好；而且可能在这个意义上，它甚至有其必
要。但若不致力于事奉上帝，人类知识就是背叛。人被赋予知
性，就是为了理解上帝的命令。人要是没有知性，就不能自由地
服从。不过正因这一事实，人才能将知性从事奉上帝中挣脱出
来，从顺从的用途（知性原本被期望致力于此）中挣脱出来；在圣
经看来，这种挣脱正是哲学或科学的起源。这也是圣经与哲学或
科学之间的冲突所在。即便以所谓犹太中古哲学为例，也会发现
这个难题显而易见。①

　　然而，一系列事实都使哲学的意义晦暗不明；因此，我们必须端
详一下这个问题。我认为，这种晦暗不明根本上因为，在讨论神学
和哲学的关系时，哲学被等同于完备的哲学系统：在中古，哲学当然
首先被等于亚里士多德——我并非借此说明亚里士多德有一个系
统，尽管人们往往认为他有——但在现时代，哲学当然被等同于黑
格尔。当然，黑格尔哲学只是一种形式非常特殊的哲学：它并不是
原初、必然形式的哲学。我要解释一下。②

　　在哈勒维的《哈扎里之书》(5.14)③这部中古作品中，我们发现
如下说法："苏格拉底对人们说，'我并不排斥你们的神性智慧，我

---

　　①　［译注］原文自此处至倒数第二段，与作者的"神学与哲学的相互影
响"一文有所重合，但个别文句、段落也有不同。可参看林国荣译文，见《信仰
与政治哲学：施特劳斯与沃格林通信集》(*Faith and Political Philosophy：the Cor-
respondence between Leo strauss and Eric voegelin*)，P. Emberley、B. Cooper 编，谢华
育、张新樟等译，上海：华东师范大学出版社，2007，页 306 – 319。

　　②　［译注］参哈勒维，《哈扎里之书》，4. 12 – 19，1. 11、25；亦参帕斯卡尔
(《思想录》[*Pensées*]，556；《1654 年回忆录》[*Mémorial* 1654])："亚伯拉罕、以
撒、雅各的上帝，不是哲人们、学者们的上帝。"

　　③　［译注］《犹太哲学与现代性危机》此处作 4.14。

只是不理解它。我的智慧只是人的智慧'。"正如上面这句箴言所说,在苏格拉底口中,"人的智慧"意味着不完美的智慧,或意味着对智慧的探究,亦即哲学。既然苏格拉底意识到人的智慧并不完美,那么很难理解为什么他不由此转向神性智慧。上述文本中隐含的理由是:作为一位哲人,苏格拉底拒绝赞成任何在他看来并不显而易见的东西,而启示在他看来只是一种并不显见、未经证明的可能。面对一种未经证明的可能时,他并不排斥;他仅仅悬置判断。但是,这就会引发一个大麻烦,有人会将这一麻烦表述如下:在极其紧迫的问题上,在生死攸关的问题上,不可能悬置判断。而启示问题显然极其紧迫。如果有启示,那么不信启示、不服从启示就是致命的。似乎不可能悬置关于启示的判断。哲人拒绝赞成启示,因为它并不显而易见,由此哲人排斥启示。但是,这种排斥缺乏充分根据,除非启示已被证伪。这无异于说,哲人在面对启示时,好像被迫背离了哲学观念,因为他的排斥不具备充分理由。我们对此能如何理解呢?哲学也许可以这样回应:极其紧迫的、不容悬置的问题是一个人应该过什么样的生活。对于苏格拉底而言,这个问题已经得到解决,因为他是位哲人。作为一位哲人,他知道我们对于最重要的事情一无所知。这种无知作为显见的事实显然证明,探究关于最重要的事情的知识,就是对于我们而言最重要的事情。那么,哲学显然就是正确的生活方式。此外,在苏格拉底看来,这为如下事实所证实:在他获取他所能获取的最高程度的明晰时,他找到了他的幸福。苏格拉底搞不懂,为什么非得赞成某些在他看来并不显而易见的东西。如果有人告诉苏格拉底,他不服从启示可能是致命的,苏格拉底会提出这个问题:致命是什么意思?在最极端的情形下,致命的意思是永罚。① 以前的哲人绝对确信，无所不知的上帝绝不会用永罚或其他什么手段惩罚那些寻求真理或明晰的人们。接下来我们必须思考，这一回应是否已经相当充分。无论如何，最关键的一点是，哲学不应是一套命题、一种教诲甚或一个系统，而应是一种生活方式，支撑这样的生活的是某一种激情，亦即哲学欲望，或者说爱欲。不应把哲学理解为人的自我认识所需的一种工具或者专业。被理解为一种工具或专业的哲学，当然同每一种关于生活的思考、因而也同圣经生活方式相一致。但是，这样的哲学已不再是原本意义上的哲学。我认为，后者已经在很大程度上为西方的发展弄得晦暗不明，因为在基督教中古，哲学已被剥夺了其作为一种生活方式的品性，而仅仅变成了一个非常重要的专业（compartment）。

因此，我必须努力重申，为什么哲学按照其本义必然是一种生活方式，而不仅仅是一个学科——即便是最高的学科。换句话说，我要讲清楚，哲学何以不可能得出这样一个洞见，即除哲学生活之外尚有另一种正确的生活方式。哲学就是探究关于整全的知识。因为哲学从本质上讲是一种探究，因为哲学永远不可能变成智慧（智慧异于哲学），哲学觉得问题总是比解决方案更显而易见。所有解决方案都可质疑。除非理解人的本性，否则不可能完全确立正确的生活方式；除非理解整全的本性，否则不可能完全弄清人的本性。因此，除非有一种完备的形而上学，否则不可能通过形而上学建立正确的生活方式，故而正确的生活方式仍可质疑。但是，正是所有解决方案的不确定性，正是对于最重要事物的一无所知，才使求知成为最重要的事情，因而也使一种致力于求知的生活成为正确

---

① ［译注］参莱辛，"莱布尼茨论永罚"，见《论人类的教育：莱辛政治哲学文选》，前揭。

的生活方式。因此,原本且完全意义上的哲学当然与圣经生活方式不一致。哲学与圣经是非此即彼的关系,或者说二者在人类灵魂的戏剧中相互抗衡。对抗双方都声称自己知道或掌握真理、至关重要的真理、关乎正确生活方式的真理。但是,只能有一种真理:因此,这些主张相互冲突,思想着的存在者们之间必然相互冲突;这不可避免地意味着论争。一千年来,对抗双方都试图驳倒对方。这样的尝试如今还在继续,而且事实上在沉寂了数十年之后,这样的尝试日益激烈。

三

现在我要谈谈当代的争论。我们可以说,在当代的争论中,实际上根本不存在支持哲学的一方,因为哲学已经支离破碎。我已在前文中谈到如今所理解的哲学与科学之间的区分——这样的区分必然使哲学名誉扫地。因为相比于科学取得的巨大成就,哲学则缺乏成果。如今,科学是惟一堪称人类知性完美典型的理智追求。科学对启示保持中立。哲学则已经不能确定自己是谁。仅引一例,这段话出自当今最著名的哲人之一:"启示信仰是真实的,但并非对于哲人而言。拒斥启示对于哲人而言才真实,但对于信仰者而言则不然。"那么,我们接下来看看当代争论中支持启示的一方,这一方显得更有希望。(我不会多费口舌,不会讲那些最流行的说法,那些说法都是出自当今文明的需要,出自当今危机的需要,我们可以将其大致总结如下:为了与共产主义竞争,我们如今需要启示作为一种神话。这种说法要么愚蠢,要么渎神。不用说,在锡安主义中,我们也可以找到类似的说法,而且我认为陀思妥耶夫斯基很早就在《群魔》[*The Possessed*]中摒弃了上述整个说法。)①

　　支持启示一方的严肃说法大致如下：根本不存在支持启示的客观证据，这意味着不存在丝毫支持启示的证据，除了如下两条：其一是人与上帝相遇的体验或曰个人体验；其二是消极证据，即任何非信仰的立场都有其不足之处。就第一点——不存在任何支持启示的客观证据，只有人与上帝相遇的个人体验——而言，有一个困难。那就是这种个人体验与圣经中所描述的体验是什么关系？有必要区分先知所体验到的（我们可以称之为上帝的召唤或上帝的临在）与先知所言说的——后者也许应被称作人对上帝行动的解释，一如当今所有非正统神学家所言。这不再是上帝的行动本身。人的解释无法树立权威。但问题来了，难道关于上帝召唤或上帝临在的每一种特定意义不都是人的解释吗？就与上帝的相遇而言，犹太人与基督徒的解释方式就完全不同，更别提穆斯林和其他人。然而，只有一种解释可能为真。这就需要各种启示信仰者来一场论争，这场论争不得不在某种程度上诉诸客观性。就第二点——即否定性证据，亦即任何非信仰的立场都有其不足之处——而言，在揭露现代进步主义、乐观主义、犬儒主义的不足之处时，这样的说法往往很有说服力，我甚至认为它绝对令人信服。

　　但是，关键困难不在于此。关键困难关乎古典哲学，而据我所知，这里的讨论并未抓住真正的困难。只需提到一点，据说古典哲学的根基是一种可以证明是假象的假象。据说，古典哲学的根基是这样一种没法保证的信念：整全可理知。这问题说来话长。请允许我仅限于表明，古典意义上的哲人典型就是苏格拉底，他知道自己一无所知，因此承认整全不可理知，他仅仅询问：通过表明整全不可

---

　　①　［译注］尤参 Shatov 与 Stavrogin 在题为"夜"那一章的对话。

理知,我们是否不承认自己对整全有某种理解。因为对于我们一无所知的某些东西,我们当然无话可说;在我看来,人之为人必然对整全有所意识,这个状况被严重地误解为整全可理知。请允许我仅总结出这一点。据我所知,当代支持启示、反对哲学一方的依据正是对古典哲学的一种不当理解。

现在,为了找到我们的方向,请让我们回到该冲突的一个更为基本的层面。这样,当代论争中真正重要的东西将变得更清晰,我们也就能理解当今神学中支持启示的论争何以应当从客观性中抽身。如今,只有天主教会、正统犹太人、正统新教徒才完全接受关于启示与理性的典型古老观点。当然,在这里我只谈谈犹太人。问题在于,我们怎么知道托拉来自西奈山或是活生生的圣言?传统的犹太人首先会这样回答:这是我们的父辈告诉我们的,而他们是从他们的父辈那里听来的,这条不间断的、可靠的传统之链可以追溯至西奈山。如果以这种形式回答问题,那人们就会禁不住问道:传统真的可靠吗?我只提早先争论中的一个例子。迈蒙尼德在其律法典籍的开篇([译注]《密示拿托拉》,1:1b17–19),给出了从摩西到塔木德(Talmudic)时代的传统之链,而且那儿出现了示罗人亚希雅(Ahijah the Shilomite)这个人物,据说大卫王曾将托拉授予亚希雅,又据说摩西亦曾将托拉授予他的这位同时代人亚希雅。不论迈蒙尼德插叙这个塔木德故事意味着什么,在我们看来,他在暗示传统之链——尤其在其早期——包含某种如今所谓的“神话”元素,即非历史性元素。关于圣经中那些众所周知的不一致,我不想多说什么。谁是五经(Pentateuch)的作者?在传统上这个问题事实上为“摩西”本身所回答,以致当斯宾诺莎质疑托拉是否源自摩西时,人们都认为斯宾诺莎在否认托拉的神性起源。谁写了五经?是摩西本人,还是依据传说或间接途径得知启示的人们?我们对此处的诸多细节不感兴趣;我们要思考个中原则。

　　有没有历史证据能够证明启示是事实,就像有历史证据证明布鲁图斯(Brutus)和卡修斯(Cassius)刺杀了恺撒(Caesar)? 显然不可能。就严格或一般意义上的历史事实而言,总是有证据来自不偏不倚的观察者或对立双方(如恺撒的敌友双方)的见证人。就启示而言,不存在不偏不倚的观察者。所有见证者都是信众,所有传播者都是信徒。此外,没有假刺杀、假战争,却有假启示、假先知。因此,历史证据预设某些标准,以便区分启示的真伪。我们知道圣经的标准,至少知道我们的语境下的一个关键标准:如果某位先知违背更早的经典启示亦即摩西启示,那他就不可能是真正的先知。因此,问题在于如何确立经典启示。

　　通常,传统会这样回答此问题:靠神迹。但是,困难又以这种形式浮现:神迹之为神迹不可论证。首先,神迹之为神迹是一个我们不知其自然成因的事实;但是,我们不知道某个既定现象的成因,不等于我们有权说它没有自然成因,只有超自然成因。我们不知道自然的力量——这是斯宾诺莎的论证所用的措辞,这令我们没资格诉诸超自然的因果关系。① 这样论证不很充分,理由如下:尽管在自然的力量方面,我们的知识的确非常有限,不过我们知道——或至少像斯宾诺莎这样的人相信自己知道——某些事物从自然来讲根本不可能。我只需提到死人复活作为最强有力的例证,斯宾诺莎会认为,从自然上讲这根本不可能发生。所以,因不认识自然力量而作出的论证,要靠下面的论证来补充:尽管从理论上讲,在特定情况

① [译注]斯宾诺莎,《神学政治论》,第6章"论神迹"开头。斯宾诺莎在解释他所列举的关于神迹的四个论点中的第一个时,说道:"……神迹是俗众的脑袋带来的东西,他们完全不晓得自然的力量。"

下某种现象可能是神迹,但这一论断所针对的那些情况都是道听途说,而许多道听途说的事情压根没发生过。更严格地讲,所有对犹太人甚至新教徒(天主教另当别论)很重要的神迹,都发生在一个前科学时代。这些神迹皆未为一流物理学家之类的人所审视。因此,出于上述理由,如今许多人都说,甚至过去有些著名的神学家也说,神迹的前提是信仰;神迹并非用来确立信仰。但是,这样的说法是否充分,这样的说法是否与圣经的神迹观相一致,尚存疑问。首先,有人会这样提出反对意见:如果你看看迦密山(Carmel)上的先知以利亚(Elijah)的故事,①你就会发现,上帝与巴力(Baal)之间的问题要靠一个客观事件解决,不管你是否信仰者,你的感官知觉都能同样地接受这个客观事件。

支持启示一方的传统论证通常还有第二种形式,即预言的实现。但不必我说,这样的论证同样面对巨大的困难。首先,预言具有含混性,甚至有些并不含混的预言也具有含混性。例如如今人们普遍认为,其实《以赛亚书》第四十章有关居鲁士(Cyrus,[译注]或译"古列王")的预言是在事情发生后才被当作一个预言;此处的推理模式是,如果这个预言站得住脚,那它就是神迹;但是,这仅仅是道听途说,于是对原始材料的历史考据问题就出现了。②

还有更引人注目的另一条论证路线:用启示的内在品质证明启示。启示律法在所有律法中最好。然而这意味着,启示律法符合最佳律法的理性标准;但是,倘若如此,那么难道所谓启示律法不是理

---

① [译注]参《列王纪上》,18。亦参施特劳斯,《斯宾诺莎的宗教批判》(*Spinoza's Critique of Religion*, E. M. Sinclair 译, New York: Schocken, 1965),页212 – 214。

② [译注]尤参《以赛亚书》,44:28,45:1。亦参《耶利米书》,29:10 – 14。对观《历代志下》,36:17 – 23。

性——人的理性——的产物,不是摩西的作品而是上帝的作品吗?然而,启示律法尽管不抵触理性,却超逾理性;启示律法是超理性的,因此不可能是理性的产物。这段论证非常著名,我们却仍得追问:超理性是什么意思? 所谓"超"需要证明,却不可证明。无所凭依的理性所看到的只不过是一种非理性元素,这种元素尽管不违背理性,本身却得不到理性的支持。从理性的角度看,这是个中立的可能:有可能真,有可能假,或者说有可能好,有可能坏。如果能证明它为真或为好,亦即如果它依据自然理性为真或为好,那么它就不再保持中立。不过倘若如此,它就似乎成了理性的产物,人的理性的产物。请允许我试着采用更一般的表述。要么启示律法是完全理性的——在这种情况下,它是理性的一个产物;要么启示律法并非完全理性的——在这种情况下,它既是人的非理性的产物,又是神性超理性的产物。更笼统地说,要么启示是一个粗陋的事实,在纯粹的人类经验中,没有什么东西与之相符——在这种情况下,启示是一件对人来说并不重要的怪事;要么启示是一个富有意义的事实,人的经验需要这一事实以便解决人的种种根本问题——在这种情况下,启示很可能就是理性的产物,其产生归因于人试图解决人类生活问题。那么,理性、哲学显然不可能承认作为启示的启示。此外,启示律法也不把自身种种内在品质看得至关重要。启示律法并不强调普遍,而是强调偶然,而这会导致我前面指出的难题。

我们看看问题的另一面;当然,这些东西在整个如今的现世主义(secularism[译注]或译"政教分离主义"、"世俗主义")中都看得到。所有这些以及与之相近的论证都仅仅证明,无所凭依的人类理性不容置疑地无视神性启示。它们并未证明,启示根本不可能。让我们假定启示是一个事实,即便它无法为无所凭依的理性所理解;让我们还假定启示故意不让无所凭依的理性理解它。因为如果有某种知识,就没必要去信仰、信赖、真心地服从或自由地归顺上帝。那样一来,全盘反驳对所谓启示的客观历史证据的所谓拒斥,已无关紧要。让我们再以迦密山上的以利亚为例:以利亚或上帝判那些信巴力的人有罪,那么那些人是否不偏不倚的科学观察者呢? 在一篇著名论说文中,培根区分了偶像崇拜者与无神论者,并指出神迹说服不了无神论者,只能说服偶像崇拜者,后者大体承认神性行动有其可能。① 偶像崇拜者会恐惧、战栗,不像哲人那样超越希望或恐惧。并非神学而是哲学在回避(begs)②问题。哲学要求启示在人类理性的审判庭上证实自己的主张,但启示本身拒绝承认该审判庭。换言之,哲学只承认所有人在所有时代都能于光天化日之下觉察的那些经验。但是,上帝说过或做过决定,祂要住在雾霭中。神学家会以哲学为武器攻击哲学;仅限于驳斥这样的攻击时,哲学才会胜利。但是,一旦哲学试图反驳启示本身,而非反驳启示的那些必然不充分的证据,那么这无异于哲学冒犯自身,哲学因此也就遭受惨败。

我相信,至今仍流行着19、20世纪的自由思想家们之间流行的那种观点:现代科学和历史批判已经驳倒启示。我要说,他们甚至没有驳倒最为基要主义的(fundamentalistic)正统教义。请看一个在19世纪乃至在我们自己的生活中(尤其对于我们中的那些有传统或正统背景的人)发挥着某种作用的著名例证:地球比圣经中所讲的还要古老得多。但是,这显然是个有很大缺陷的论证。该反驳意见的前提是,万事万物都自然地发生;但是,这为圣经所否定。圣经

---

① [译注]培根,"论无神论",见《1625年论说文集》(*Essays of 1625*);亦见《学术的进展》(*The Advancement of Learning*),2.25.24。

② [译注]beg尤指以有待证明的假定来回避或无视问题。

讲创世；创世是一个神迹，是真正的(the)神迹。地质学、古生物学等等提供的所有证据，只有在如下前提下才能有效地反驳圣经：根本不曾有神迹的干预。自由思考的论证实际上基于贫乏的思考。它回避问题。与此相似，我们再看看文本批评——关乎圣经文本中的不一致、反复以及其他明显纰漏：如果圣经文本蒙神启发，那么这些问题就完全不同于当我们有权利把圣经看做一本仅仅属人著作时的情况。若是后一情况，那些纰漏就只是纰漏而已；而若是前一情况，那些纰漏就无异于秘密。

　　历史批判的前提是，不相信口传神意。科学和历史批判对启示发起的攻击、著名而有效的攻击，其前提是教条地排除神迹、口传神意的可能。我将只谈神迹，因为口传神意本身就是一种神迹。如果我们知道不可能有神迹，那么一切科学论证和历史论证所隐含的这种攻击就能够得到辩护。那样一来，我们就的确能够得出所有这些结论。但是，这意味着什么？我们需要掌握如下两个证明中的一个：要么证明不存在一位无所不能的上帝，祂仅凭自己就能行神迹；要么证明神迹与上帝的本性并不相容。在我看来，没有别的选项。第一个选项——证明不存在一位无所不能的上帝——的前提也许是，我们拥有关于整全的完美知识，因而可以说我们知道任何角落都不存在一个无所不能的上帝。换句话说，此前提是一个完备的系统。我们能解开一切谜团。然而我认为，这根本不可能，这不过是奇谈怪论。第二个选项——证明神迹与上帝的本性并不相容——的前提也许是，人认识上帝的本性：用传统语言来讲，其前提就是自然神学。事实上，现代自由思想的基础、已被遗忘的基础，正是自然神学。决定性的争执并非发生于 19 世纪，而是发生于 18、17 世纪，那时对否认神迹等事物的尝试，立足于一种所谓关于上帝本性的知识——其技术性名称就是自然神学。

让我们勾勒一下这种论证的基本特点。上帝是最完美的存在者。所有人都这样理解上帝,不论祂存在与否。然而,哲人们宣称他们能够证明,启示和任何其他神迹与神性完美性互不相容。这说来话长,不仅在17、18世纪如此,在中古亦然。为了尝试勾勒这种论证,我将追溯其种种属人的根源。从根本上讲,自然神学中的哲学论证立足于从人的完美典型出发的一种类推。上帝是最完美的存在者。不过我们仅仅通过人的完美典型而在经验上知道完美,而人的完美典型体现为智慧之人,或者说接近智慧之人的至高之人。比如,正如智慧之人不会用永罚对付犯错的人类,更完美的上帝更不会这样做。智慧之人不会干荒谬或毫无目的的事情;而使用口传神意这样的神迹(例如,这只是为了告诉某位先知,一位异教的王者将要在数世纪之后施行统治)就很荒谬。这(或诸如此类的观点)就是上述这些所隐含的论证。对此我会这样回应:上帝的完美性暗示着祂不可理解。上帝之道在人看来很愚蠢,这并不意味着上帝之道很愚蠢。换句话说,自然神学使上帝不再不可理解,以便驳斥启示,而这根本行不通。

曾经有一个人,试图通过否认上帝的本质不可理解,从而强行得出自己的结论,这个人就是斯宾诺莎。(请允许我顺便说一句:通过分析斯宾诺莎的这些东西,我学到了不少。)人们可以从斯宾诺莎那里学到不少东西,在现代批判启示的人之中,他当然是最极端的一个,这不必然体现于其思想,但显然体现于其思想的表述。我想引用霍布斯——如你们所知,他是个出了名的(notoriously)大胆之人——的评论,他说他从不敢像斯宾诺莎那样大胆地著述。① 斯宾诺莎说过，"关于上帝的本质，我们有充分的知识"，果真如此，那么上帝显然完全可理解。② 斯宾诺莎所谓关于上帝本质的充分知识导致，任何一种神迹都不可能。但是，斯宾诺莎关于上帝本质的充分知识又是什么呢？让我们对此稍加考虑，因为这真的不是一种个别、偶然的情况。你们中许多人都读过斯宾诺莎的《伦理学》，读过他对那种知识的阐释。你们知道，斯宾诺莎在《伦理学》开篇就下了一些定义。然而这些定义本身绝对独断，尤其是著名的实体（substance）定义：实体就是自在的并通过自身而被认识的东西。一旦你承认这一点，其他一切就随之而来；于是就不可能有神迹。但是，既然这些定义独断，那么那些结论也独断。然而，如果我们从其功用的角度看，这些基本定义就并不独断。通过这些定义，斯宾诺莎界定了某些前提条件——要想完全理解整全，就必须满足这些前提条件。但是，这些定义并不能证明，这些前提条件事实上已经得到满足——那取决于斯宾诺莎冒险行为的成功。证据在于成功。如果斯宾诺莎能够清晰而明确地解释一切，那么我们就会面临这种情况。关于整全，我们一方面有一种清晰而明确的解释，另一方面又有种种含混的解释，而其中之一就是圣经的解释。于是，任何一个心智健全的人都会选择清晰而明确的解释，而非含混的解释。我认为，这就是斯宾诺莎想给出的真正证据。但是，斯宾诺莎关于整全的解释，真的既清晰又明确吗？你们中只要有人接触过斯宾诺莎关于情感（emotions）的分析，就不会这样确信。然而

---

① ［译注］参 John Aubrey，"霍布斯"（Thomas Hobbes），见《小传》（*Brief Lives*，Andrew Clark 编，Oxford：Clarendon Press，1898），卷一，页 357。亦参施特劳斯，《迫害与写作艺术》，前揭，页 183；《什么是政治哲学？》，前揭，页 171。

② ［译注］斯宾诺莎，《伦理学》，第 2 部分，推论 47。中译本参庞景仁译，北京：商务印书馆，1997。

进一步讲,即便斯宾诺莎的分析既清晰又明确,这一分析必然为真吗? 难道其清晰与明确不归因于如下事实,即斯宾诺莎只是抽离于整全中的某些成分,这些成分并非清晰而明确,而且永远也无法变得清晰而明确? 那么,从根本上讲,斯宾诺莎的做法就是原本意义上的现代科学的做法——将宇宙变成一个完全清晰而明确的统一体,一个完全可数学化的统一体。

请允许我作如下总结:对启示(在此我要说,就算你按最为基要主义的意义理解启示一词也没关系)的历史反驳的前提是自然神学,因为历史反驳往往预设不可能有神迹,而且只有凭借关于上帝的知识才能最终确保不可能有神迹。然而,符合这一条件的自然神学反过来也需要前提条件,那就是上帝的本性可理解,而这又要求完全具备真正的系统,或曰完全具备关于整全的真实或充分的解释。既然这样一种关于整全的真实或充分的解释(这不同于一种清晰而确切的解释)显然无处可寻,哲学当然一直驳不倒启示。就像我前面说的那样,启示或毋宁说神学也一直驳不倒哲学。因为从哲学的观点来,启示仅是一种可能;其次,无论神学家们怎么说,人都可以像一个哲人那样生活,亦即非肃剧性地(untragically)生活。在我看来,所有证明哲学生活根本上很悲惨的尝试(比如帕斯卡尔等人所做的尝试)①无一不预设信仰;作为对哲学的反驳,这些论证不可接受也不可能成立。要言之,我可以这样讲,所有所谓对启示的驳斥都预设了对启示的不信仰,而所有所谓对哲学的驳斥都预设了对启示的信仰。对双方来说,似乎并不存在一个共同的、因而也更高的立场。

---

① [译注]帕斯卡尔,《思想录》,72 - 73,82 - 83,361,365,374,389,397 - 399,412,525,556。

如果有人说(仅说说而已)，哲人们从未驳倒启示，神学家们也从未驳倒哲学；那么鉴于无论从哪方面来看都存在巨大的难题，这种说法听来有几分道理。在这个层面上，可以说我们只是说了一句微不足道的话；但是，为了表明这句话并没有那么微不足道，我想在总结之时给大家提供这样一种思考。在这里，当我用哲学一词时，我用的是其普通、模糊的含义，包括世上任何一种理性导向，包括科学和常识等等。果真如此，那么哲学必须承认启示的可能。而这又意味着哲学本身有可能不是正确的生活方式。哲学并不必然是正确的生活方式，并不显然是正确的生活方式，因为有可能启示才是。但是，在这些前提下，选择哲学意味着什么呢？ 在这样的情况下，选择哲学其实是基于信念(faith)。换句话说，追求显而易见的知识，要以并不显而易见的前提为基础。这一困难在我看来潜在于所有当今的哲学探究，正是这一困难处于社会科学所谓价值问题的根柢处：哲学或科学(随便你怎么称呼)无法解释其自身的必然性。我认为我不必证明，展示科学(无论是社会科学还是自然科学)的实际用处当然无法证明其必然性。我的意思是，我不谈论诸社会科学所取得的种种巨大成就，因为那些成就并不那么令人印象深刻；但就诸自然科学所取得的种种巨大成就而言，我们在氢弹时代完全重启了这样一个问题：鉴于其实际用处，这种成就真的合乎理性吗？这在理论上当然不是最重要的思考，但这在实践上发挥着一种很大的作用。

无论如何，在我看来，我们应该在行动中思索这一两难困境。也就是说：在我看来，西方智识史、西方精神史的核心和中枢，可以说正是圣经与哲学关于好生活观念的冲突。这一冲突首先当然体现为如下这些论争——神学家们基于圣经立场的论争以及哲人们基于哲学立场的论争。为什么这一冲突很重要？ 原因很多，但我只想强调一点:在我看来,这个未经解决的冲突正是西方文明生命力的奥秘。承认西方文明有两个相互冲突的根源,这观点乍看起来非常令人困窘。然而,意识到这一点,又能给西方文明加一道保险,使西方文明得到安慰。西方文明的生活处于两套规范体系(codes)之间,处于一种根本的张力中。因此,没有任何内在于西方文明本身、内在于其根本构造的理由容我们放弃生活。但只有我们过那种生活,亦即以那种冲突为生活,这种令人安慰的想法才能得到论证。没人可以身兼哲人和神学家,而且就上述问题而言也不可能超越哲学与神学之间的冲突,或假装能够综合哲学与神学。但我们中的每个人都可以是,而且应该是哲人或神学家,亦即要么是面对神学挑战的哲人,要么是面对哲学挑战的神学家。

什么是自由教育？

叶然　译

[中译编者按]本文是施特劳斯1959年6月6日在芝加哥大学通识学院"成人自由教育基础课程"(Basic Program of Liberal Education for Adults)第十届毕业典礼上的致辞。Liberal Education在汉语学界习译为"通识教育"或"博雅教育"，在本文中则强调其与古今liberalism[自由主义]的关系，故保留"自由教育"的译法。

自由教育是以文化为内容①或以文化为目的的教育。自由教育的最终产物是文化人。"文化"(cultura)的原初含义是耕地(agriculture)：②按照土壤的本性，培育土壤及其产物，照料土壤，改善土壤。"文化"的衍生含义——也是如今的主要含义——就是：按照心智(mind)的本性，培育心智，照料并改善心智与生俱来的诸品质。正如土壤需要土壤培育者，心智也需要老师。但老师不像农夫那样

---

① ［译注］in culture，不译为"在文化之中"，因为施特劳斯在"自由教育与责任"一文中使用过"以自由技艺［人文学问］为内容的教育"(education in the liberal arts)和"以'良好教养'为内容的教育"(education in "good breeding")等表述，结构均仿此处。

② ［译注］句首的cultura为拉丁文，本义为"耕种"；相应地，agriculture在此等于其拉丁文形式agricultura［耕地］，后者由ager［土地］和cultura［耕种］构成。

容易产生。老师自己也是学生,且必须是学生。但我们不能无限地回溯上去:最终必须有些老师不是学生。这些并非学生的老师就是伟大的心智,或曰最伟大的心智,[后一种叫法]是为了避免在如此重要的事情上出现任何含混。这样一些人极其罕见。我们不大可能在任何课堂上遇到他们中任何一位。我们不大可能在任何地方遇到他们中任何一位。哪怕只有一个这样的人生活在我们的时代,我们也算交了好运。出于所有实践意图,学生无论手艺多么精湛,要想接近并非学生的老师,要想接近最伟大的心智,都只能凭靠伟大的书。所以,自由教育将是,以适宜的悉心,去学习最伟大的心智留下的伟大的书——在这种学习中,更有经验的学生将帮助更没经验的学生,包括初学者。

这绝非易事,尤其当我们思考我刚刚提出的这个定义时。这个定义需要一番长长的疏解。许多生命已然且仍会耗费于书写这样的疏解。例如,应该"以适宜的悉心"去学习伟大的书,这个说法意味着什么?此刻,我只提及一个对你们每个人来说都明摆着的难题:在最重要的一些主题上,并非所有最伟大的心智都告诉我们同样的东西;纷争(discord),甚至多种多样的纷争,撕裂了最伟大心智的共同体。无论这会导致什么进一步的后果,这无疑导致了如下[直接]后果:自由教育不能只是学说的灌输。我还要提及另一个难题。"自由教育是以文化为内容的教育。"什么文化? 我们的回答是:西方传统意义上的文化。可西方文化只是众多文化中的一种。通过把自己局限于西方文化,我们不就使自由教育陷入了一种褊狭主义(parochialism)吗? 褊狭主义不是无法兼容于自由教育的自由主义、宽容、心智开通(openmindedness)吗? 我们的自由教育观念似乎不适合这样一个时代:这个时代意识到,不存在唯一的(the)人类心智的唯一的文化,只存在多种多样的文化。显然,文化如果

可以用作复数,则相当不同于作为一种 singulare tantum［单数之物］
的文化,后者只能用作单数。正如人们所说,文化现在不再是一种
绝对之物,而是变成了一种相对之物。人们不容易说清楚,可以用
作复数的文化意味着什么。正因有此含混,人们直接或间接地表
示,文化就是任何一群人共有的任何行为模式。所以,我们毫不犹
豫便谈论郊区文化,或者少年帮派文化,包括不违法的和违法的。
换言之,精神病院之外的每个人都是文化人,因为他参与了一种文
化。前沿研究已经开始追问:精神病院里的病友们就没有各种文化
吗？ 如果我们对比"文化"的当今用法和它的原初含义,那么,似乎
有人会说,培育一个菜园,［如今］成了放任这个菜园里扔满空罐头
盒子、威士忌酒瓶,还有任意飘散的各色废纸。我们想到这一点之
后,便会认识到,出于某种原因,我们已经走错了路。因此,我们还
是重新开始吧,为此我们需要追问:自由教育在此时此地能意味着
什么？

　　自由教育是某种识字(literate)教育:某种以文字为内容或以文
字为途径的教育。不必［在此］论证识字能力有多重要,［因为］每
一位选民都知道,现代民主制端赖识字能力。为了理解［识字能
力］何以必要,我们必须反思现代民主制。什么是现代民主制？ 有
人曾说,民主制是端赖美德的政制:在这种政制中,所有或大多数成
年人都有美德;又由于美德似乎需要智慧,故在这种政制中,所有或
大多数成年人都既有美德又有智慧;或者说,在这种社会中,所有或
大多数成年人都高度发展了他们的理性;又或者说,这种社会是唯
一的理性社会。一句话,此人①用民主制来指一种贤良政制(aris-

――――――――

　　① ［译注］即前一句中的"有人",即密尔(John Stuart Mill),这里引述
是其《论自由》。

tocracy），它已经扩大为一种普遍的贤良政制。在现代民主制出现之前，有些人曾怀疑，得到如此理解的民主制是否可能。正如民主理论家之中两个最伟大的心智之一所说，"如果一群人由神构成，这群人就会民主地统治自己。如此完美的一种统治形式（government）不适合人类。"①这个平静而轻柔的声音如今已经变成了一个大功率喇叭。②

有一门完整的科学，我是宣称传授这门科学的成千上万的人之一，这门科学就是政治科学，可以说它唯一的主题就是对比民主制的原初概念——或人们所谓民主制的理想——和如其所是的民主制（democracy as it is）。依据一种极端观点，即［政治科学］这个行当里的支配性观点，民主制的理想只是一个纯粹的幻想，唯一重要的是各种民主制的行为，以及各种民主制中各种人的行为。现代民主制——它已如此远离普遍的贤良政制——会是大众（mass）统治，如果不存在如下事实：大众无法统治，而只能为精英所统治，精英就是处于顶层或有公平（fair）机会登上顶层的几群人，不管他们［抵达顶层］是出于什么原因；民主制平稳运行所需要的最重要的美德之一，就大众而言，据说是不关心选举，即缺乏公共精神；③那些除了体育和娱乐新闻外什么都不读的市民们（citizens），正是现代民主制之盐，却实在不是大地之盐。④ 因此，民主制实在不是大众统治，而

---

① ［译注］卢梭《社会契约论》，卷三，章4。

② ［译注］a high-powered loud-speaker，字面意思亦有意义："一个大权在握的大声言说者"。

③ ［译注］public spirit，其变体 public spiritedness 常用来对译古希腊的"血气"。

④ ［译注］《新约·马太福音》："你们是地上的盐"（5：13）。盐比喻中坚。

是大众文化。大众文化是这样一种文化,它能为那些最平庸的能力所占有,这种占有无需任何理智和道德的努力,而只需支付相当低的价钱。可是,甚至大众文化也需要——而且恰恰大众文化才需要——[有人]源源不断提供所谓新观念,即所谓创造性心智的产品:如果广告曲不随时变花样,连它们也会失去吸引力。可是,就算民主制只被当作一个坚硬的外壳,以保护柔弱的大众文化,但从长远来看,民主制也需要具备一些完全不同类型的品质:奉献、专注、广博、深刻。由此,我们可以最轻易地理解,自由教育在此时此地意味着什么。自由教育是一剂抗毒剂(counterpoison),用来医治大众文化,医治大众文化的腐蚀性影响,医治大众文化的固有倾向,即倾向于仅仅生产"缺乏精神或眼界的专家和缺乏热心的享乐者"。自由教育是一种阶梯,我们用它来试着从大众民主制上升到原初意义上的民主制。自由教育是一种必要的努力,即努力建立一种内在于民主大众社会的贤良政制。对于大众民主制那些有耳能听①的成员,自由教育令他们记起属人的伟大。

有人可能会说,这种自由教育观念是纯粹政治性的,它教条化地预设了现代民主制是好的。难道我们不能拒斥现代社会吗?难道我们不能回归自然,回归文字产生之前的部落生活吗?难道成堆的印刷品,②即那么多美丽而雄伟的森林的坟墓,没有令我们破碎、作呕、退化(degraded)吗?说这只是浪漫主义,说我们如今不可能回归自然,还不够:难道未来几代人,在一场人为的大灾难之后,不会被迫生活在无文字的部落中吗?难道我们关于热核战争的思考

---

①　[译注]《新约·马太福音》:"有耳可听的,就应当听"(11:15)。

②　[译注]the mass of printed material,语涉双关,直译为"印刷品构成的大众"。

没有受如此前景的影响吗？无疑,大众文化种种令人憎恶的现象
(包括由导游带队观光整个自然界),让那种回归自然的渴望变得
可以理解。无文字的社会在最好的状态下是这样一个社会,统治它
的是古老的祖传习俗,它把这种习俗追溯到[它的]原初建立者们、
诸神、诸神的儿子或诸神的弟子;由于这样一个社会里没有文字,所
以晚出的后裔与原初建立者之间不可能有直接联系;这些后裔不可
能知道,父辈或祖辈是否未尝偏离原初建立者的意图,或是否未尝
以仅仅属人的增删来篡改属神的启示(message);因此,一个无文字
的社会不可能一贯地按照"最好即最古"这条原则行事。唯有建立
者传下来的文字,才使建立者有可能直接对最晚的后裔说话。所
以,希望回归无文字状态,是自相矛盾。我们被迫与书生活在一起。
可生命太短暂,以至于只能选择与最伟大的书生活在一起。在这方
面,正如在其他方面,我们最好从最伟大的心智中挑出一位,作为我
们的榜样,他因具有常识而可以成为我们和最伟大的心智之间唯一
的中间人(mediator)。苏格拉底从不写书,但他读书。苏格拉底有
一番话说出了有关我们主题的几乎一切必须说的东西,而且说的时
候带着古人高贵的质朴和宁静的伟大,我要在此引用这番话:

> 就像其他人因为好马、好狗、好鸟而感到快乐,我自己则因
> 为好朋友而感到甚至更大的快乐。……古代的智慧之人把他
> 们的宝藏写进书里,传诸后世,我则与我的朋友一道打开并检
> 阅这些书;我们若发现什么好东西,就把它挑出来;我们若因为
> 它而变成了彼此的益友,就把它当作一个大收获。

记载这番话的人评论道:"当我听到这番话时,在我看来,不仅苏格
拉底有福,而且他把那些倾听他的人引向了完美的贤人品格(gen-

tlemanship）。"①当然，这番记载仍有缺陷，因为它压根儿没有告诉我们，苏格拉底如何对待古代智慧之人的书中那些他不知其好坏的篇章。从另一番记载中，我们得知，欧里庇德斯有一次把赫拉克利特的著作送给苏格拉底，问他对这部著作的意见。苏格拉底说："我理解了的部分十分伟大而高贵，我相信我没理解的部分同样如此；可一个人要想理解这部著作，肯定需要某种特定的潜水员。"②

作为完美贤人品格的教育，作为属人卓越性的教育，自由教育就是让一个人自己记起属人的卓越、属人的伟大。那么，在什么意义上，又通过什么途径，自由教育让我们记起属人的伟大？我们无法足够高超地思考，自由教育意味着什么。我们听说过，柏拉图认为，最高意义上的教育就是哲学。哲学就是探索智慧，或探索有关最重要、最高级、最普遍的事物的知识；他[柏拉图]认为，这样的知识就是美德，就是幸福。但人类无法获得智慧，故美德和幸福将永远不完美。尽管如此，[柏拉图]仍宣称，哲人——其本身并非绝对有智慧——是唯一真正的王者；[柏拉图]还宣称，哲人在最大程度上拥有人类心智能够拥有的一切卓越。由此我们必须总结道，我们不可能成为哲人——我们不可能获得最高形式的教育。我们见过许多人自称哲人，可我们不应该为这种状况所欺骗。因为那些[自称哲人的]人不过使用了一个宽泛表达，这个表达也许因为便于管理而有其必要。但他们的意思通常只是，他们是哲学系的成员。期望哲学系的成员成为哲人，正如期望艺术系的成员成为艺术家一样荒谬。我们不可能成为哲人，但我们能够热爱哲学；我们能够试着

---

① ［译注］以上两则引文见色诺芬《回忆苏格拉底》1.6.13–14。
② ［译注］第欧根尼·拉尔修《名哲言行录·苏格拉底传》2.22。苏格拉底把这部著作比喻成水域，希望潜水员潜入水底一探究竟。

搞哲学。这样搞哲学,在任何意义上都首先是,且在某种意义上主要是,倾听伟大哲人之间的交谈,或更笼统也更谨慎地说,倾听最伟大心智之间的交谈,因此这样搞哲学也是学习伟大的书。我们应该倾听的最伟大的心智,绝不只是西方最伟大的心智。阻碍我们倾听印度和中国最伟大心智的,只是一种不幸的被迫(necessity):我们不懂他们的语文,而且我们不可能学习所有语文。

我重申一下:自由教育是倾听最伟大心智之间的交谈。但此刻我们面临一个不可克服的困难:没有我们的帮助,这种交谈就不会发生——事实上我们必须引发这种交谈。最伟大的心智只会独白。我们必须把他们的独白转化成对话,把他们的"肩并肩"转化成"面对面"。甚至在写作对话时,最伟大的心智仍在独白。看柏拉图对话时,我们发现,最高等级的心智之间绝无对话:所有柏拉图对话都是一个更高的人与一些比他更低的人之间的对话。柏拉图似乎感到,一个人不可能写出两个最高等级的人之间的对话。所以,我们必须去做最伟大的心智没有能力做的事。让我们直面这个困难吧——这个困难如此之大,以至于它似乎把自由教育判定为一件荒谬的事。既然最伟大的心智在最重要的事上相互矛盾,故他们迫使我们来评判他们的独白;我们不能对他们中任何一个人的话深信不疑。另一方面,我们又不得不注意到,我们无法胜任评判者的工作。

大量轻易浮现的幻觉,对我们隐藏了这种事态。出于某种原因,我们相信,我们的观点更高超,即高于最伟大心智的观点——要么因为我们的观点是我们时代的观点,而我们的时代晚于最伟大心智的时代,从而能够被预设为高于他们的时代;要么因为我们相信,每个最伟大的心智从他自己的观点出发都是正确的,但并非像他所声称的那样绝对正确:我们知道,不可能存在唯一绝对真实的实质性观点,而只可能存在一个绝对真实的形式性观点;这个形式性观

点就是如下洞见，即每个普遍性观点都与一个特定视角（perspec-
tive）相关，或者说，所有普遍性观点都相互排斥，其中任何一个都不
可能绝对真实。对我们隐藏我们真实处境的那些轻易浮现的幻觉
全都等于说：我们已然或能够比往昔最智慧的人更智慧。这引导我
们不去充当专注而温顺的倾听者，而去充当乐团指挥或驯狮员。可
我们必须正视我们的可怕处境，造成这种处境的是这样一种被迫：
我们试图不只做专注而温顺的倾听者，换言之，我们试图做评判者，
但我们又无法胜任评判者的工作。在我看来，这种处境产生的原因
是，我们失去了我们曾经可以深信不疑的所有绝对权威的传统，失
去了为我们提供权威指引的 nomos［礼法］，因为我们直接的老师以
及老师的老师相信，一个绝对理性的社会有其可能。在这种情况
下，我们每个人都被迫以自己的力量寻找方向，不管这些方向可能
如何有缺陷。

在这项活动中，除了它固有的安慰，我们不能获得任何其他安
慰。我们已经得知，哲学必须提防那种想要施行启蒙的愿望（the
wish to be edifying）①——哲学只能是内在启蒙。除非时不时理解
某些重要事物，否则我们不可能发挥自己的理解力；这种理解活动
会伴随着对我们的理解的意识，伴随着对理解的理解，伴随着 noesis
noeseos［对思考的思考］，而且这是如此高超、如此纯粹、如此高贵
的一种经验，以至于亚里士多德会把它归于他的神。这种经验完全
不取决于我们最初理解的东西令人快乐还是令人不快，美丽还是丑
陋。这种经验引导我们认识到，如果［对恶］必须要有理解的话，所
有的恶在某种意义上都是必然的。这种经验使我们有能力以上帝
之城的好公民的精神，去接受所有落到我们身上的恶，而且是很可

---

① ［译注］黑格尔《精神现象学》，序言，第 1 节，第 2 小节，倒数第二段。

能令我们心碎的恶。通过意识到心智的尊严,我们认识到人类尊严的真正基础,随之也认识到这个世界的善;无论我们把这个世界理解成被造的抑或不是被造的,它都是人类的家园,因为它是人类心智的家园。

　　作为与最伟大心智之间持久的交流,自由教育是对最高形式的自制(modesty)——即便不说谦虚(humility)——的训练。同时,自由教育也是对大胆的训练:它要求我们彻底脱离知识分子及其敌人的名利场上的吵吵嚷嚷、行色匆匆、缺乏思考、肤浅低级(cheapness)。它要求我们大胆,这种大胆蕴含在一种决心里面,也就是决心把所接受的观点仅仅当作意见,或者说决心把普通意见当作极端意见,极端意见至少有可能出错,就像最陌生或最不大众化的意见一样。自由教育就是摆脱平庸(vulgarity)而获得自由。古希腊人有一个很美的词表示"平庸",他们称"平庸"为 apeirokalia,即对美的事物缺乏经验。自由教育正好为我们提供对美的事物的经验。

自由教育与责任

叶然 译

  成人教育基金会①约我写一篇有关自由教育与责任的文章,我的第一反应并非欣然应允。尽管我在很多方面有赖于教育部门,从而也有赖于教育服务机构,可我一直怀着一种敬畏去观察这些事务[即教育事务],如果我观察过的话;这种敬畏既源于感激,又源于夹杂着无知的理解。我一直认为,我的工作,我的责任,就是尽我所能做好三件事,首先是上课,其次是与学生交谈,完全不管学生是不是在校生,最后但并非最次要的是在家搞我的研究。我承认,在某种意义上,教育是我教学和研究的主题。不过,我几乎只关心最好或最高的教育——可以说这就是完美君主的教育——的目标或目的,而极少关心教育的条件和途径。在我看来,最重要的一些条件是教育者和受教育者的诸品质;对于最高形式的教育,这些条件极少得到满足,而且人们根本无法创造这些条件;关于这些条件,我们唯一能做的是,不去干预它们相互发挥作用,并阻止这样的干预。至于[教育的]途径,人们只要知道教育意在对一个人做什么,或只要知道教育的目的,[自然而然]就会知道[教育的]途径。当然,[这方面]有一些经验之谈。几乎每年我都会与我们系的高年级学

---

  ① [译注]Fund for Adult Education,正式名称为"美国继续教育基金会"(American Foundation for Continuing Education)。

生碰一次面,与他们讨论怎么在大学里教政治理论。有一次,一个学生问我能不能告诉他一条普遍的教学法则。我回答说:"总是假设你的班上有一个沉默的学生,他在头脑和心志上都远胜于你。"我的意思是:不要太高看你的重要性,而要尽可能高看你的义务、你的责任。

我最初准备这篇文章时有点儿困惑,还有另一个原因。这个原因与"责任"一词有关。因为很显然,自由教育不等于责任。二者也许又不能相互分离。在讨论二者关系之前,先得知道二者中的每一个是什么。说到"责任"这个词,它是个常用词,我自己也时不时用到它,比如刚才。在它经常被使用的意义上,它是个新词(neologism)。我相信,它是"义务"、"良知"、"美德"等词的时髦替代词。我们常常说,某人是一个负责的人,而前几代人则会说,某人是一个正义的人,或一个有良知的人,或一个有美德的人。首先,如果可以认为某人对他所做的事——比如一桩谋杀案——有所交待(accountable),那么,他是负责的;负责如此不同于有美德,以至于负责仅仅是一个条件,其所支撑的既可以是有美德,也可以是有恶德(vicious)。因为我们以责任替代美德,故我们被证明比我们的先祖更容易满足,或者也许可以更准确地说,我们假定,某人只要负责就已然有美德,或任何有恶德的人都不会为其恶德行径负责。得到这样理解的"责任"近似于英国人有时使用的"体面"(decency):如果某人牺牲自己去救了一个完全陌生的人,这个陌生人如果是英国人,就可能会感谢他道:"您刚刚做得真体面。"我们似乎厌恶那些宏大的(grand)旧词,也一并厌恶它们指称的事物;我们似乎倾向于更克制地表达,因为我们想要说得精致(delicacy),或因为这些表达更务实(businesslike)。不论如何,我有所顾虑,是因为我意识到我不知道,责任替代义务和美德意味着什么。

　　在专业的教育家面前讲"教育与责任"这个题目,我起初当然感到尤其缺乏准备。不过,后来我放下心来,因为我得知,他们只希望我解释一下我的"什么是自由教育?"那篇演讲中出现的两句话。那两句话如下:"自由教育是一种阶梯,我们用它来试着从大众民主制上升到原初意义上的民主制。自由教育是一种必要的努力,即努力建立一种内在于民主大众社会的贤良政制。"

　　我们还是从头开始吧,"自由的"(liberal)这个词最初就像现在一样,曾具有一种政治意义,可它原初的政治意义几乎对立于它当下的政治意义。在原初意义上,一个自由人(liberal man)是这样一个人,他的行事方式让他变成一个自由人(free man),而非一个奴隶。彼时"自由品性"(liberality)关系到奴隶制,并预设了奴隶制。一个奴隶是这样一个人,他为另一个人即他的主人而活;在某种意义上,他没有他自己的生活:他没有时间花在自己身上。另一方面,主人有全部时间花在自己身上,即花在一些令主人变成主人的追求上,即花在政治和哲学上。不过,有相当多的自由人几乎和奴隶一样,因为他们只有相当少的时间花在自己身上,因为他们不得不为了生计而工作,又不得不为了第二天的工作而休息。这些没有闲暇的自由人是贫乏的人,也是市民中的大多数。真正自由的人能以一种令他变成自由人的方式去生活,这就是有闲暇的人,也就是贤人(gentleman),他必须拥有一些财富——但[仅限于]一定量的财富:管理这些财富,更不用说获取这些财富,并不占用他许多时间,因为他若要处理这些事,只需去监管一些受过适当训练的[财富]监管人;贤人将是贤良的农夫,而非商人或企业家。但如果他在乡村花去他许多时间,他就将没有足够的时间花在那些令他变成他的追求上;因此,他必须生活在城里。如果他和他的同类不施行统治,他的生活方式就将受制于他的市民同伴中的非贤人;如果贤人们不是其城邦(city)无可置疑的统治者,如果其城邦的政制不是贤良政制,贤人们的生活方式就得不到保障。

通过教育,通过自由教育,一个人可以变成贤人。表示教育的古希腊文是表示小孩的古希腊文的衍生词;所以,一般来讲,教育至少首先并非成人教育,因此,特殊来讲,自由教育亦然。表示教育的古希腊文也是表示玩耍的古希腊文的同源词,而贤人的活动则尤其严肃;事实上,贤人是"严肃的人"。他们之所以严肃,是因为他们关心那些最重要的事物,关心仅有的那些因其本身而值得严肃对待的事物,关心灵魂和城邦的好秩序。教育潜在的贤人,就是在玩耍之中期待贤人生活。这种教育首先是塑造性格和品味。这种教育的源泉是诗人。几乎不必说,贤人需要一些技能。哪怕不说阅读、写作、算术、算账、角力、掷矛、骑术,贤人[至少]必须有一项技能:以行事和言辞,既好且高贵地管理家族事务和城邦事务。他要获得这项技能,就得与更年长或更有经验的贤人——最好是治邦名宿——密切交流,就得花钱从演说术老师那里接受教导,就得阅读史书和游记,就得沉思诗人的作品,当然,还得投身政治生活。所有这些事都需要这些年轻人和他们[所求助]的长者都拥有闲暇,拥有闲暇是特定的这类富有人士的特权。

这个事实引发人们追问:如果在一个社会里,在最好情况下,贤人凭其自身权利施行统治,那么,这个社会是否正义?正义的统治形式是这样一种统治形式:它的统治是为了全社会的利益,而非只为了一部分人的利益。所以,贤人有义务对自己和他人证明,对于城邦中的每个人,或对于作为一个整体的城邦,他们的统治是最好的统治。可是,正义要求平等地对待平等的人们,而且没有充分理由认为贤人依据自然高于平庸者(the vulgar)。事实上,贤人依其教养(breeding)而高于平庸者,但如果只看少年,只看幼年,则大多数人依据自然有能力拥有相同的教养;只是出身的偶然性决定了,一个特定个体有机会变成贤人,还是将必然变成坏人(villain);因此,贤良政制并不正义。贤人曾答复如下:作为一个整体的城邦实在太贫乏,以至于没有能力让每个人都把自己的儿子教养得有朝一日能够变成贤人;如果你们坚持认为,在可接受的严格程度上,社会秩序应该与自然秩序相一致——也就是说,既然依据自然,人们基本上是平等的,那么,在社会层面,或依据习俗,人们也应该是平等的——那么,你们将只会导致普遍平庸(drabness)的状态。一种狭隘的正义概念为了证明自身,就诉诸并不高贵的嫉妒的激情所具有的力量;如果仅仅立足于这种正义概念,则人们必定会更喜欢一座到处都同等平庸的扁平建筑(flat building),①而不是更喜欢如下这座建筑:它有着平庸的宽阔底部,也有着独特而优雅的狭窄上部(plateau),这样一来,它在某种程度上也令其底部独特而优雅。因此,必须有一群少数人,他们拥有财富且出身良好;也必须有一群多数人,他们生活贫乏且出身寒微。然而,似乎没有充分理由证明,为什么把一个家族选拔为贤良家族,却把另一个家族贬黜为平庸家族;至少可以说,这种选拔似乎十分武断。的确,傻子才会否认,有些老牌富有家族(old wealth)通过犯罪起家,而其起家经历如今却被遗忘。可是,更高贵的态度是,相信老牌家族的先祖是第一批创业者和领路人,不论在战时还是平时,而且这种状况很可能也更真实;[我们应当采取的]正义的态度无疑是感激他们。

贤人施行统治,也许不是凭其自身权利而做统治者;他们可以基于民众选举而统治。有人曾认为这种安排不令人满意,理由如下。这种安排意味着,严格来讲,贤人对普通人负责——较高者对

---

① [译注]flat 若作名词,指单元房,则 flat building 指单元楼,亦通。

较低者负责——而这似乎违反自然。贤人认为美德因其自身而值得选择，其他人则只把美德当作获取财富和尊荣的手段来赞美。因此，在人的目的或最高的善上，贤人和其他人存在分歧；在种种首要原则上，他们存在分歧。故他们无法拥有真正共同的思虑。① 贤人绝无可能充分地或让人可以理解地对其他人描述自己的生活方式。为了平庸者的福利（well-being），贤人对自己负责，而无法对平庸者负责。

不过，就算人们满足于一个不那么严苛的贤人统治的观念，这其中蕴含的原则也必然导致人们拒绝民主制。粗略来说，民主制是这样一种政制，在这种政制中，施行统治的是生活在一个城邦里的成年自由男性中的大多数人，但受过教育的只有那些男性中的少数人。因此，民主制的原则不是美德，而是自由，即每个人以自己喜欢的方式去生活的权利。民主制遭到拒绝，是因为它本身是未受教育者的统治。在此只需举一个例子。② 智术师普罗塔戈拉（Protagoras）曾来到民主的雅典城邦，想要教育人们，或者说有偿传授一门技艺，即用行事和言辞来很好地管理家族事务和城邦事务的技艺——这就是政治技艺。在一个民主制里，人人都被期望以某种方式掌握政治技艺，可是大多数人由于缺乏条件，无法通过受教育而掌握这门技艺；正因如此，普罗塔戈拉才必须假定，市民们得到这门技艺，是通过某种有似属神禀赋（divine gift）的东西，尽管这种禀赋只有通过属人赏罚才能生效：要掌握真正的政治技艺，即让一个人有能力不仅守法而且立法的技艺，就得靠教育，靠最高形式的教育，接受这种教育必然是有能力购买它的那些人的特权。

---

① 参柏拉图《克力同》49d2-5。
② ［译注］下面这个例子见柏拉图《普罗塔戈拉》318e以下。

总之,原初意义上的自由教育不仅培养市民的责任心:它甚至要求践行市民的责任心。它希望,贤人通过成为其自身之所是,以最直接、最不含混、最无可置疑的方式——即以其光明正大的统治——为社会定调。

要理解我们的意见,有必要从我们的意见出发向前更进一步。那些令贤人变成贤人的追求,据说是政治和哲学。既可以宽泛地也可以严格地理解哲学。如果宽泛地理解,哲学无异于如今所谓的智识(intellectual)兴趣。如果严格地理解,哲学意味着探索关于那些最重要事物的真理,或探索普遍真理,或探索有关整全的真理,或探索整全之科学(the science of the whole)。若对比政治和得到严格理解的哲学,人们就会认识到,哲学比政治更高级。政治是追求一些特定的目的,体面的政治是体面地追求一些体面的目的。某种意义上,政治预设了,已然负责地、清楚地区分了体面的目的和不体面的目的。这种区分无疑超越了政治。因为若某一事物经由人类行为而生成,并因此终究会消逝或朽坏,那么,任何这样的事物都预设了一些不会朽坏且不会变化的事物——比如人类灵魂的自然秩序——依据这些事物,我们就能区分正确行为和错误行为。

从哲学来看,自由教育呈现出一种新的意义:自由教育,尤其以自由技艺①为内容的教育,把自身呈现为一种为哲学所做的准备。这意味着,哲学超越了贤人品格。作为贤人的贤人对特定的一些最重要的事物深信不疑,而这些事物是哲人探究和质疑的对象。所以,贤人的美德与哲人的美德不完全相同。二者区别的一个迹象是,贤人必定有钱,这样才能从事他所适合的工作,可哲人可以很

---

　　① [译注]liberal arts,习译为"文科"或"博雅技艺"。

穷。苏格拉底就生活在赤贫之中。① 有一次,他看见许多人跟着一匹马,盯着这匹马看,他还听见有的人在谈论这匹马。出于惊讶,他走近马夫,问他这匹马是不是很有钱。马夫看了看他,觉得他不只极其无知,而且甚至神志不清(not even sane):"一匹马怎么可能有财产?"就在这时,苏格拉底恢复了神志,这很好理解,因为他刚刚明白了,一匹身无分文的马成为好马,是合法的,只要它拥有依据自然很好的灵魂;同样,苏格拉底成为好人,也是合法的,就算他很穷。因为哲人不需要有钱,所以哲人不需要那些用于——比如在法庭上——捍卫自己财产的完全合法的技艺;他也不需要养成在某些方面独断(self‐assertion)的习惯——这个习惯必然属于贤人的美德。尽管有这些区别,可贤人的美德反映了哲人的美德;可以说,前者在政治上反映了后者。

这就最终论证了贤人统治的正当性。贤人的统治只不过反映了哲人的统治,我们可以把哲人理解成既拥有最好天性又受到最好教育的人们。既然哲学显然与其说是拥有智慧,不如说是探索智慧,所以哲人只要还活着,他的教育就绝不会停止;哲人的教育是最卓越的成人教育。因为哪怕不说别的,人可以掌握的最高类型的知识,绝不可能完全受人支配,就像其他类型的知识一样;人必须不断地再次从头开始掌握这类知识。这导致如下后果。就贤人而言,人们能够简单地区分潜在贤人在玩耍中的教育和真正贤人的严肃工作。就哲人而言,这样简单地区分玩耍和严肃,就不再站得住脚了,因为——而非尽管——哲人唯一关切的就是那些最重要的事物。哪怕不说别的,仅仅因为这一点,哲人的统治就被证明不可能。这导致这样一个难题:贤人,即比哲人更低的人们,将统治哲人。

---

① [译注]下面这个例子见色诺芬《齐家》11.4 – 6。

要解决这个难题,可以假设哲人自身不是城邦的组成部分。换言之,既充当老师,自身又是城邦的组成部分,这样的人只有祭司。因此,城邦的目的不同于哲学的目的。如果贤人代表着最好状态下的城邦,那么,不得不说,贤人的目的不同于哲人的目的。有关贤人与平庸者之间的关系,我们得到的认识,甚至更适用于哲人与贤人——更别说所有其他非哲人——之间的关系:哲人与非哲人不可能有真正共同的思虑。哲学与城邦根本不相称。在政治领域,有一条稳妥的规则:不折腾(to let sleeping dogs lie),或宁要既定不要未定,或承认先占权。哲学[之为哲学],端赖它果敢地无视这条规则,无视任何令人记起这条规则的事物。所以,哲学只能与城邦肩并肩①生活。如柏拉图在《王制》(*Republic*)中所说,如果在一个城邦里,哲人施行统治,而且哲人因此把自身哲学训练归功于这个城邦,那么,只有在这个城邦里,哲人被迫投身政治活动,才是正义的;在所有其他城邦里,即在所有现实城邦里,哲人并不把他那具有属人渊源的最高禀赋归功于城邦,哲人也就没有义务从事城邦工作。与此完全一致,柏拉图在其《克力同》——他在这本书中避免使用"哲学"一词——里认为,哲人的确把[自己的]很多东西归功于城邦,故哲人有义务至少被动地遵守甚至不义的城邦法律,从而奉城邦之命赴死。但哲人仍没有义务投身政治活动。作为哲人的哲人对城邦负责,仅仅有如下这一种情况,即通过做他自己的工作,通过他自己的福利,②他献身于城邦的福利:哲学必然具有一种人性化或市民化(humanizing or civilizing)的影响。城邦需要哲学,但只是

---

①　[译注]施特劳斯在"什么是自由教育?"一文中对比过"肩并肩"和"面对面"。

②　[译注]by his own well - being,亦可译为"通过他自己好好过"。同样,随后的主句亦可译为"他献身于让城邦好好过"。

在居间层面(mediately)或间接层面如此,哪怕不说[城邦需要的哲学]是稀释之后的哲学。为了呈现这种状况,柏拉图曾把城邦比作洞穴,从洞穴深处,只有一条坎坷而陡峭的上升之路,通往太阳的光辉:作为城邦的城邦,面对哲学时,与其说它开放,不如说它封闭。

一种真正的贤良政制有一天会变成现实,对于这种可能性(probability),古典作家从未抱有幻想。出于所有实践意图,古典作家满足于这样一种政制,在此政制中,贤人与民众分享权力,具体方式是,民众从贤人中选举出政府官员和议事会,并要求他们在任期结束时[向民众]述职。这种思想的一个变体是混合政制观念,在混合政制里,贤人构成元老院,元老院占据着一个关键的居间位置,它的一边是民众议事会,另一边是选出的或世袭的君主,作为全社会武装力量的首脑。混合政制观念与现代共和主义之间存在直接关联。为了避免误解,我们必须立即强调,这个现代学说与其古典源头之间也存在重要差异。这个现代学说的出发点是,所有人依据自然都是平等的;所以,此学说的推论是,主权属于人民;①可是,此学说这样理解主权,是要确保每个人的自然权利;为了达到这个结果,此学说区分了主权者和政府,并要求几种基本的政府权力相互分立。有人曾认为,这种政制源于每个人改善自身物质条件的欲望。因此,支配[这种政制]的是商业和工业精英,而非占有土地的贤人。

此学说得到充分发展后,要求一人一票,要求秘密投票,要求投票权不因贫穷、宗教、种族因素而受到损害。另一方面,政府行为应该最大限度地接受人民监督,因为政府只是人民的代表,并对人民

----

① [译注]与前文"民众"在原文中都是 people,但人民在汉语中被视为现代概念,故有此译法的变化。

负责。人民的责任,选举人的责任,不允许得到法律界定,从而成了现代共和主义最明显的难题。在较早的阶段,[这个难题的]解决办法是对人民施以宗教教育,即基于圣经来教育每个人,让每个人为自身行为和思想对审判自己的上帝负责,因为正如洛克(Locke)所说,真正的理性伦理学,像数学一样,远远超出了"散工和小贩、纺织女工和挤奶女工"的能力。另一方面,同样是这位权威人物[即洛克],他还建议,英国的贤人应该让自己的儿子猛烈抨击普芬道夫(Pufendorf)的《自然权利》(*Natural Right*),①"此书教给[他们]的是人类的自然权利、社会的起源和基础,以及由此产生的义务"。洛克的《教育漫话》(*Some Thoughts Concerning Education*)是写给贤人的,而非写给"更平庸的那类人"的,因为如果贤人"一旦通过受教育而成了正直的人,他们就将迅速把所有其他人引入正道"。因为我们会认为,贤人就是那些受到召唤而代表人民行事的人,他们应该为这种召唤做准备,这就需要一种自由教育,这种自由教育首先应该是以"良好教养"为内容的教育。洛克在古罗马人和古希腊人中找到了他的榜样,他推崇的自由教育在某种意义上就是方便地亲近(acquiring an easy familiarity with)古典文学:"在我看来,拉丁文对贤人来说绝对必需。"②

　　洛克想要表达的不少观点都清楚地呈现在《联邦党人文集》

---

　　①　[译注]施特劳斯把 Pufendorf 原误作 Puffendorf。《自然权利》一书原名 *De jure naturae et gentium*[论自然法与万民法],其中 jure[法]亦可译成"权利"。

　　②　洛克《教育漫话》,"献辞"(Epistle Dedicatory),节 93–93,节 164,节 186。[译注]施特劳斯将"节"原误作"页"。

(*Federalist Papers*)①里。这些文章足够质朴地展现出自身与古典作品之间的关联,因为这些文章发表时是作为一位普布里乌斯(Publius)的作品。这部以清醒著称的作品主要思考,在获取财产时,人类的能力显得多种多样且不平等;不过,这部作品绝未忽视,经商有别于从政。在汉密尔顿(Alexander Hamilton)看来,操纵机械的工人和从事制造的工人"都知道,商人是他们自然而然的赞助者和朋友",也是他们自然而然的代表,因为商人拥有"既得财产,要不然到了议会上,最伟大的那些自然能力,也基本上无用武之地"。同样,较富有的地主是地主利益自然而然的代表。地主利益和商人利益之间自然而然的仲裁者,将是"智识行当(learned professions)里的人",因为"智识行当……确实没有形成社会上的任何特殊利益",从而比其他人更有可能去考虑"社会的普遍利益"。的确,要想变成人民代表,一个人有时只需"成功地"使用"经常用于操纵选举活动的那些恶德满满的技艺",但这种可鄙的情况毕竟是例外,按照规矩,代表们应由可敬的地主、商人以及智识行当的人士组成。只要选民整体没有堕落,就颇有机会从[可敬的地主、商人以及智识行当的人士]这三群人中把如下这些人选为议政(deliberation)和行政的代表:这些人"在辨识社会共同的善时最有智慧,且在追求社会共同的善时最有美德",或者说这些人在"品质和天赋"上、在"能力和美德"上最突出。②

在最有利的情况下,可以维系权力平衡的人,是智识行当里的

---

① [译注]美国国父汉密尔顿(A. Hamilton)、杰伊(J. Jay)、麦迪逊(J. Madison)以古罗马常用名普布里乌斯(Publius,与 publicus[民众的]形近)为笔名发表的文章的结集。

② 汉密尔顿等《联邦党人文集》,第10篇,第35篇,第36篇,第55篇,第57篇,第62篇,第68篇。

人。在最好的情况下,汉密尔顿的共和国由智识行当里的人统治着。这令人记起哲人的统治,但也只是令人记起而已。智识行当里的人至少是受过自由教育的人吗? 智识行当里的人很可能(probable)主要是律师。没人比柏克(Edmund Burke)更尊重法律,故也没人比柏克更尊重律师:

> 上帝禁止我哪怕以迂回方式毁谤[法律]这个行当,它是另一种意义上的祭司技艺,它规范着神圣正义的仪式。

不过,他又感到被迫把律师在国事商议(national counsels)中的支配性影响描述为"胡闹"。

> 法律……依我之见,是最古老也最高贵的属人学科之一;这个学科比所有其他类型的学问加在一起都更能促进和激发理解力;不过,除了对于出身相当幸福的人们,它不适合在完全相同的程度上[为其他所有人]开启心智并赋予心智以自由。

因为"合乎法律且合乎宪法地"说话,不等于"明智地"(prudently)说话。

> 立法者应该做律师做不了的事,因为没有任何其他规矩约束他们,除了理性和平等这两大原则,以及人类的常识(general sense)。"①

赋予心智以自由,显然需要理解"理性和平等这两大原则",它们对

---

① 柏克《柏克著作集》(*The Works of Edmund Burke*),Bohn's Standard Library,London:George Bell and Sons,1902-1908,卷一,页407,卷二,页7,页317-318,卷五,页295。

柏克来说无异于自然法。

不过,没必要细说代议制(representative)政府可能具有的这个特殊缺陷。在柏克之后两代,密尔(John Stuart Mill)提出了代议制政府与自由教育之间关系的问题。说密尔提出这两个主题时已把它们完全相互分离,并没有太夸大其词。他在"圣安德鲁斯大学就职演说"(*Inaugural Address at St. Andrews*)中把自由教育当作"所有不至于年纪轻轻就受环境所迫而中断研习学问的人的教育",即便不说"自然和命运的宠儿"的教育。这篇演说包含了大量观察,有待我们思考,乃至反复思考。密尔把古典文学"对教育意图而言"具有的"优越性"追溯到这样一个事实,即古典文学向我们传达了"生活智慧":

> 通过把……古代语文确立(cultivating)为我们最好的文学教育,我们一直在为伦理层面和哲学层面的文化奠定令人赞叹的基础。

实行起来,"形式"甚至比"内容"更令人赞叹:"应该谨记,他们[古典作家]有更多时间,他们主要为一个拥有闲暇的精英阶级写作",我们则"为匆匆阅读的人们匆匆写作"。古典作家"在正确的地方"使用"正确的措辞",换言之,他们从不"跑野马"(prolix)。① 可是自由教育几乎影响不了"鱼龙混杂的议会",后者是法定的主权者,且统治它的常常是如下这些人:他们没有立法的能力,却有"一条如簧的巧舌,一种煽动选民选他们的能力"。为了确保"智识能力在代

---

① 詹姆斯·密尔(James Mill)和约翰·斯图亚特·密尔(John Stuart Mill)《论教育》(*On Education*),F. A. Cavenagh 编,Cambridge:Cambridge University Press,1931,页 151–157。

表们中成为可欲之物"，密尔认为，唯一的办法是黑尔（Hare）和福塞特（Fawcett）设计的比例代议制（proportional representation），这个方案具有"完美的可操作性"，也具有"超凡的优点"：

> 代议制政府，正如现代文明，其自然趋势是趋于集体平庸：选举权的所有下移（reductions）和扩大，加剧了这种趋势，其影响就是，把支配性权力交到越来越低于共同体中的最高教养水平的那些阶级手中……一个公认的事实是，美国民主制就是按这个有缺陷的办法建构起来的，在美国民主制里，共同体中有高级教养的成员，除了他们中那些甘愿牺牲自身意见和判断标准，从而像奴隶一样为智识上更低劣的人代言的人以外，从不为国会或州立法机关效力，毫无疑问，他们不可能去而复返。假设一个像黑尔先生那样的计划，出于好运，钻入了启蒙后且爱国的美利坚共和国国父们脑中，那么，联邦议会和州议原本会囊括众多杰出人士，民主制也原本会免于遭受它所遭受的最大谴责，且免于陷入它的一个最难克服的恶德。

比例代议制可以确保或至少不排斥社会中最好的那部分人以适宜的方式在政府里担任代表，故只有比例代议制可以把"种种名不副实的民主制（它们如今占主导地位，且是流行的民主制观念的唯一来源）"转化成"唯一真实的那一类民主制"，转化成原初意义上的民主制。

出于并非完全无力的理据，有人认为密尔的方案不足以解决问题，哪怕不说毫无价值。也许正因为他在某种程度上意识到这一点，他才转而求助于政治体中的另一部分人。由于代议制议会（representative assemblies）不必然是"全国最伟大的政治心智构成的精英群体",故他总结道,为了"富有技巧地立法和行政",人们"出于严格地对国家负责",必须维护"一群受过专业训练且具有丰富经验的少数人所获得的知识和所实践的智力"。① 密尔似乎暗示,随着民主制的成长和成熟,具有公共精神的智识人士,能够且应该在体制内寻求自己的一席之地,即被任命为高层和中层干部。这种希望预设了,能够把官僚体制(bureaucracy)转化成名副其实的公仆体制(civil service),公仆之所以实实在在地不同于官僚,在于公仆是受过自由教育的人,当他履行职责时,他所受的自由教育会对他施加决定性影响。

请允许我概括一下前面的论证。从现代共和主义的原初概念来看,导致我们目前困境的似乎是人民的宗教教育的败坏,以及人民代表的自由教育的败坏。我所说的宗教教育的败坏不仅指,相当大一部分人民不再接受任何宗教教育,但此刻还不需要思考这个事实之外的事。关于能否以我们所能使用的手段恢复宗教教育原来的力量,这个问题超出了本年度阿登庄园学会(Arden House Institute)的讨论范围。可是,我还是忍不住要向你们提出如下问题:我们目前关切成人自由教育,我们目前期待这样的自由教育,不是因为宗教教育的败坏导致了一种空虚吗? 这样的自由教育意在发挥宗教教育从前发挥的功能吗? 自由教育能够发挥这种功能吗? 当然,更容易讨论的是我们困境的另一个方面——统治者自由教育的败坏导致了一种困境。顺着密尔的暗示,我们不得不思考:是否且在什么意义上能够且应该改善未来公仆的教育? 换言之,他们目前的教育是不是一种尚可接受的严格意义上的自由教育? 如果不是,人们就不得

---

① 密尔《思考代议制政府》(*Considerations on Representative Government*),London:Routledge,1905,页93,页95,页101-102,页133-140,页155。

不更宽泛地追问,目前的学院和大学是否提供这样一种自由教育?它们又是否能够得到改进?更克制、更恰切也更符合实际的是,思考怎样在某种必要限度内改进政治科学系乃至法学院的教学。我头脑里的改进措施,更多地涉及[教学]重点和[教学]方法,而非[教学]内容:应该更多地鼓励任何可以扩展和深化理解力的措施,而非更多地鼓励哪怕在最佳情况下也只能造就狭隘且不讲原则的效率的措施。

我相信,没人会误解上面的论断,以至于认为我荒谬地主张,教育已不再是一种公共权力或政治权力。然而,人们必然会说,一种新的教育类型,或一种新的教育导向,已经占据了支配地位。正如原初意义上的自由教育为古典哲学所支持,这种新的教育也为现代哲学所支持,哪怕不说其自身之存在就来自现代哲学。按照古典哲学,哲人的目的根本不同于非哲人在现实中追求的目的或诸目的。现代哲学之所以产生,是因为哲学的目的被等同于所有人在现实中能够追求的目的。更严格地讲,哲学现在被认为本质上服务于所有人在现实中能够追求的目的。我们已经暗示过,贤人和非哲人之间区别的最终依据,是哲人和非哲人之间的区别。如果真是这样,那么,这意味着,当人们使哲人的意图——在更宽泛的意义上,这就是本质上超越社会的意图——降级(collapse)为非哲人的意图时,人们就使贤人的意图降级为非贤人的意图。在这方面,现代的哲学概念根本上具有民主性。哲学的目的现在不再是所谓不带功利心地沉思永恒事物,而是从人的阶级[划分]中解脱出来。称得到这样理解的哲学是受了圣经式博爱(charity)的激发,似乎有点道理,这样一来,也许可以把古典意义上的哲学贬斥为异教哲学,贬斥为罪恶的傲慢(sinful pride)所维系的哲学。人们会疑惑,这种受圣经激发的说法的正当性是否得到过论证,甚至还会疑惑,这种说法是否总是在完全真诚的情况下提出的。不论如何,若要进一步澄清问题,同时也与现代[哲学]概念的精神相一致,那么,应该说现代哲人以一种"现实主义的"、属地的(earthly)——即便不说乏味的——[哲学]概念来反对古典哲人"理想主义的"(idealistic)、①属天的(heavenly)——即便不说幻想的(visionary)——[哲学]概念。哲学或科学自身不再是目的,而是服务于属人的权力,服务于一种使人活得更长久、更健康、更富裕的权力。匮乏的经济状况曾是所有早期社会思想心照不宣的预设,此时则应该为富裕的经济状况所取代。科学和手工劳动之间的根本区别,此时也应该为科学家和工程师之间的顺利合作所取代。按照原初的[哲学]概念,掌控这项宏伟事业的人曾是哲人—科学家。他们应该为人民包办一切,可以说不应该有任何事情有待人民去做。因为人民起初相当不信任这批新型术士(sorcerers)的新禀赋,因为人民记得"汝不可容术士存活"②这条戒律。因此,为了让人民愿意接受这些新禀赋,就不得不启蒙人民。这种启蒙就是那种新教育的内核。这与新科学的扩散或大众化并无二致。大众化科学的受众,在最初阶段是伯爵夫人和公爵夫人,而非纺织女工和挤奶女工,而且就措辞之优雅和迷人而言,大众化科学彼时常常超越科学本身。不过,第一步引发了所有后来按部就班的步骤。启蒙注定变成普遍启蒙。种种自然禀赋之间的差异,在传统看来十分重要,但此刻似乎不再重要;方法被证明是一个伟大的东西,令依据自然不平等的诸心智变得平等。尽管发明或发现仍然只是少数人特有的[能力],但其成果可以传遍所有人。为了让人们不再关心彼世至福(bliss),而是为此世幸福而工

---

① [译注]在理论哲学上,"现实主义的"和"理想主义的"分别译作"实在论的"和"观念论的"。

② [译注]《旧约·出埃及记》22:18。

作,这项伟大事业的领导者并未完全依赖正规教育的影响力。学习没有做的事,还有学习也许做不到的事,都让贸易给做了:新的发明和发现极大地推进和鼓励了贸易,贸易联合了各族人民,其地位超过了宗教,宗教只会分裂各族人民。

可是,我们应该如何处理道德教育呢? 把贤人的目的等同于非贤人的目的,这意味着,不再把美德理解成因其本身而值得选择的东西,而是把美德理解成工具:诚信只是最佳策略,它最有利于便利地生活或舒适地自我保存。美德的含义变得狭隘,最终"美德"这个词也遭到废弃。人们不再需要一种真正的转向(conversion),即从对此世之善的前道德——即便不是不道德——关切转向对灵魂之善的关切;人们只需要一种精于算计的过渡(calculating transition),即从未启蒙的自私过渡到启蒙后的自私。其实,甚至这种过渡也并非完全必要。有人曾认为,至少大多数人会明智而良好地行事,只要正确类型的体制(包括政治的和经济的)让其他选择无利可图。于是,人们认为,设计并实行正确类型的体制,比自由教育对性格的塑造更为重要。

然而,我们一刻也不应该忘记,这副图景还有另一面。正义要求社会等级秩序在合理的程度上对应于自然等级秩序。古老方案中缺乏这样的对应,因为[古老方案面临的]基本事实就是[经济状况]匮乏。随着人们越来越富裕,人们越来越有可能看到并承认,传统的贤良政制观念包含了伪善要素;既有的贤良政制被证明是寡头政制,而非贤良政制。换言之,从"自然不平等与社会不平等之间几乎没关系"这个前提出发,人们越来越容易论证,就实践或政治来说,可以稳妥地认定,所有人依据自然都是平等的,所有人都有相同的自然权利,只要人们在得出"应该给每个人相同的机会"这个结论时,以如下经验之谈为基本前提:在这个今非昔比的物种[即人类]里,当使用或不用或滥用机会时,自然的不平等发挥了正当(rightful)作用。由此,也就有可能消灭许多不义,或至少消灭许多变得不义的事物。由此,[这种想法]被引入了这个宽容的时代。①人性化(humanity)在过去是对待比自身更低的人、对待弱者(under-dog)时适用的美德,此刻却变成了至高无上的美德。善良(good-ness)变得与同情无别。②

　　人们本来认为,哲人—科学家应该掌控这项进步事业。由于哲人—科学家没有权力,故他不得不依靠君主展开工作。所以,事实上掌控权在君主手中,尽管是启蒙后的君主。可是,随着启蒙的进步,[哲人—科学家]不再需要君主的监护。权力可以转交给人民。的确,人民并非总是听从哲人—科学家。可是,且不说君主曾经同样如此,社会日渐呈现出如下特征:越来越被迫听从哲人—科学家,只要社会还想维持下去。话说回来,在自上而下的启蒙与人民使用其自由的方式之间,仍然存在一个时间差。甚至可以说这是一场竞赛:人民在被启蒙之前,完全拥有自由吗? 如果拥有,那么,人民如何对待其自由,又如何对待他们已然接受的不完美的启蒙呢? 一个显而易见的对策是,表面上③造启蒙的反,实际上却造启蒙后的专制的反。据说,人人都有权享有政治自由,人人都有权成为主权者④中的一员,因为人人都有人之尊严——道德存在者之尊严。唯

---

　　①　[译注]这句原文缺主语,今依上下文补"这种想法"(即前一句中"消灭不义"云云)为主语,故本句暗讽宽容的时代对不义太不宽容了。

　　②　[译注]如不与"同情"无别,则"善良"内在地具有"优异"之义。

　　③　[译注]与句首"显而易见的"为同一个词apparent,暗示这个显而易见的对策也未必显而易见。

　　④　[译注]按前文,抽象的主权者是人民,法定的主权者是议会。这两者之间的含混,正是此处要暗示的。

一可以视为无条件地好的事物,不是沉思永恒事物,不是培育心智,更不用说好教养,而是好意图,是每个人都有能力拥有且完全独立于教育的各种好意图。因此,未受过教育的人甚至可能看起来比受过教育的人更占优势:自然的声音,或道德律(moral law)①的声音,从未受过教育的人口中发出,也许比从智术人士(the sophisticated)口中发出,更清晰也更坚决,因为智术人士大抵早就用智术赶走了自己的良知。这种信念不是唯一的起点,也可能不是最好的起点,却是目前对我们来说最方便的起点,便于我们理解当时做出的如下论断:美德是民主制的原则,而且是只属于民主制的原则。由这个论断推出的一个结论是,[必须搞]雅各宾式暴政(Jacobin terror),即不仅惩罚言行,而且惩罚意图。另一个结论是,必须尊重每个人,仅仅因为每个人都是人,而不管他怎样使用其意志或自由,而且完整的政治权利必须让每个从技术层面来看并非罪犯或疯子的人都实实在在地享有这种尊重,而不管他是否成熟到足以使用那些权利。这番论证让人记起那番因受到洛克批评而不朽的论证,其结论是,对于一位僭主式王者,也许唯有带着对他的敬畏,人们才确实可以砍掉他的头。所以,这番论证仍然处于在下的政治自由和自上而下的启蒙之间的竞赛之中。

到此为止,我一直在谈哲人—科学家。这等于说,我一直假定,原初的[哲学]概念,即十七世纪的[哲学]概念,仍有效力。但在这期间,哲学和科学已经决裂:哲人不必是科学家,科学家也不必是哲人。只有哲学博士②这个头衔还在沿用,让人忆起往昔。在这两种从此决裂的心智能力中,科学获得了至高地位;科学是我们时

---

① [译注]康德《实践理性批判》中的概念。
② [译注]Ph.D,用于指称所有学科的博士学位。

代唯一的权威,在我们的时代,可以说科学得到了普遍认可。这样的科学在本质上不再与智慧有任何干系。如果一位科学家,甚至一位大科学家,在政治领域或私人领域是一个智慧之人,那么这纯属巧合。我们现在看到的不是宗教教育和自由教育之间的张力——那富有生机且令人变得高贵的张力——而是民主政制风尚(ethos)和专家政制(technocracy)风尚之间的张力。在过去七十年里,越来越多人认为,不可能存在有关"价值"的科学的、理性的知识,也就是说,科学或理性没有能力区分善的目的和恶的目的。不可否认,由于功利主义习惯的残留,一般来讲的科学家和特殊来讲的社会科学家,都仍然在许多情况下想当然地认为,健康、适当的长寿、富裕是好东西,而且科学必须想方设法确保或获得这些东西。但这些目的不再能够主张它们曾经拥有的理由,现在它们似乎为某些欲望所支撑,这些欲望并非"客观地"高于与之对立的欲望。由于科学不能论证,科学想方设法追求的目的是正当的,故科学在实践中被迫去满足它的顾客所追求的目的,这些目的也是科学家个人碰巧所属的社会所追求的目的,从而在许多情况下也是大众所追求的目的。在此我们必须忽略一些更古老的传统,这些传统幸运地仍然保留着它们从前的某些权力;我们必须忽略这些传统,是因为随着时间的流逝,它们的权力越来越受到侵蚀。如果我们此刻只观察我们时代独有的事物,或者说我们时代的特征,那么,我们几乎只会看到,大众的品味与高标准的但严格说来不讲原则的效率在相互起作用。面对大众的要求,专家们无条件地响应(responsive),哪怕不是负责(responsible);但大众本身无法为任何事而对任何人或任何事负责。正是在这种情况下,我们这些人,还有这个国家里的其他一些人,提出了有关自由教育与责任的问题。

　　在这种情况下,没有受过充分教育的人,必定过于强烈地影响教育——影响对教育目的和手段的决策。此外,科学进步导致越来越专业化,其结果是,一个人之所以值得尊重,变得有赖于他是一位专家。为了让人类变得广博而深刻,科学教育有丧失自身价值的危险。基于此而可能存在的唯一普遍的科学——逻辑学或方法论——把自身变成了既属于专家也为了专家的事务。所以,人们在一种新型的普遍主义中寻求专业化的补救办法——可我们时空视野的扩大使这种普遍主义变得几乎不可避免。我们正试着破除专业化的狭隘,我们的方法是让一般性文明课程之类的东西变得肤浅,或者把所有民族所有方面(经济的、科学的、艺术的、宗教的、政治的)历史拍成不间断的电影(可以这样恰当地比喻)——电影当然不同于画展。由此产生的宏大景观,在最好的情况下,也仅仅令人兴奋,令人愉快,而非给人启迪,给人教益。比起按照我们时代的主导精神写就的卷帙浩繁的书籍,希罗多德的一百页书——不,十页书——便可以远远更好地为我们介绍属人事物单一性和多样性的神秘统一。此外,人们无法再把属人的卓越或美德视为人性的完美:依据自然,人本来倾向于这种完美,或者说人的爱欲(eros)本来以这种完美为目标。由于人们认为"价值"实际上具有习俗性,故道德教育让位于[对人进行]调节(conditioning)——更准确地说,即以语言等象征手段来[对人进行]调节——或者说让位于令人适应自身所在的社会。

　　那么,在大众民主制之中,自由教育有何前景? 接受自由教育的人在民主制之中再次变成一股力量,这一点又有何前景? 我们不被允许做民主制的谄媚者,正因我们是民主制的朋友和盟友。尽管民主制使自身和属人的卓越一并暴露于重重危险之中,而我们不被允许对这些危险保持沉默,但我们不能忘记一个明摆着的事实,即民主制给所有人自由,故它也把自由给了那些关心属人卓越的人。

没人阻止我们培育我们的菜园,也没人阻止我们设立一些前哨,也许许多公民会认为,这些前哨有益于共和国,且配得上为共和国定调。不必说,尽最大的努力是成功的必要条件,尽管绝非充分条件。因为"人们能够永远满怀希望,而不必听天由命,不管面临什么命运、什么艰辛"。① 我们的确被迫做专家,但我们能够试着在一些最重要的事上做专家,或者说得更简单也更高贵一些,在一件必要的事上做专家。照目前的情况,我们可以期望,从正确理解的人文学问那儿,而非从那些科学那儿,获得更直接的帮助,换言之,从敏感而精致的精神那儿,而非从几何学的精神那儿,②获得更直接的帮助。如果我没有弄错,这就是为什么自由教育如今几乎等于一起阅读伟大的书。也许再没有比这更好的开端了。

我们不应该期望,自由教育有一天能够变成普遍教育。接受自由教育将永远是一群少数人的义务和特权。我们也不能期望,受过自由教育的人会凭其自身权利而成为一股政治权力。因为我们不能期望,自由教育会引导所有受惠于它的人去以同一种方式理解他们的公民责任,或者说自由教育会引导他们在政治上达成一致。共产主义之父马克思,还有法西斯主义的继祖父尼采,曾在一个我们甚至不可能奢望企及的水平上接受自由教育。不过,也许我们可以说,他们伟大的(grandiose)③失败使体验到这些失败的我们更容易重新理解一句古话,即智慧不能与节制相互分离,从而也更容易理解,智慧要求[人们]毫不犹豫地忠诚于一种体面的宪法,乃至宪政论(constitutionalism)事业。节制将保护我们免

---

① [译注]马基雅维里《论李维》,卷二,章29,结尾。

② [译注]关于这两种精神,参帕斯卡尔《思想录》,章1,节1。

③ [译注]这个具有意大利语词源的词似乎暗示,这种伟大与马基雅维里有关。

于陷入两个相伴而生的危险,一个是对政治抱有幻想性期望,另一个是缺乏男子气地鄙视政治。由此,我们会重新认识到,①所有受过自由教育的人都将是政治上节制的人。正是以这种方式,自由教育会重新获得一个发言机会,甚至是一个在市场上发言的机会。

对于我们的疾病,如果不事先诚实地诊断,那么,有关治疗的任何思考都不可能有任何价值——诚实的诊断就是,无论毫无根据的希望,还是对既存权力的畏惧,都歪曲不了的诊断。我们必须认识到,我们必须在几乎反对希望的情况下抱有希望(hope almost against hope)。我这么说时,完全抽离于一些威胁我们的危险,这些危险来自一位野蛮、残忍、心智闭塞、狡猾的外敌:如果可以控制他,那么,控制他的只会是一种正当的畏惧,即畏惧任何会埋葬我们的东西同样会埋葬他。在思考如何治疗时,我们会被迫满足于治标。但我们不应该误把治标当作治本。我们必须牢记,对成年人施行自由教育,不只是正义地对待某些成年人,他们少年时因贫穷而被剥夺了他们依据自然而适合接受的一种教育。对成年人施行自由教育,如今还必须弥补一种仅仅在名义上或在礼节上自由的教育之缺陷。最后但并非最次要的是,自由教育关心人的灵魂,故对机器几乎没用,或根本没用。如果自由教育变成了一台机器,或一个产业,它就变得与娱乐产业无别了,除了在收益和人气上,在浮夸和魅惑上[,更为逊色以外]。其实,自由教育是学习倾听平静而轻柔的声音,故也是对喇叭充耳不闻。② 自由教育追寻光明,也正因如此而避开舞台之光。

---

① ［译注］it may again become true that,直译当为"如下这一点会重新变得千真万确"。

② ［译注］施特劳斯在"什么是自由教育?"一文中说过,"这个平静而轻柔的声音如今已经变成了一个大功率喇叭"。

图书在版编目（CIP）数据

西方民主与文明危机：施特劳斯读本/刘小枫选编. --北京：华
夏出版社，2018.1

ISBN 978-7-5080-9323-9

Ⅰ.①西… Ⅱ.①刘… Ⅲ.①施特劳斯(Strauss,Leo 1899-1973)
－哲学思想－文集 Ⅳ.①B712.59-53

中国版本图书馆 CIP 数据核字(2017)第 229023 号

西方民主与文明危机：施特劳斯读本

编　　者	刘小枫
责任编辑	王霄翎
责任印制	刘　洋

出版发行	华夏出版社
经　　销	新华书店
印　　刷	北京汇林印务有限公司
装　　订	北京汇林印务有限公司
版　　次	2018 年 1 月北京第 1 版
	2018 年 1 月北京第 1 次印刷
开　　本	880×1230　1/32 开
印　　张	11.25
字　　数	272 千字
定　　价	69.00 元

华夏出版社　　地址：北京市东直门外香河园北里 4 号　　邮编：100028
网址：www.hxph.com.cn　　电话：（010）64663331（转）
若发现本版图书有印装质量问题，请与我社营销中心联系调换。

施特劳斯集

原著

什么是政治哲学

古典政治理性主义的重生（重订本）

回归古典政治哲学——施特劳斯通信集

论僭政（重订本）——色诺芬《希耶罗》义疏 （施特劳斯、科耶夫 著）

苏格拉底问题与现代性（增订本）——施特劳斯讲演与论文集：卷二

犹太哲人与启蒙——施特劳斯演讲与论文集：卷一

霍布斯的宗教批判

斯宾诺莎的宗教批判

门德尔松与莱辛

哲学与律法——论迈蒙尼德及其先驱

迫害与写作艺术

柏拉图式政治哲学研究

论柏拉图的《会饮》

柏拉图《法义》的论辩与情节

苏格拉底与阿里斯托芬

研究作品

论源初遗忘——海德格尔、施特劳斯与哲学的前提 [美]维克利 著

政治哲学与启示宗教的挑战 [德]迈尔 著

阅读施特劳斯 [美]斯密什 著

施特劳斯与流亡政治学 [美]谢帕德 著

隐匿的对话——施米特与施特劳斯 [德]迈尔 著

驯服欲望——施特劳斯笔下的色诺芬撰述 [法]科耶夫 等著